"十二五"辽宁省重点图书出版规划项目

海南省哲学社会科学规划课题一般项目(HNSK(YB)19-08) 建设成果
海南省自然科学基金面上项目（718MS033）

第17辑

三友会计论丛
SUNYO ACADEMIC SERIES IN ACCOUNTING

U0674902

Research on Comprehensive Risk Management
of Financial Institutions
in China (Hainan) Free Trade Port

中国（海南）自由贸易港
金融机构全面风险管理研究

刘斌 赵达 著

图书在版编目（CIP）数据

中国（海南）自由贸易港金融机构全面风险管理研究 / 刘斌，赵达著. —大连：东北财经大学出版社，2020.12
（三友会计论丛·第17辑）
ISBN 978-7-5654-3984-1

Ⅰ．中… Ⅱ．①刘… ②赵… Ⅲ．自由贸易区-金融机构-风险管理-研究-海南 Ⅳ．F832.766

中国版本图书馆CIP数据核字（2020）第177806号

东北财经大学出版社出版
（大连市黑石礁尖山街217号 邮政编码 116025）
网 址：http：//www.dufep.cn
读者信箱：dufep@dufe.edu.cn

大连永盛印业有限公司印刷　　　　　　东北财经大学出版社发行
幅面尺寸：170mm×240mm　字数：274千字　印张：18.75　插页：1
2020年12月第1版　　　　　　　　　　2020年12月第1次印刷
责任编辑：王　莹　吴　茜　　　　　　　责任校对：贺　欣
封面设计：冀贵收　　　　　　　　　　　版式设计：钟福建

定价：56.00元

　　本书的研究得到了海南省哲学社会科学规划课题一般项目的资助。项目名称:"中国(海南)自贸区金融机构重大风险识别与防范研究",项目编号:HNSK(YB)19－08,起止时间:2019.03.03—2022.03.02。同时,感谢海南省自然科学基金面上项目的资助。项目名称:"资金约束下供应链融资与协调问题研究",项目编号:718MS033,起止时间:2018.01.01—2020.12.31。

随着我国以社会主义市场经济体制为取向的会计改革与发展的不断深入，会计基础理论研究的薄弱和滞后已经产生了越来越明显的"瓶颈"效应。这对于广大会计研究人员而言，既是严峻的挑战，又是难得的机遇。说它是"挑战"，主要是强调相关理论研究的紧迫性和艰巨性，因为许多实践问题急需相应的理论指导，而这些实践和理论在我国又都是新生的，没有现成的经验和理论可资借鉴；说它是"机遇"，主要是强调在经济体制转轨的特定时期，往往最有可能出现"百花齐放，百家争鸣"的昌明景象，步入"名家辈出，名作纷呈"的理论研究繁荣期和活跃期。

迎接"挑战"，抓住"机遇"，是每一个中国会计改革与发展的参与者和支持者义不容辞的责任。为此，我们与中国会计学会财务成本分会、东北财经大学会计学院联合创办了一个非营利的学术研究机构——三友会计研究所，力求实现学术团体、教学单位、出版机构三方的优势互补，密切联系老、中、青三代会计工作者，发挥理论界、实务界、教育界的积极性，致力于会计、财务、审计三个领域的科学研究和专业服务，以期为我国的会计改革与发展做出应有的贡献。

三友会计研究所的重大行动之一就是设立了"三友会计著作基金"，用于资助出版"三友会计论丛"。它旨在荟萃名人力作及新人佳作，传播会计、财务、审计研究与实践的最新成果与动态。"三友会计论丛"于1996年推出第一批著作；自1997年起，本论丛定期遴选并分辑推出。

采取这种多方联合、协同运作的方法，如此大规模地遴选、出版会计著作，在国内尚属首次，其艰难程度不言而喻。为此，我们殷切地希望广大会计界同仁给予热情支持和扶助，无论作为作者、读者，还是作为评论者、建议者，您的付出都将激励我们把"三友会计论丛"的出版工作坚持下去，越做越好！

东北财经大学出版社

三友会计论丛编审委员会

序

中国（海南）自由贸易港金融机构的相关研究，是海南省、全国乃至国际学术界和实业界关心的领域，内部控制和全面风险管理研究则是会计学科研究领域的重要组成部分和难点之一。

两位作者关注时事热点，于各自领域精心耕耘，运用所学、所感共同致力于钻研和助力中国（海南）自由贸易港建设，令人鼓舞。刘斌基于金融机构总部的博士后从业经历，将博士后阶段的学术积累思考发酵，试图完善中国（海南）自由贸易港金融机构的内部控制和风险管理；赵达基于管理机制领域和博士后流动站的学术积累，试图丰富中国（海南）自由贸易港金融机构的全面风险内涵和管理机制。本书即两位作者在该领域的学术积淀和阶段性成果。

本书通过界定中国（海南）自由贸易港金融机构"全面风险管理"的内涵，详细阐述了自由贸易港的重要（重大）风险（信用风险、流动性风险、操作风险）、其他风险（战略风险、合规风险、法律风险、利率风险、信息科技风险、反洗钱风险），以及运营风险，并且，尝试提供上述风险的识别、评估、预警阈值、预警机制、压力测试、内部控制、内部审计等管理机制，展现出理论与实践相结合的成果。

本书适合中国（海南）自由贸易港金融机构、其他自贸区金融机构参考使用，亦适合会计学科领域的研究生、青年学者，以及其他有兴趣的读者阅读。

希望两位作者以本书的出版为契机，将金融机构风险管理研究引向深入，共同为中国（海南）自由贸易港建设添砖加瓦！

付景涛

2020 年 8 月

前言

　　中国（海南）自由贸易港是习近平总书记在庆祝海南建省办经济特区30周年大会上郑重宣布设立的自由贸易港（区）。金融领域改革创新一直是国内自由贸易改革试验区的重中之重，国家已经赋予自由贸易试验区的金融改革开放政策，于是，海南建设中国特色自由贸易港（区），需要在金融市场开放、跨境投融资、国际结算、外汇交易、金融监管等金融制度安排上有重大突破。然而，上述金融扩张和金融创新将不可避免地产生金融风险。因此，对于中国（海南）自由贸易港金融机构的全面风险管理和内部控制研究，势在必行。

　　中国（海南）自由贸易港金融机构全面风险管理，根植于改革开放以来数十年的实践经验，针对自贸港（区）金融机构风险管理的实际需要，归纳和分析中国（海南）自由贸易港金融机构现有和预期入驻金融机构面临的主要风险，包括重要（重大）风险、其他风险和运营风险，一并探讨各类风险的应对与风险管理。同时，深入探讨中国（海南）自由贸易港金融机构的全面风险管理体系的治理架构、风险管理策略、风险管理政策和程序、内部控制和审计体系等具体内容，还包含其他涉及中国（海南）自由贸易港金融机构全面风险管理的外延性研究。上述内容共同形成中国（海南）自由贸易港金融机构全面风险管理的内涵。

　　本书选题的理论意义和实用性在于：

中国（海南）自由贸易港金融机构全面风险管理研究

其一，具有学术价值。我国自由贸易港（区）正朝着深度和广度发展，然而，金融风险研究滞后于金融创新实践。通过我国自由贸易港（区）背景下金融机构的风险识别和应对研究，不仅能够得出中国（海南）自由贸易港金融机构全面风险管理的相关结论，而且兼具奠基石和可推广的作用。其二，具有应用价值。海南自贸区建设、金融开放意味着引入金融业态和金融创新，也意味着金融风险种类和形态的增加。防范化解重大风险是决胜全面建成小康社会和建设中国（海南）自由贸易港的关键。于是，在中国（海南）自由贸易港金融机构积极开放与风险管控之间存在现实矛盾，探讨如何识别、防范中国（海南）自由贸易港建设中可能出现的金融风险，特别是重大风险，具有实践意义。

本书的研究，首先立论于中国（海南）自由贸易港金融机构的成长历程、现状和全面风险管理理论的基本内涵；其次，归纳和分析中国（海南）自由贸易港金融机构现有和预期入驻金融机构面临的主要风险，明晰主要风险的识别、分析、应对方法和策略；最后，深入探讨中国（海南）自由贸易港金融机构的全面风险管理体系的治理架构、风险管理策略、风险管理政策和程序、内部控制和审计体系等具体内容，同时包含其他涉及中国（海南）自由贸易港金融机构全面风险管理的外延性研究。总之，本选题着力于中国（海南）自由贸易港金融机构实际，总结和升华自由贸易港（区）金融机构在全面风险管理建设中所积累的成功经验，积极探索并试图防范中国（海南）自由贸易港金融机构在未来全面开放和全面风险管理中可能遇到的问题。

本书通过对中国（海南）自由贸易港金融机构及其全面风险管理的潜心研究，对该研究领域做出了如下有益的探索和创新：第一，厘清我国自贸区，特别是中国（海南）自由贸易港，已存在、已引入及可引入的金融机构的类别及主要风险。第二，明确中国（海南）自由贸易港欲引入金融机构面临的重大风险、其他风险和运营风险，给出针对相应风险的识别方法、计量模型、预警机制等。第三，结合全面风险管理的理论和实践经验，提出中国（海南）自由贸易港全面风险管理体系和方法，包括风险治理架构、风险管理策略、风险管理政策和程序、内部控制和审计体系等具体环节。

前　言

本书的编写和完善是作者刘斌和赵达在海南大学任职期间的学术积累与应用。本书与作者刘斌和赵达在海南大学任职期间发表的中英文论文相吻合，部分章节与刘斌的博士后出站报告"大连银行内部控制评价与内部审计应用研究"一脉相承，是作者刘斌和赵达在金融机构全面风险管理和内部控制研究领域的积累和心得。在本书编写中，刘斌负责第1、4、5、6、7章以及第10、11章部分内容的编撰及全书的整合工作；赵达负责第2、3、8、9章以及第10、11章部分内容的编撰工作。

本书的部分观点具有总结性，源于自贸区（港）金融机构的学术研究和同业经验借鉴的脉络；部分观点具有创新性，包括构建了中国（海南）自由贸易港金融机构全面风险管理的内涵，尝试阐述中国（海南）自由贸易港金融机构重要（重大）风险管理的内容；部分观点还可能存在局限性，因此，本书很可能出现错误和纰漏。为此，我们恳请读者给予帮助和指正！

作　者

2020年8月

目录

第 1 章

导论

导论的内容为全书的纲要，从研究背景与研究对象、研究意义、研究方法与研究创新的角度，介绍中国（海南）自由贸易港金融机构全面风险管理研究的研究框架、研究内容、研究方法与研究创新。

1.1 ———————————— 研究背景

中国（海南）自由贸易港是习近平总书记在庆祝海南建省办经济特区30周年大会上郑重宣布设立的自由贸易港（区）。2018年4月13日下午，习近平在庆祝海南建省办经济特区30周年大会上郑重宣布，党中央决定支持海南全岛建设自由贸易试验区，支持海南逐步探索、稳步推进中国特色自由贸易港建设，分步骤、分阶段建立自由贸易港政策和制度体系。2018年4月14日，《中共中央 国务院关于支持海南全面深化改革开放的指导意见》发布，明确了海南省发展的具体时间表：到2020年，自由贸易试验区建设取得重要进展，国际开放度显著提高；到2025年自由贸易港制度初步建立，营商环境达到国内一流水平；到2035年，自由贸易港的制度体系和运作模式更加成熟，营商环境跻身全球前列；到本世纪中叶，率先实现社会主义现代化，形成高度市场化、国际化、法治化、现代化的制度体系，成为综合竞争力和文化影响力领先的地区。

中国（海南）自由贸易港金融机构全面风险管理研究

　　金融领域改革创新一直是国内自由贸易改革试验区的重中之重，国家已经赋予自由贸易试验区的金融改革开放政策，重点包括率先实现人民币资本项目可兑换、进一步扩大人民币跨境使用、不断扩大金融服务业对内对外开放，以及发展面向国际的金融市场等。通过提供完善、开放的国际化金融服务体系，中国（海南）自由贸易港可以汇聚各类金融资源；通过打造国际化金融交易中心、金融总部基地建设，海南才能真正发展成为自由贸易港。于是，海南建设中国特色自由贸易港（区），需要在金融市场开放、跨境投融资、国际结算、外汇交易、金融监管等金融制度安排上有重大突破。然而，上述金融扩张和金融创新将不可避免地产生金融风险。因此，对于中国（海南）自由贸易港金融机构的全面风险管理和内部控制研究，势在必行。

　　金融机构全面风险管理体系主要包括但不限于以下要素[①]：（1）风险治理架构；（2）风险管理策略、风险偏好和风险限额；（3）风险管理政策和程序；（4）管理信息系统和数据质量控制机制；（5）内部控制和审计体系。金融机构面对的各类风险包括：信用风险、市场风险、流动性风险、操作风险、国别风险、银行账户利率风险、声誉风险、战略风险、信息科技风险，以及其他风险。因此，中国（海南）自由贸易港金融机构全面风险管理是基于上述框架和风险内容进行的管理。

　　同时，金融机构全面风险管理还有着特殊的国际背景，1998年巴塞尔委员会颁布的适合一切表内外业务的《内部控制系统评估框架（征求意见稿）》，提出了新的内部控制定义和风险管理要求。随后，《巴塞尔协议》Ⅰ、Ⅱ、Ⅲ的三个版本，进一步明确了金融机构风险治理架构，强化内部控制风险管控。2008年国际金融危机后，国际组织和各国监管机构都在积极完善金融机构全面风险管理相关制度。2012年，巴塞尔委员会修订了《有效银行监管核心原则》，完善和细化了原则15"风险管理体系"的各项标准。之后，巴塞尔委员会和金融稳定理事会针对公司治理、风险偏好、风险文化和风险报告等全面风险管理要素陆续发布了一系列政策文件，提出了更具体的要求。

　　本书立论于中国（海南）自由贸易港金融机构的成长历程和全面风险

---

　　① 其理论依据来源于中国银监会于2016年9月27日印发的《银行业金融机构全面风险管理指引》（银监发〔2016〕44号）。

管理的基本内涵，深入全面风险管理体系的治理架构、风险管理策略、风险管理政策和程序、风险识别和风险应对、内部控制和审计体系等具体内容，同时包含其他外延性研究，是自由贸易港（区）背景下金融机构全面风险管理实践的理论结晶。

1.2　研究对象

本书的研究项目以中国（海南）自由贸易港内（包括预期入驻的）金融机构面对的主要风险为研究对象，兼论其风险管理过程中的治理架构、策略、程序、内部控制和审计等具体内容的应用，各研究对象形成有机的运转机理。

1）金融机构

金融机构（Financial Institution）是指从事金融业有关的金融中介机构，为金融体系的一部分。金融业包括银行、证券、保险、信托、基金等行业。

按照不同的标准，金融机构可划分为不同的类型。

（1）按地位和功能分为四大类：①中央银行，中国的中央银行即中国人民银行。②银行，包括政策性银行、商业银行、村镇银行。③非银行金融机构，主要包括国有及股份制的保险公司、城市信用合作社、证券公司（投资银行）、财务公司、第三方理财公司等。④在中国境内开办的外资、侨资、中外合资金融机构。（2）按照金融机构的管理地位，可划分为金融监管机构与接受监管的金融企业。例如，中国人民银行、中国银行保险监督管理委员会、中国证券监督管理委员会等是代表国家行使金融监管权力的机构，其他的所有银行、证券公司和保险公司等金融企业都必须接受其监督和管理。（3）按照是否能够接受公众存款，可划分为存款性金融机构与非存款性金融机构。存款性金融机构主要通过存款形式向公众举债而获得其资金，如商业银行、储蓄贷款协会、合作储蓄银行和信用合作社等，非存款性金融机构则不得吸收公众的储蓄存款，如保险公司、信托金融机构、政策性银行以及各类证券公司、财务公司等。（4）按照是否担负国家政策性融资任务，可划分为政策性金融机构和非政策性金融机构。政策性金融机构是指由政府投资创办、按照政府意图与计划从事金融活动的机构。非政策性金融机构则不承担国家的政策性融资任务。（5）按照是否属于银行系统，可划分为银行金融机构和非银行金融机构。（6）按照出资的国别属性，可划分为内资金融机构、外资金融机构和合资合作金融机构。（7）按照所属的国家，可划分为本国金融机构、外国金融机构和国际金融机构。

2）中国（海南）自由贸易港金融机构

中国（海南）自由贸易港现有的主要金融机构业态和类型包括：政策性银行、商业银行总行、商业银行（一级分行）、商业银行（二级分行）、农信社、金融资产管理公司、财务公司、村镇银行等，详见表1-1。

表1-1　　　中国（海南）自由贸易港现有主要金融机构统计表

区域 性质	海口市		三亚市		其他市县	
	名称	数量	名称	数量	名称	数量
政策性银行	中国进出口银行海南省分行、中国农业发展银行海南省分行、中国农业发展银行海南省营业部、中国农业发展银行海口市琼山支行、国家开发银行海南省分行	5	中国农业发展银行三亚市分行、国家开发银行三亚市分行	2	中国农业发展银行昌江黎族自治县支行、中国农业发展银行澄迈县支行、中国农业发展银行定安县支行、中国农业发展银行东方市支行、中国农业发展银行临高县支行、中国农业发展银行琼海市支行、中国农业发展银行琼中黎族苗族自治县支行、中国农业发展银行屯昌县支行、中国农业发展银行万宁市支行、中国农业发展银行文昌市支行、中国农业发展银行五指山市支行、中国农业发展银行儋州市支行、中国农业发展银行乐东黎族自治县支行、中国农业发展银行陵水黎族自治县支行	14

区域 性质	海口市		三亚市		其他市县	
	名称	数量	名称	数量	名称	数量
商业银行总行	海南银行股份有限公司、海口农村商业银行股份有限公司、海口联合农村商业银行股份有限公司	3	三亚农村商业银行股份有限公司	1	海南澄迈农村商业银行股份有限公司、海南临高农村商业银行股份有限公司、海南白沙农村商业银行股份有限公司、海南文昌农村商业银行股份有限公司	4
商业银行（一级分行）	华夏银行股份有限公司海口分行、交通银行股份有限公司海南省分行、平安银行股份有限公司海口分行、上海浦东发展银行股份有限公司海口分行、南洋商业银行（中国）有限公司海口分行、兴业银行股份有限公司海口分行、招商银行股份有限公司海口分行、中国工商银行股份有限公司海南省分行、中国光大银行股份有限公司海口分行、中国建设银行股份有限公司海南省分行、中国民生银行股份有限公司海口分行、中国农业银行股份有限公司海南省分行、中国银行股份有限公司海南省分行、中国邮政储蓄银行股份有限公司海南省分行、中信银行股份有限公司海口分行	15	海南银行股份有限公司三亚分行、中国民生银行股份有限公司三亚分行	2	海南银行股份有限公司儋州分行	1

性质 \ 区域	海口市		三亚市		其他市县	
	名称	数量	名称	数量	名称	数量
商业银行（二级分行）	中国邮政储蓄银行股份有限公司海口市分行、中国工商银行股份有限公司洋浦分行	2	兴业银行股份有限公司三亚分行、中信银行股份有限公司三亚分行、交通银行股份有限公司三亚分行、上海浦东发展银行股份有限公司三亚分行、中国工商银行股份有限公司三亚分行、中国光大银行股份有限公司三亚分行、中国建设银行股份有限公司三亚分行、中国农业银行股份有限公司三亚分行、中国银行股份有限公司三亚分行、中国邮政储蓄银行股份有限公司三亚市分行	10	中国工商银行股份有限公司儋州分行、中国农业银行股份有限公司洋浦分行、中国银行股份有限公司洋浦分行、中国农业银行股份有限公司儋州分行、中国建设银行股份有限公司洋浦分行	5

区域 性质	海口市		三亚市		其他市县	
	名称	数量	名称	数量	名称	数量
农信社	海南省农村信用社联合社、海口市农村信用合作联社	2		0	昌江黎族自治县农村信用合作联社、定安县农村信用合作联社、东方市农村信用合作联社、琼海市农村信用合作联社、琼中黎族苗族自治县农村信用合作联社股份有限公司、屯昌县农村信用合作联社、万宁市农村信用合作联社、五指山市农村信用合作联社、儋州市农村信用合作联社、保亭黎族苗族自治县农村信用合作联社、乐东黎族自治县农村信用合作联社、陵水黎族自治县农村信用合作联社	12
金融资产管理公司	中国长城资产管理股份有限公司海南省分公司、中国东方资产管理股份有限公司海南省分公司、中国华融资产管理股份有限公司海南省分公司	3		0		0
财务公司	南方电网财务有限公司海南分公司、海马财务有限公司	2	海南农垦集团财务有限公司	1		0

区域\性质	海口市		三亚市		其他市县	
	名称	数量	名称	数量	名称	数量
村镇银行	海口苏南村镇银行股份有限公司	1	三亚惠民村镇银行股份有限公司、陵水惠民村镇银行股份有限公司、海南保亭融兴村镇银行有限责任公司	3	定安合丰村镇银行股份有限公司、东方惠丰村镇银行股份有限公司、白沙长江村镇银行股份有限公司、昌江长江村镇银行股份有限公司、澄迈长江村镇银行股份有限公司、琼中长江村镇银行股份有限公司、屯昌长江村镇银行股份有限公司、五指山长江村镇银行股份有限公司、儋州绿色村镇银行有限责任公司、临高惠丰村镇银行股份有限公司、琼海大众村镇银行有限责任公司、万宁国民村镇银行有限责任公司、文昌大众村镇银行有限责任公司、乐东惠丰村镇银行股份有限公司	14
合计	—	33	—	19	—	50

中国（海南）自由贸易港现有的金融机构按照区域划分：首先，省会海口市是中国（海南）自由贸易港的金融中心，其表现为政策性银行的海南分行较为集中于海口市，且商业银行总行、商业银行（一级分行）的数量在中国（海南）自由贸易港具有压倒性优势，金融资产管理公司也全部集中于海口市。其次，经济强市三亚市是中国（海南）自由贸易港的金融次中心，其表现为商业银行总行、商业银行（二级分行）较多地集中于三亚市。最后，其他县市金融机构多为政策性银行的支行、农信社和村镇银行，属于小而散的形式。需要特别关注的是，海口市和三亚市的金融机构合计为52家，其他市县为50家，可见，中国（海南）自由贸易港现有的金融机构多集中于大城市海口市和三亚市。

未来，随着中国（海南）自由贸易港金融机构的放开，随着金融创新和业态的发展，还将出现外资、侨资、中外合资金融机构、第三方理财公司、以金融功能为主的保险公司、信托金融机构、各类证券公司（投资银行）等。中国（海南）自由贸易港金融机构的形式会更加丰富。

3）中国（海南）自由贸易港金融机构面对的主要风险和风险管理内容

中国（海南）自由贸易港金融机构风险管理主要涉及市场风险、信用风险、操作风险和其他风险的管理，同时针对不同风险的特点，确定不同的实施方案和管理战略。

中国（海南）自由贸易港金融机构面对的主要风险包括：（1）市场风险，是因市场波动而使得投资者不能获得预期收益的风险，包括价格或利率、汇率因经济原因而产生的不利波动。除股票、利率、汇率和商品价格的波动带来的不利影响外，市场风险还包括融券成本风险、股息风险和关联风险。（2）信用风险，是合同的一方不履行义务的可能性，包括贷款、掉期、期权及在结算过程中的交易对手违约带来损失的风险。金融机构签订贷款协议、场外交易合同和授信时，将面临信用风险。通过风险管理控制以及要求对手保持足够的抵押品、支付保证金和在合同中规定净额结算条款等程序，可以最大限度降低信用风险。（3）操作风险，是因交易或管理系统操作不当引致损失的风险，包括因公司内部失控而产生的风险。公司内部失控的表现包括，超过风险限额而未经察觉、越权交易、交易或后台部门的欺诈（包括账簿和交易记录不完整，缺乏基本的内部会计控制）、职员的不熟练以及不稳定并易于进入的电脑系统等。（4）其他风险，包括战略风险、合规风险、法律风险、利率风险、信息科技风险、反洗钱风险、运营风险等。

中国（海南）自由贸易港金融机构的风险管理内容，即是建立全面风险管理体系，采取定性和定量相结合的方法，识别、计量、评估、监测、报告、控制或缓释所承担的各类风险。其全面风险管理体系应包含但不限于风险治理架构，风险管理策略，风险偏好和风险限额，风险管理政策和程序，管理信息系统和数据质量控制机制，内部控制和审计体系等。

本书研究对象运转机理图，如图1-1所示。

图1-1 本书研究对象运转机理图

1.3 ——————————————研究思路与方法——————————————

1.3.1 研究思路

本书的研究，首先立论于中国（海南）自由贸易港金融机构的成长历程、现状和全面风险管理理论的基本内涵；其次，归纳和分析中国（海南）自由贸易港金融机构现有和预期入驻金融机构面临的主要风险，明晰主要风险的风险识别、风险分析和风险应对方法和策略；最后，深入探讨中国（海南）自由贸易港金融机构的全面风险管理体系的治理架构、风险管理策略、风险管理政策和程序、内部控制和审计体系等具体内容，同时包含其他涉及中国（海南）自由贸易港金融机构全面风险管理的外延性研究。总之，本书着力于中国（海南）自由贸易港金融机构实际，总结和升华自由贸易港（区）金融机构在全面风险管理建设中所积累的成功经验；并且，积极探索和试图防范中国（海南）自由贸易港金融机构在未来全面开放和全面风险管理中可能遇到的问题。

1.3.2　研究方法

本书的研究方法可以总结如下：

（1）案例研究法。本研究紧扣中国（海南）自由贸易港实践，选用金融机构数据与全面风险管理方法为蓝本，因此，本研究是典型的多案例研究。然而，本研究也是开放的理论与实践研究作品，因此，在理论创新、大数据应用和普适性借鉴方面也应用了其他方法。

（2）实证研究法。本研究的部分章节使用了历史数据、同业数据和上市公司的大数据，因此，实证研究方法也是本研究数据处理和分析结果的手段。

（3）规范研究法。根据全面风险管理对中国（海南）自由贸易港金融机构进行理论分析，并对产生这一结果的制度或政策进行判断和升华。

（4）定性分析与定量分析相结合的方法。定性分析是定量分析的指导，定量分析为定性分析提供了确实的佐证。本书在各章节的分析中，积极使用定量分析，希望以数据基础作为结论的有效支撑。因此，本书将定性分析与定量分析相结合。

1.4 ———————— 研究意义与研究创新 ————————

1.4.1 研究意义

本书选题的理论意义和实用性在于：

其一，具有学术价值。我国自由贸易港（区）正朝着深度和广度发展，然而，金融风险研究滞后于金融创新实践。通过我国自由贸易港（区）背景下金融机构的风险识别和应对研究，不仅能够得出中国（海南）自由贸易港金融机构全面风险管理的相关结论，同时兼具奠基石和可推广的作用。

其二，具有应用价值。中国（海南）自由贸易港是习总书记2018年在庆祝海南建省办经济特区30周年大会上郑重宣布的国家战略。海南自贸区建设、金融开放意味着引入金融业态和金融创新，同时，也意味着金融风险种类和形态的增加。防范化解重大风险是决胜全面建成小康社会和建设中国（海南）自由贸易港的关键。于是，在中国（海南）自由贸易港金融机构积极开放与风险管控之间存在现实矛盾，探讨如何识别、防范中国（海南）自由贸易港建设中可能出现的金融风险，特别是重大风险，具有实践意义。

1.4.2 研究创新

本书通过对中国（海南）自由贸易港金融机构及其全面风险管理的潜心研究，对该研究领域做了如下有益的探索和创新：

第一，厘清我国自贸区，特别是中国（海南）自由贸易港，已存在、已引入及可引入的金融机构的类别及主要风险。

第二，明确中国（海南）自由贸易港欲引入的金融机构面临的重大风险、其他风险和运营风险，给出针对相应风险的识别方法、计量模型、预警机制等。

第三，结合全面风险管理的理论和实践经验，提出中国（海南）自由贸易港全面风险管理体系和方法，包括风险治理架构、风险管理策略、风险管理政策和程序、内部控制和审计体系等具体环节。

1.5 ———————— 研究内容与结构框架 ————————

本书遵循了如下程序：第一，描述研究背景，界定研究对象；第二，回顾相关文献和理论基础，明确理论系统和实践系统的参照；第三，提出中国（海南）自由贸易港金融机构面临的主要风险，从信用风险、市场风险、操作风险等方面详细探讨；第四，探讨中国（海南）自由贸易港金融机构面临的其他风险和运营风险；第五，结合全面风险管理的理论和实践经验，提出中国（海南）自由贸易港金融机构全面风险管理体系中风险治理架构、风险管理策略、风险管理政策和程序、内部控制和审计体系等具体环节的问题；第六，探讨本研究的应用效果和推广的普适性。根据研究基本框架，本书对以上研究内容做了如下结构安排。

第 1 章为导论。笔者首先对课题的研究背景、研究对象进行确认和界定。其次，对文章的研究思路与方法进行介绍。再次，介绍本书研究的理论价值和实用性以及本书的创新之处。最后，对本书的研究内容以及本书的结构进行说明。

第 2 章为文献综述和同业经验。向读者大致介绍我国自由贸易港（区）金融机构风险管理领域的现状、成因、分析方法、研究结论等最新科研成果，以及我国不同类别金融机构全面风险管理大致的经验做法；其目的是将这些研究成果更好地与中国（海南）自由贸易港金融机构全面风险管理体系相结合。

第 3 章为全面风险管理的理论基础。向读者介绍全面风险管理，特别是金融机构全面风险管理相关的理论基础，为其后各章关于中国（海南）自由贸易港金融机构全面风险管理的具体内容作铺垫。

第 4 章为中国（海南）自由贸易港金融机构全面风险管理的内涵。探讨中国（海南）自由贸易港金融机构面临的重要（重大）风险、其他风险、运营风险的概况，同时，介绍中国（海南）自由贸易港金融机构全面风险管理的基本框架。

第5章为中国（海南）自由贸易港金融机构的信用风险管理。主要探讨自由贸易港金融机构面临的信用风险，信用风险评级方法，信用风险压力测试及其结果应用，以及信用风险的管理机制。

第6章为中国（海南）自由贸易港金融机构的流动性风险管理。主要探讨自由贸易港金融机构面临的流动性风险，流动性风险个体可观测（预警）指标的限额管理，流动性风险压力测试及其管理，以及自由贸易港金融机构流动性风险的管理机制。

第7章为中国（海南）自由贸易港金融机构的操作风险管理。主要探讨自由贸易港金融机构面临的操作风险，操作风险关键指标（KRI）及其管理，金融机构操作风险损失数据收集与管理，操作风险与控制自我评估，以及自由贸易港金融机构操作风险的管理机制。

第8章为中国（海南）自由贸易港金融机构面临的其他风险及其管理。探讨自由贸易港金融机构面临的战略风险及其管理机制，合规风险及其管理机制，法律风险及其管理机制，利率风险及其管理机制，信息科技风险及其管理机制，反洗钱风险及其管理机制。

14

第9章为中国（海南）自由贸易港金融机构运营风险识别体系、预警模块及风险管理方案。探讨中国（海南）自由贸易港金融机构运营风险的内涵、运营管理监测系统风险监测模块、风险监测模块的预警阈值和运营风险处理方案等内容。

第10章为中国（海南）自由贸易港金融机构内部控制、内部审计与全面风险管理。探讨中国（海南）自由贸易港金融机构内部控制的组织结构及其风险防范职能，内部控制评价与风险管理，内部审计与风险管理等内容。

第11章为研究结论与启示。本章主要总结中国（海南）自由贸易港金融机构全面风险管理的研究结论，并且，结合中国（海南）自由贸易港现存和拟引入金融机构的类型和特征，阐述本书研究的部分启示。

总之，本书的结构安排着力于中国（海南）自由贸易港实际，总结和升华自由贸易港金融机构在全面风险管理的建设中所积累的成功经验，并积极探索和试图解决自由贸易港金融机构全面风险管理建设中遇到的问题。本书结构设计从自由贸易港背景出发，结合文献综述、同业经验和理论基础，在介绍全面风险管理框架的基础上，探讨中国（海南）自由贸易港金融机构的重要（重大）风险、其他风险、运营风险及其管理机制。本书结构由面到点，再到内部控制应用，层层推进。

本研究基本结构框架，如图 1-2 所示。

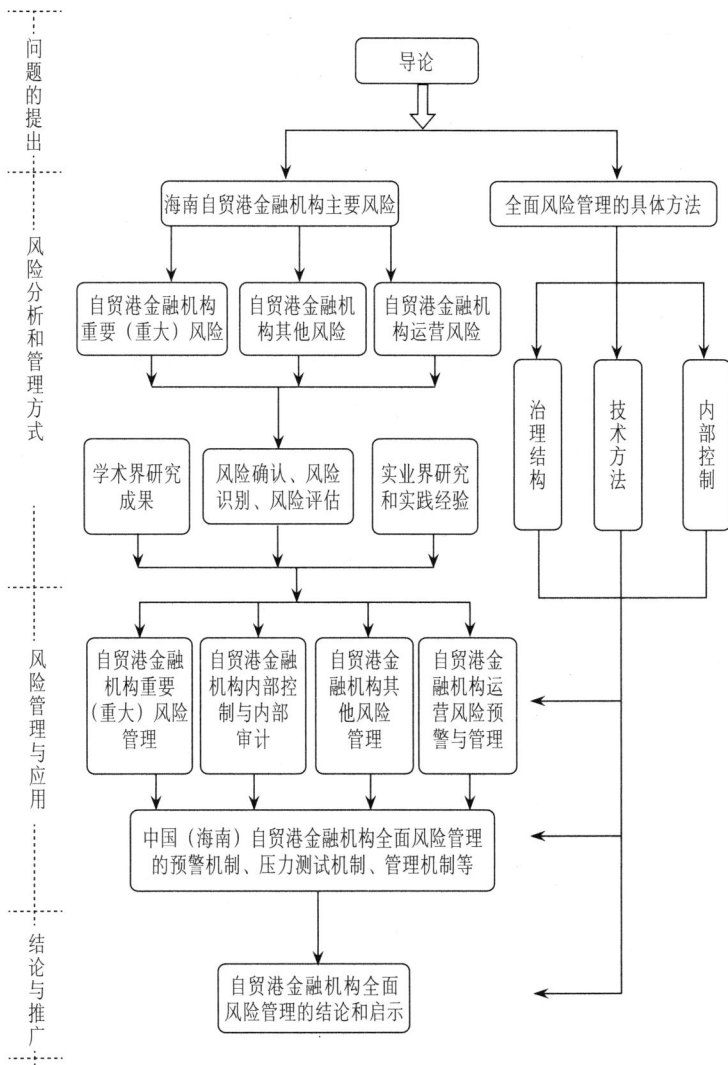

图 1-2　本研究基本结构框架

文献综述

本章部分观点具有总结性，源于我国自由贸易港（区）金融机构风险管理领域的现状、成因、分析方法、研究结论等最新科研成果，同时，源于我国不同类别金融机构全面风险管理大致的同业经验借鉴的脉络，是上述前人研究成果和同业经验的综述和评析。

2.1 ——————————— 文献综述 ———————————

金融风险是海南建设自由贸易港（区）面临的首要风险：我国自贸区建设的经验表明，金融的率先开放是创建高水平、国际化自贸区的重要前提（王勇等，2018）；同时，金融风险监管通常滞后于金融创新实践（阳建勋，2017），这为自贸区金融机构风险识别、管理与防范带来挑战。海南自贸港（区）金融开放和创新中，特别是围绕全面风险管理的探索中，迫切需要回答的疑问有：（1）海南自贸区允许和鼓励哪些类型的金融企业设立分支机构或总部？也就是说，明确预期设立的金融机构类型有助于金融风险识别。（2）已设立及拟引入的金融机构面临的主要风险类别有哪些？也就是说，明确主要金融风险的类别有助于全面风险的掌握和风险分析。（3）上述金融风险如何通过有效的风险管理机制和方法予以分散？即已有的金融风险的计量模型、压力测试、预警机制和管理机制是什么？有哪些风险防范和管理方式可以采用？以上问题亟待破题。本部分从以下三方面对自由贸易港（区）金融机构风险管理领域的现状、成因、分析方法、研究结论等最新科研成果予以综述。

具体而言，其一，我国自贸港（区）金融机构类别研究及动态。按照类别划分，自贸港（区）金融机构包括银行、资产管理公司、财务公司、保险公司、创新型金融机构（如融资租赁公司、互联网金融公司）等，已有自贸港（区）的金融机构业态主要依托我国香港市场、日韩市场、其他国际市场等表现各异（陈亮等，2017）。海南自贸港（区）是要进一步开放多种形式的金融机构开展业务，因此，上述金融机构的主要业务和风险均应纳入风险管理的范畴。

其二，金融机构面临的主要风险类别研究及动态。按照风险类别，金融机构面临的主要风险包括市场风险、信用风险、流动性风险、操作风险等传统风险（Christoffersen，2003）。金融机构面临的主要风险，还包括因新技术、新业态等导致的信息风险、安全风险、物流金融风险等。金融机构面临的主要风险，亦包括系统性金融风险、区域系统性金融风险等（张瑾，2015；庄伟卿，2018）。

其三，金融风险管理、防范研究及动态。一方面，就风险管理的计量方法而言，传统的风险计量重在分析风险发生的潜在原因，包含感知风险和分析风险等环节（方红星等，2017）。同时，金融创新带来新的风险计量方法，例如，SVM 预警模型、金融网络系统风险识别法等（Poledna et al.，2015）。另一方面，就金融风险防范措施而言，针对不同类型的金融风险，其风险防范措施具有明显差异，例如：对于创新金融业态，如为应对互联网金融风险，应运用大数据征信、穿透式监管、平台监管与智能风控等措施（何德旭和史晓琳，2018）；对于系统性金融风险，通过构建全面有效的风险评估与预警方法守住不发生系统性金融风险的底线（王朝阳和王文汇，2018）。然而，同样鲜有研究开展我国自贸港（区）金融机构，特别是自贸区拟引入的创新金融机构，形成的全面风险及其管理研究。

总之，以往的研究中，鲜有研究依据金融机构类型梳理自贸港（区）金融机构面临的主要风险，特别是重要（重大）风险；鲜有开展中国（海南）自贸港金融机构，特别是自贸港（区）拟引入的创新金融机构，形成的全面风险管理研究；以上问题和具体解决措施需要通过本书的研究予以探索和解答。

2.2 ———————— 同业经验 ————————

中国（海南）自由贸易港现有的主要金融机构业态和类型包括：政策性银行、商业银行总行、商业银行（一级分行）、商业银行（二级分行）、农信社、金融资产管理公司、财务公司、村镇银行等，已有的各金融业态积累了宝贵的经验。同时，海南省政府与外资金融机构进行了多轮次接触和互动，推介海南经济金融发展、自贸区和中国特色自贸港建设进展情况，欢迎外资金融机构参与海南自贸区和中国特色自贸港建设。截至目前，野村控股、汇丰集团、花旗银行、摩根士丹利国际银行、巴克莱银行等外资金融机构纷纷达成或正在协商入驻中国（海南）自由贸易港，并且外资金融机构正积极与中国互联网企业合作，以海南为支点推动移动支付、消费金融业务向全世界特别是东南亚国家拓展。本书挑选了已入驻和意向入驻的各类型金融业态施行全面风险管理的宝贵经验，向读者介绍。他山之石可以攻玉，积极借鉴同业好的做法是各类金融机构改进工作的捷径。

2.2.1 全国性国有商业银行及其海南分行

依照万得（Wind）数据库 2018 年上市银行统计的实际控制人，中国银行的实际控制人为中央汇金投资有限责任公司，工商银行的实际控制人为中华人民共和国财政部和国务院国有资产监督管理委员会，建设银行的实际控制人为国务院国有资产监督管理委员会，交通银行和中信银行的实际控制人为中华人民共和国财政部。因此，上述商业银行都可以被列为国有控股商业银行。本书以中国银行为例。

中国银行是中国持续经营时间最久的银行。1912 年 2 月，经孙中山先生批准，中国银行正式成立。1994 年，中国银行改为国有独资商业银行。2004 年 8 月，中国银行股份有限公司挂牌成立。2006 年 6 月、7 月，中国银行先后在香港联交所和上海证券交易所成功挂牌上市，成为国内首家 "A+H" 发行上市的中国商业银行。继服务 2008 年北京夏季奥运会之后，2017 年中国银行成为北京 2022 年冬奥会和冬残奥会官方银行合作伙伴，成为中国唯一的 "双奥银行"。2018 年，中国银行再次入选全球系统重要性银行，成为新兴市场经济体中唯一连续 8 年入选的金融机构。

中国银行遵循 "适中型" 的风险偏好，并按照 "理性、稳健、审慎" 的原则处理风险和收益的关系。中国银行风险管理的目标是在满足监管部门、存款人和其他利益相关者对银行稳健经营要求的前提下，在可接受的风险范围内，实现股东利益的最大化。中国银行董事会及其风险政策委员会，管理层下设的信用风险管理与决策委员会、反洗钱工作委员会和资产处置委员会，风险管理部、授信管理部、司库、内控与法律合规部等相关部门共同构成中国银行风险管理的主要组织架构。中国银行积极加强全面的风险管理。信用风险管理方面，实行授信集中审批，风险分类集中审核，建立了专业审批人制度，加强授信发放审核和贷后管理工作，加大对不良资产的清收和处置力度。市场风险管理方面，制定了《市场风险管理政策》，明确了市场风险的度量、限额结构、限额监控等。流动性风险管理方面，坚持集中管理原则，总行对全行的流动性风险负责，管理政策和风险衡量标准实行高度统一。

中国银行持续完善与集团战略相适应的风险管理体系，全面落实境内外监管要求，深入开展市场乱象治理、风险管理及内控有效性现场检查、季度监管通报的整改问责工作，推进有效风险数据加总和风险报告达标，确保合规经营。中国银行全面风险管理的框架图如图 2-1 所示。中国银行通过优化风险治理架构、完善新产品风险评估流程、推进资本管理高级方法实施、推进风险计量模型优化升级及应用、推进风险数据治理、完善风险数据标准、完善风险加权资产（RWA）计量规则等方式方法，加快风险管理信息系统建设，改进风险报告能力，积极推动大数据等新技术在全面风险管理领域的应用。

19

20

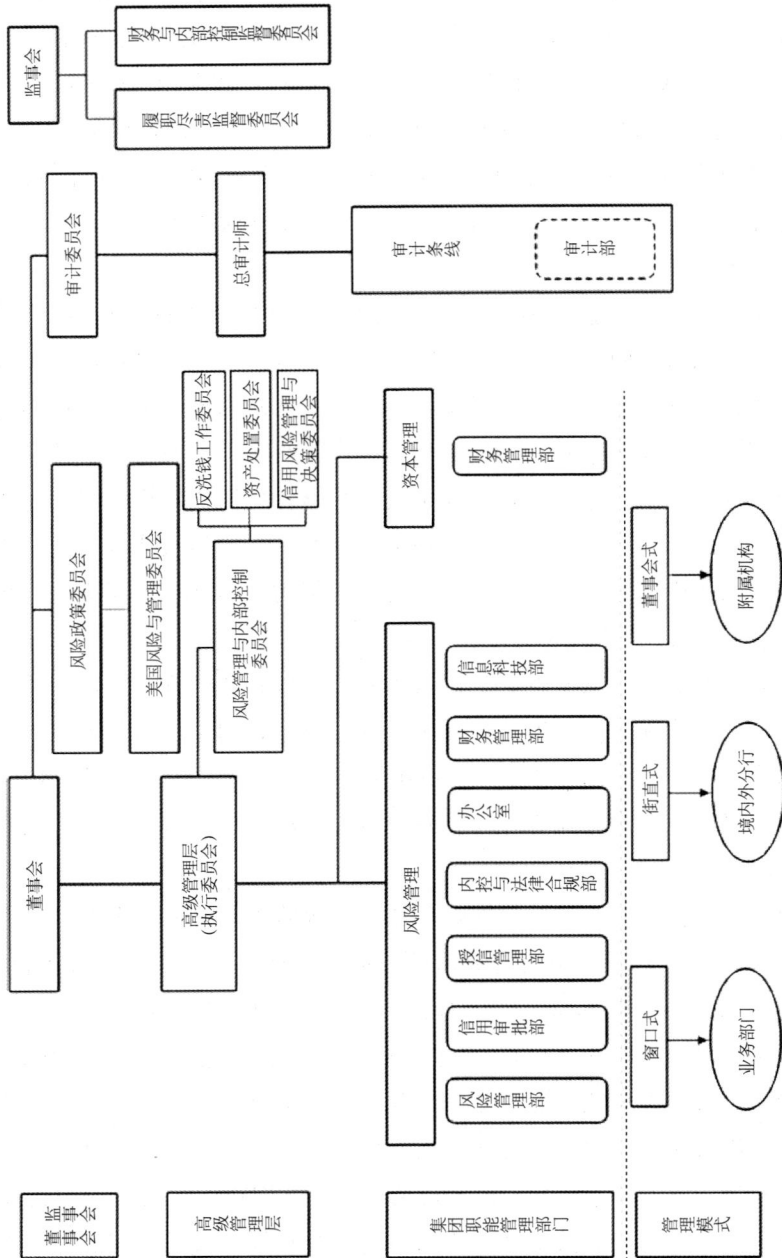

图 2-1 中国银行风险管理框架图

第2章 文献综述

中国银行海南省分行于1914年11月13日成立，前身为中国银行"琼州分号"，旧址在海口市得胜沙路97号，是中国银行最早的分支机构之一，也是海南第一家银行。2014年11月迎来百年华诞，成为海南第一家百年企业。1914—1928年，行使中央银行职能，发行印有"琼字地名章"的中国银行兑换券，统一了海南的货币市场，稳定了地方经济社会发展。1929—1945年，先后行使了国际汇兑银行和国际贸易专业银行的职能。1939年，日军占领海南岛后，"琼州分号"辗转于广东、香港、重庆地区，坚持经营，全力支持抗战。1996—1976年，成为海南唯一一家正常营业的银行。1978年以来，积极履行社会责任，发挥国有商业银行的优势，为海南建省办经济特区、国际旅游岛建设、推动地方经济社会发展做出积极贡献。截至2017年10月末，全辖共有员工2 330人，内设部门19个（不含二级中心、审计分部），机构网点89家，其中省行直管机构18家（含省分行营业部1家，二级分行2家，海口城区直管支行4家，市县直管支行11家）。人民币存款余额突破1 200亿元，人民币贷款余额突破600亿元，资产不良率优于同业和中行系统平均水平。

中国银行海南分行建立了内部控制三道防线：各级机构、各业务管理部门和每个员工在承担业务发展任务的同时也承担内部控制的责任，是内部控制的第一道防线，通过自我评估、自我检查、自我整改、自我培训，实现自我控制。法律合规部门与业务条线、部门负责统筹内部控制制度建设，指导、检查、监督和评估第一道防线的工作，是内部控制第二道防线。稽核部门负责通过系统化和规范化的方式，检查评价全行经营活动、风险管理、内部控制和公司治理的适当性和有效性，是内部控制的第三道防线。

具体而言，中国银行及其海南分行在重要风险管理领域的积极贡献包括以下方面：

（1）信用风险管理。中国银行长期密切跟进宏观经济金融形势，抓化解、控风险、调结构、促发展、强基础，强化信贷资产质量管理，推进信贷结构优化，完善信用风险管理政策，提升风险管理的主动性与前瞻性。中国银行通过强化贷后管理、加强客户集中度管控等措施，持续完善授信管理长效机制，完善资产质量监控体系，完善潜在风险识别、管控和化解机制。中国银行还以促进战略实施和平衡风险、资本、收益为目标，加大应用新资本协议实施成果，完善信贷组合管理方案。在公司金融方面，强化重点领域风险识别、管控和主动压退，通过限额管理严格控制总量和投向，防范化解产能严重过剩行业风险。在个人金融方面，优化个人客户统一授信，修订和完善创业担保、扶贫小额、农村承包土地的经营权和农民住房财产权抵押等业务授信管理政策，支持普惠金融业务发展；同时，持续完善个人网络贷款、信用卡授信管理政策，防范过度授信和交叉传染风险。

中国银行海南分行，根据《贷款风险分类指引》，科学衡量与管理信贷资产质量，将信贷资产分为正常、关注、次级、可疑、损失五类，其中后三类被视为不良贷款。为提高信贷资产风险管理的精细化水平，中国银行海南分行对公司类贷款实施十三级风险分类，范围涵盖表内外信贷资产。中国银行海南分行还强化贷款期限管理，对逾期贷款实行名单式管理，及时调整风险分类结果，如实反映资产质量；同时，还制定了大额风险暴露管理办法，明确管理架构、工作流程、计量规则等，有效强化客户集中度风险管控，持续调整，优化信贷结构。

（2）市场风险管理。中国银行一直致力于通过完善市场风险偏好传导机制，优化集团市场风险限额管理模式，主动适应业务发展变化。具体而言，一方面，中国银行积极加强市场风险及交叉风险前瞻性研判，优化交易对手信用风险管理流程和机制，提高风险预警及化解能力；另一方面，持续推进市场风险数据集市及系统建设，研究运用先进风险计量手段，提高风险计量准确性及风险量化能力。

中国银行海南分行密切跟踪市场波动和监管政策变化，根据市场和业务需要，根据总行的研判，提高风险响应速度，及时调整和完善投资政策，加强重点领域风险管控工作。中国银行海南分行主要通过利率重定价缺口分析来评估银行账簿利率风险，并根据市场变化及时进行资产负债结构调整，将利息净收入的波动控制在可接受水平。

（3）流动性风险管理。中国银行流动性风险管理的目标是建立健全流动性风险管理体系，对集团和法人层面、各机构、各业务条线的流动性风险进行有效识别、计量、监测和控制，确保以合理成本及时满足流动性需求。中国银行坚持安全性、流动性、盈利性平衡的经营原则，严格执行监管要求，完善流动性风险管理体系，不断提高流动性风险管理的前瞻性和科学性。

中国银行海南分行实施各机构、各业务条线的流动性风险管控，制定了完善的流动性风险管理政策和流动性风险应急预案，定期对流动性风险限额进行重检，进一步完善流动性风险预警体系，加强优质流动性资产管理，实现风险与收益平衡。中国银行海南分行还定期完善流动性压力测试方案，按季度进行压力测试，以保持在压力情况下有足够的支付能力应对危机情景。

（4）操作风险管理。中国银行总行及其海南分行，持续完善操作风险管理体系，深化操作风险管理工具应用，运用操作风险与控制评估（RACA）、关键风险指标监控（KRI）、损失数据收集（LDC）等管理工具，开展操作风险的识别、评估、监控，不断完善风险管理措施。中国银行总行及其海南分行，通过优化操作风险管理信息系统，提高系统支持力度；通过推进业务连续性管理体系建设，优化业务连续性管理运行机制，开展灾备演练，提升业务持续运营能力。

（5）内部控制。内部控制是中国银行施行全面风险管理的重要抓手。中国银行及其海南分行落实了《商业银行内部控制指引》，形成内部控制三道防线体系，即：①第一道防线，业务部门和基层机构。业务部门和基层机构是中国银行及其海南分行风险和控制的所有者和责任人，履行经营过程中的制度建设与执行、业务检查、控制缺陷报告与组织整改等自我风险控制职能。②第二道防线，各级机构的内部控制及风险管理职能部门。他们负责风险管理及内部控制的统筹规划、组织实施和检查评估，负责识别、计量、监督和控制风险。与第一道防线协同，深入应用集团操作风险监控分析平台，通过对重要风险实现常态化监控，及时识别缓释风险，促进业务流程和系统优化。③第三道防线，审计部门、监察部门。审计部门负责对内部控制和风险管理的充分性和有效性进行内部审计。监察部门负责履行员工违规违纪处理及案件查处、管理问责等职能。

中国银行海南分行还持续加强道德风险警示教育，强化员工行为管理，严肃查处内部舞弊案件，坚持"一案四问、双线问责、重大案件上追两级"，严格责任追究。同时，坚持问题导向，以机构全面审计和业务专项审计为抓手，加大对高风险机构和业务的审计检查以及对集团重点管控和监管关注领域的审计检查，聚焦系统性、趋势性、苗头性、重要性问题，着力推动审计工作前移，切实履行审计监督职能。

2.2.2 海南本土商业银行总行及其分支机构

海南本土商业银行总行，是海南立足于建设中国（海南）自由贸易港金融总部基地建设的重要支点。中国（海南）自由贸易港金融总部基地建设的核心是形成国际化服务体系并打造要素交易平台。因此，海南本土商业银行总行及其分支机构建设，是完善金融服务，搭建要素交易平台的总部基地的重要工作。本书以海南银行为例。

海南银行股份有限公司（Bank of Hainan Co., Ltd）是经国务院同意，中国银监会批准设立的一家股份制城市商业银行，也是海南唯一的省级法人商业银行。海南银行总股本30亿股，注册资本30亿元人民币，由海南鹿回头旅业投资有限公司（海南省发展控股有限公司全资子公司）作为主发起人，交通银行作为战略投资者，海马财务有限公司、海南省农垦集团有限公司、海航国际旅游岛开发建设（集团）有限公司、海南港航控股有限公司等共12家股东共计出资40.8亿元发起设立。2015年9月1日开业以来，海南银行秉持"海纳百川、至诚行远"的核心价值观，以"更懂海南人、更系海南情"为服务理念，以服务海南自由贸易试验区和中国特色自由贸易港为根本，通过构建公司金融和金融市场"双轮驱动"、普惠金融和零售银行"两翼齐飞"、实体银行和网络银行"同步建设"的业务组合，以七大发展理念为统领，加快打造美好新海南的特色银行、自由贸易区（港）的创新银行、地方法人机构的成熟银行，努力为海南经济社会发展和人民生活水平提高做出积极贡献。

海南银行现已建立集中、垂直、独立的全面风险管理架构：董事会及其专门委员会、监事会及其专门委员会、高级管理层及其专业委员会、风险管理部门和内部审计部门等构成本行风险管理组织架构。董事会对全面风险管理承担最终责任。海南银行总行及其分支机构的组织架构和风险管理的职能部门如图2-2所示。

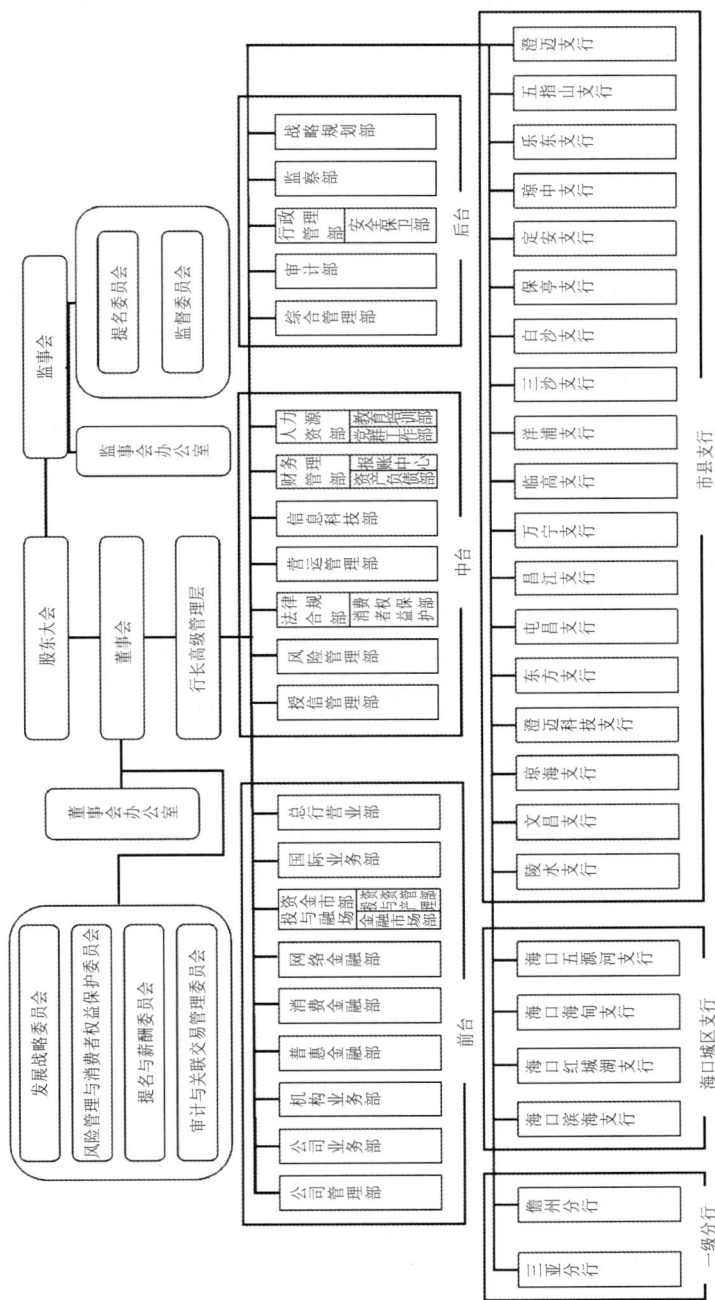

图 2-2　海南银行总行及其分支机构的组织架构和风险管理的职能部门图

海南银行总行及其分支机构作为经营货币和信用的特殊企业，所面临的风险主要包括信用风险、市场风险、流动性风险、操作风险、信息科技风险及声誉风险等。

（1）信用风险及对策

海南银行总行及其分支机构通过以下方面加强信用风险管理：一是，严格按照全面风险管理规定，管控全行各条线风险，搭建了前、中、后台三道防线体系，对授信业务严格执行贷审放职责分离，制度体系的健全确保信用风险一定程度的安全。二是，严格执行国家产业政策和本行信贷政策，严控行业授信集中度，对国家限制和淘汰的产业及高耗能、高污染、低效能项目不予支持，尤其对房地产贷款实行"有保有压"策略。三是，强化贷后管理，完善贷后管理制度，规范贷后管理流程，通过加大贷后走访频率、行业信息收集等方式开展隐性风险分析，充分了解本行信贷资产质量。强化重点领域风险排查与监督，提升风险识别的敏感度与前瞻性。形成大额风险监控机制，重视对大额风险的前瞻性分析，深化大额授信质量控制，建立大额风险监测台账。四是，定期开展信用风险压力测试，研判当前政策、行业及经济形势对本行造成的影响，提出有效的防范措施与建议。

（2）流动性风险及对策

海南银行总行及其分支机构通过以下方面加强流动性风险管理：一是，完善流动性风险管理体系。按照修订的《商业银行流动性风险管理办法》，修订印发《海南银行流动性风险管理办法》和《海南银行流动性风险指标、偏好和限额管理办法》；依据监管、监测、内部监测三个层次设置具体指标，确定了整体流动性风险偏好。定期进行流动性风险评估，分析当前流动性管理存在的压力与挑战，制定了相应的处置方案。二是，积极应对新流动性管理办法。针对优质流动性资产充足率与流动性匹配率两项新增指标，通过调整资产负债结构、加大债券等优质流动性资产配置，不断改善指标。三是，加强对宏观经济形势的预判和对市场利率走势的预测。结合未来行内业务运作规划，优化调整资产负债结构，提高了业务头寸预报和日间临时资金变动的沟通效率。按照"两同"原则，实行大额资产与负债"一对一"贴身盯防，控制错配风险。

（3）市场风险及对策

海南银行总行及其分支机构通过以下方面加强市场风险管理：一是，建立了银行账户利率风险管理体系，明确银行账户利率风险治理架构下董事会及专门委员会、高级管理层、公司相关部门的职责和报告要求，明确实施管理的政策和程序，明确银行账户利率风险报告、内部控制、应急处置及信息系统建设要求。二是，监管同业理财、购买国债、质押式逆回购、存放同业、货币基金等低风险资产，且投资期限以中短期为主。同时，在资产配置时加强资产和负债期限匹配，确保风险可控。三是，持续完善政策制度和流程，加强日常风险监控，优化投后管理程序和机制，对投资业务的市场风险状况进行后期管理，及时预警、及时整改，以有效防范市场风险。

（4）操作风险及对策

海南银行总行及其分支机构通过以下方面加强操作风险管理：一是，对各类新产品、新业务开展操作风险识别。二是，持续加强关键操作风险指标监测工作，完善操作风险预警机制，对操作风险状况及其控制、缓释措施进行持续的监测和控制。三是，持续开展操作风险损失数据日常收集，做好定期汇总分析，为确定操作风险防控重点及未来实施操作风险资本计量工作奠定基础。四是，对"青雁贷"业务和"债券交易"等特色业务开展操作风险状况与控制活动效果自评估，评估特色业务是否存在重大操作风险与控制缺陷。

（5）信息科技风险及对策

海南银行总行及其分支机构通过以下方面加强信息科技风险防范：一是，打造立体安全防御体系，守住安全底线，即：全面落地 ISO 27001 信息安全管理体系；及时关注网络安全事件，开展网络安全事件自查；引入流量清洗、网站反钓鱼、仿冒 APP 监测服务，有效预防外部攻击；定期对手机银行等移动 APP 进行加固工作，对重要信息系统的渗透测试及跟踪进行整改工作，提升应用系统安全；加强应用系统全生命周期的安全管理，出台生产系统开发安全规范，建立开发安全指南，开展项目需求、设计评审，不断完善生产安全检查案例，开展应用系统安全检测，将应用系统的安全防护措施前移到系统的建设过程中；持续优化访问控制策略，提升网络安全，加强敏感数据安全防护；持续落实监管单位要求的各项安全自查，完成交易安全、网络安全、无线网络安全等自查工作并持续跟踪整改。二是，查漏补缺，夯实基础，保障安全生产，即：全面落实ISO 20000信息科技服务体系；不定期开展同城灾备中心的投产及演练工作，开展分支行网络切换、机房电力切换、人行网络切换、双机切换等应急演练，全面提升海南银行业务连续性保障能力；基于运维大数据，进行IT自动化运维管理平台建设，提高运维工作效率、提升运维自动化、智能化水平；开展私有云平台建设，实现IT资源按需动态分配，提高资源配置效率和资源有效利用率；定期开展PC服务器及存储等扩容、服务器维保服务采购等项目，有效支持海南银行各项目及业务增长容量需求；完善基础软硬件安全整改，提升软硬件设施安全水平。三是，布局金融科技，支撑业务发展，即：全面落实开发及测试管理制度，通过CMMI体系认证提高软件能力成熟度；尝试电子商业汇票、移动综合服务平台、新短信平台、集团企业现金管理、大宗商品资金监管平台、新中间业务平台等新系统、新产品、新服务的投产上线工作，全面支持了新业务开展，提升客户体验及客户黏性；通过大数据平台、CRM、新财务系统等系统开发投产工作，有效提升内部管理水平；通过提前对风险进行分析、评估，制定应对措施，持续跟踪并有效控制项目风险；通过监控服务水平指标，开展外包服务质量后评估，倒逼外包商提高项目交付质量。

（6）声誉风险及对策

海南银行总行及其分支机构高度重视声誉风险管理工作，将声誉风险管理融入全行战略管理体系，主动加强声誉风险管理，健全工作机制，严禁介入任何有损声誉、给本行造成重大不良影响的业务活动，维护良好市场形象，提升声誉资产价值，构筑良好的经营基础。海南银行通过以下方面加强声誉风险管理：一是，加强声誉风险排查，开展24小时网络舆情监控，增加网络舆情监测频次和覆盖面，加强风险评估排查，分析舆情走向，主动、有效防范声誉风险。二是，加强分支行声誉风险管理，建立了声誉风险管理队伍和责任人，组织开展声誉风险应急培训，制定了实施细则。三是，不断完善声誉风险管理制度和体系，完善突发舆情应急预案，有效掌控舆情动态，推进舆情工作实现常态化，舆情应急机制正常运转。

四是，加强声誉风险文化建设，强化声誉风险文化的建设与培养，通过举办培训讲座等形式，教育并引导全员牢固树立声誉风险意识，提升危机公关处理能力，形成良好的声誉风险管理文化，把声誉风险控制在最小值。

2.2.3　海南省农村信用社联合社及其会员单位

海南省农村信用社联合社 2007 年 8 月挂牌成立，是全省存贷款余额最高、支农支小力度最强、金融服务最宽、机构覆盖最广的地方性银行业金融机构。成立以来，在海南省委省政府的领导下，全省农信系统始终坚持"审慎、创新、诚信、共赢"的经营理念，坚定支农支小支微战略定力，不断深化金融改革创新，从小到大，由弱到强，由濒临破产跻身于全省有实力的银行之列，存贷规模居于全省商业银行前列。截至目前，海南省农村信用社联合社下辖 6 家农商银行，13 家联社，460 个服务网点。本书以海南省农村信用社联合社的会员单位，即海口农商银行、海南澄迈农村商业银行和昌江黎族自治县农村信用合作联社为例。

（1）海口农商银行。海口农商银行经营面临的风险主要包括信用风险、市场风险、操作风险及流动性风险等。在宏观经济下行、强监管、企业资金链风险暴露等多种因素影响下，近年来，银行业不良贷款和不良率出现了"双升"。受宏观经济大环境的影响，海口农商银行的不良贷款也曾经出现"双升"。但海口农商银行整体资本管理状况良好，贷款拨备仍较充足，操作风险、市场风险和流动性风险基本可控，运行情况较好，银行整体风险基本在可控范围内。

同时，海口农商银行积极应对经济形势和政策变化，按"转型提质"的经营目标，稳健推进各项工作，信贷投向优先支持市场前景良好、产业政策积极支持和抗周期风险能力较强的行业领域；强化集中度风险管理；持续构建全面风险管理体系，提升业务发展质量和规范管理化水平，特别是做好如下风险管理工作：

其一，信用风险管理。一是，对信贷风险采取动态管理，并建立信贷风险监测台账。日常通过以诉促收的工作方式，及时化解信用风险。二是，建立信贷风险排查常态机制，规范信贷风险排查考核体系。如每年制定《贷款风险排查工作方案》，抽调各部门、支行业务骨干，组建风险排查小组，对存量贷款借款人、担保人及抵质押物等进行实地核实和风险排查，加强本行信用风险防范体系。三是，强化授信风险审查手段，通过多维度方式进行业务审查，如运用外部多项查询手段，有效识别高风险客户，防止多头授信、过度授信，给"僵尸企业""空壳企业"授信等情况。四是，设立前、中、后台岗位分离制度，严格执行"三查"制度，做到前、中、后相互制约、相互监督的管理机制。五是，建立对公贷款客户风险预警管理体系，做到早发现、早核实、早处置的管理机制，严控潜在风险。六是，对于资金业务，主要通过谨慎选择交易对手、集中交易及管理权限等方式，对信用风险进行管理。

其二，市场风险管理。海口农商银行日常按监管要求规范金融市场业务的发展，严控风险管理体系。一是，整章建制，制定投资委员会议事规则，对同业投资、债券回购、同业存款、同业业务、非标准化债权资产投资管理等多项业务制度进行了修订，逐步继续完善金融市场业务制度体系建设，加强业务风险管控能力。二是，推进系统建设，逐步完善系统建设，目前已搭建了资金业务系统、票据业务系统、理财管理系统，同时还对信贷系统的金融市场业务模块进行升级改造，系统的完善使业务发展更加规范化、准确化，同时辅助决策层更科学、更准确地研判把控宏观变动趋势。三是，完善业务流程管理机制，设立投前调查环节、投资操作环节、投后管理环节，形成前、中、后相互制约、相互监督的管理机制。

其三，流动性风险管理。海口农商银行对流动性的风险管理方式以定期指标监测为主，按月计算存贷款比例、流动性比例、超额备付率，按季计算流动性缺口率、核心负债依存度等监管指标，并根据监管的要求，在日常业务分析报告中对流动性状况及其变化趋势进行分析，及时对可能出现的流动性风险进行客观预测，采取应对措施。同时，设计并实施资产负债管理系统，该系统上线使用后，海口农商银行的同业业务、投资业务、托管业务、理财业务等均统一纳入流动性风险监测，系统数据将更准确地帮助决策层制定科学合理的流动性限额和管理方案，及时地开展流动性压力测试，制定流动性应急预案，大幅度提高了海口农商银行应急能力，有效防范流动性风险。

其四，操作风险管理。海口农商银行从构建操作风险管理组织架构、完善操作风险管理制度体系等方面着手，从人员、流程、系统和外部因素四个维度开展操作风险防控工作，积极推进制度梳理与流程优化，全面防范各种因素引发的操作风险。一是，加强员工管理，规范业务操作，有效防范案件。二是，通过建立培训、教育机制，年初制订培训计划，全年采取动态的培训模式，加强各项业务的规范操作。三是，通过内控管理制度的监督及相关规定，定期排查员工行为动态，掌握员工思想行为动态，及时解决苗头性、倾向性问题，有效防范和化解操作风险。四是，严格执行并落实《海南省农村信用社案件处置和问责工作管理办法》要求，加大案件查处问责力度。五是，严控操作风险隐患，柜员、会计主管及支行领导班子全部完成轮岗，同时出台了员工日常违规积分系统管理，并纳入个人绩效考评。

其五，声誉风险管理。为确保管理到位，海口农商银行的声誉风险明确了董事长主抓，分管副行长具体抓，宣传部实施，各部门配合落实的工作机制，通过网络搜索，个别谈话，集体讨论，与媒体、法院取得联系，调阅录像等方式，围绕银行案件和违规问题、服务问题、银行业务发展问题、银行信贷政策及风险防范问题等重点的声誉风险管理。海口农商银行由宣传部落实专人做好舆情监测工作，并加强声誉风险应急处理机制，确保一旦发现负面舆情，能及时在向上级汇报的同时，积极进行多方面、多渠道处理，确保第一时间化解声誉风险。同时加强与当地公检法机关、主流媒体的沟通交流，争取有关部门、单位的支持和理解。

海口农商银行日常制订的多项风险管理政策，均符合现行法律法规和监管的要求，基本体现对侧重控制类型风险的监测与控制，并突出了海口农商银行自身经营的特点，是指导海口农商银行开展风险管理的纲领。

在风险管理机制构建方面，董事会负责审批决策全行的风险容忍度、风险管理和内部控制政策，监督并确保高级管理层有效履行风险管理职责。根据自身现状和所处经营环境，海口农商银行确定了风险管理模式，逐步开展全面风险管理体系建设，已建立了包含信用风险、市场风险、操作风险、流动性风险管理等风险管理体系。董事会下设风险管理委员会，负责审议风险管理战略规划、风险管理和内部控制政策及基本管理制度、风险管理报告等；总行设立风险保全部，牵头负责辖内的风险管理，汇集和报告风险状况，对其他业务部门的风险管理政策执行情况进行督导和检查；各部门、支行设置风险合规员，对本部门、支行的风险状况进行及时监督、防控及报告。

同时，海口农商银行稽核监察部切实履行全面审计工作职责，组织多次序时性检查、专项检查、经济责任审计，内容涵盖存贷款、内控、安保、同业、理财、票据等，网点覆盖率达100%，下达多份事实确认书、整改意见书、管理建议书等，并对责任人实施经济处罚，及时分析问题、揭示风险、提出建议，取得良好效果。

（2）海南澄迈农村商业银行。海南澄迈农村商业银行经营面临的风险主要包括信用风险、市场风险、操作风险及流动性风险等。为此，海南澄迈农村商业银行日常制订的多项风险管理政策，均立足于符合现行法律法规和监管的要求，基本体现对侧重控制类型风险的监测与控制，并突出了其自身经营的特点。海南澄迈农村商业银行的董事会负责审批决策全行的风险容忍度、风险管理和内部控制政策，监督并确保高级管理层有效履行风险管理职责。董事会下设风险管理委员会，负责审议风险管理战略规划、风险管理和内部控制政策及基本管理制度、风险管理报告等。

根据自身现状和所处经营环境，海南澄迈农村商业银行确定了适用自身的风险管理模式，逐步开展全面风险管理体系建设，已建立了包含信用风险、流动性风险、操作风险、声誉管理等风险管理体系。以信用风险和流动性风险为例：①信用风险管理。海南澄迈农村商业银行重视信用风险管理工作，对信贷风险采取动态管理、建立监测台账、建立信贷风险排查常态机制和考核体系等方法，强化信用风险防范体系。同时，强化多维度信用风险审查手段，严格审查制度，形成相互制约、相互监督的管理机制。②流动性风险管理。海南澄迈农村商业银行对流动性的风险管理方式以定期的指标监测为主，并根据监管的要求，对日常业务及时进行趋势分析和风险预警，并采取相应的风险应对措施。在流动性风险管理中，主要从资金来源和资金运用两个角度识别和计量，突出资金监管实效。

（3）昌江黎族自治县农村信用合作联社。昌江黎族自治县农村信用合作联社理事会，负责审批决策全行的风险容忍度、风险管理和内部控制政策，监督并确保高级管理层有效履行风险管理职责。理事会下设风险管理委员会负责审议风险管理战略规划、风险管理和内部控制政策及基本管理制度、风险管理报告等；设立风险管理部，牵头负责辖内的风险管理，汇集和报告风险状况，对其他业务部门的风险管理政策执行情况进行督导和检查；各部门、网点设置风险合规员，对本部门、网点的风险状况进行及时监督、防控及报告。

　　昌江黎族自治县农村信用合作联社面临的风险主要包括信用风险、市场风险、操作风险及流动性风险等。以市场风险和声誉风险为例：①市场风险管理。昌江黎族自治县农村信用合作联社日常按监管要求规范金融市场业务的发展，严控风险管理体系，逐步完善系统建设，使业务发展更加规范化、准确化，同时辅助决策层更科学、更准确地研判把控宏观变动趋势；完善业务流程管理机制，设立投前调查环节、投资操作环节、投后管理环节，形成前、中、后相互制约、相互监督的管理机制。②声誉风险管理。昌江黎族自治县农村信用合作联社的声誉风险管理由理事长负责，管理层各岗位通过职责分工，确保与信用合作社的内部管理部门及外部媒体和监管机构的联系。同时，多方面、多渠道处理舆情，确保第一时间化解声誉风险。

2.2.4　中国（海南）自由贸易港意向入驻的外资金融机构

　　海南省政府与外资金融机构进行了多轮次接触和互动，推介海南经济金融发展、自贸区和中国特色自贸港建设进展情况，欢迎外资金融机构参与海南自贸区和中国特色自贸港建设。截至目前，野村控股、汇丰集团、花旗银行、摩根士丹利国际银行、巴克莱银行等外资金融机构纷纷达成或正在协商入驻中国（海南）自由贸易港，外资金融机构超前布局、积极参与海南自贸区和中国特色自贸港建设，并且外资金融机构正积极与中国互联网企业合作，以海南为支点推动移动支付、消费金融业务向全世界特别是东南亚国家拓展。

　　意向入驻中国（海南）自由贸易港的外资金融机构，如何进行风险管理，是同业经验的良好参照。本书以花旗银行（Citibank）、摩根士丹利国际银行（Morgan Stanley）、野村控股（Nomura Securities）和巴克莱银行

（Barclays Bank）为例。

（1）花旗银行（Citibank）

花旗银行是花旗集团属下的一家零售银行，其前身是1812年6月16日成立的纽约城市银行（City Bank of New York）。花旗集团目前是全球公认的最成功的金融服务集团之一，不仅因其在全球金融服务业盈利与成长速度最高的企业中连续占据领先地位，更由于它是世界上全球化程度最高的金融服务连锁公司。花旗集团为100多个国家2亿多位顾客服务，每位客户到任何一个花旗集团的营业点都可得到储蓄、信贷、证券、保险、信托、基金、财务咨询、资产管理等全能式的金融服务，平均每位客户的产品数在全球同行业企业中排名第一，因此，花旗集团的客户关系服务网络是花旗不可估量的一种资源。

花旗银行在中国的历史可追溯至1902年5月，是首家在中国开业的美国银行。2007年4月，花旗成为首批注册成为本地法人银行的国际银行之一。花旗银行（中国）有限公司为美国花旗银行有限公司全资所有。目前，花旗银行（中国）于在华国际银行中处领先地位，在全国12所城市（北京、长沙、成都、重庆、大连、广州、贵阳、杭州、南京、上海、深圳和天津）拥有分支网点。花旗银行在全球超过160个国家和地区开展业务，是在中国最具有全球性的国际银行。

花旗银行（中国）的全面风险管理目标是，在可接受的风险范围内实现花旗银行股东的最大价值，并满足董事会相关监管机构、存款客户及其他利益集团对花旗银行审慎发展的要求。花旗银行构建风险管理架构的指导原则包括：依法合规；实现与维持花旗银行风险管理职能的独立性；与业务部门合作使风险管理的目标资源、优先性与客户及产品战略一致；提供适当的信息披露。花旗银行（中国）具备缜密完善的风险管理框架，将风险偏好、政策制定、组织体系和风险文化等要素有机结合，及时识别、计量、监测、报告、控制业务经营中的各类风险，利于持续检查风险环境，综合评估各类风险及其相互影响关系。花旗银行（中国）已制定书面的风险偏好，每年对风险偏好进行评估。此外，花旗银行进行风险管理人才的培养及培训，这也是风险管理不可或缺的组成部分。

通过不断优化风险管理组织框架，花旗银行寻求达到以下目标：将风险敞口控制在董事会审核的风险容忍度范围内；建立广泛全面的风险管理文化；不断提高风险管理流程及资源利用情况，将效力及效率最大化；提供平衡且具有前瞻性的风险评估，积极管理信贷资产组合的集中度，优化风险缓解措施及资本利用情况。

　　花旗银行风险管理的组织结构包括：①董事会。花旗银行董事会负责审批花旗银行的总体经营战略和重大政策，确定整体风险容忍度，掌握花旗（中国）总体风险偏好，审阅及批准核心风险政策。②董事会风险管理委员会。花旗银行董事会下设风险管理委员会，定期评估花旗银行（中国）的全面风险状况，为制定风险管理及内部控制战略及政策提供参考，并监督相关战略及政策的执行。风险管理委员会的职责包括建立系统标准程序、指导意见、风险限额制度，控制现有和新增的风险，监督高级管理层控制各种风险。③高级管理层。花旗银行高级管理层负责执行董事会批准的各项战略、政策、制度和程序，负责建立授权和责任明确、报告关系清晰的风险管理组织结构，建立、识别、计量和管理风险的程序，并建立和实施健全有效的内部控制，采取措施纠正内部控制存在的问题。同时，花旗银行会不定期根据需要组织高级管理层风险会，对花旗银行的风险相关事宜进行汇报、评估与分析。一般来说，参与者为行长、首席风险控制官、首席财务官、合规负责人、各分行行长及各风险部门负责人。

　　花旗银行面临的主要风险包括：信用风险、市场风险、流动性风险、操作风险、合规风险、声誉风险和信息科技风险等。花旗银行风险管理委员会定期评估风险管理状况和风险水平，对银行风险管理及内部控制结构和程序进行审阅并提出建议，向董事会报告银行当前重大风险问题及风险趋势。

　　（2）摩根士丹利国际银行（Morgan Stanley）

　　摩根士丹利（Morgan Stanley）是一家全球领先的国际性金融服务公司，业务范围涵盖投资银行、证券、投资管理，以及财富管理等。公司在全球37个国家设有超过1 200家办事处，公司员工竭诚为各地企业、政府机关、事业机构和个人投资者提供服务。摩根士丹利是最早进入中国发展的国际投资银行之一，多年来业绩卓越。在《财富》世界500强排行榜中排名第261位。摩根士丹利总公司下设9个部门，包括：股票研究部、投资银行部、私人财富管理部、外汇/债券部、商品交易部、固定收益研究部、投资管理部、直接投资部和机构股票部。摩根士丹利涉足的金融领域包括股票、债券、外汇、基金、期货、投资银行、证券包销、企业金融咨询、机构性企业营销、房地产、私人财富管理、直接投资、机构投资管理等。

摩根士丹利国际银行（中国）有限公司是摩根士丹利集团的子公司摩根士丹利国际银行有限公司（Morgan Stanley Bank International Limited）的全资附属机构，总部位于上海市浦东新区。目前，摩根士丹利国际银行（中国）有限公司的注册资本为人民币 10 亿元。摩根士丹利国际银行（中国）有限公司可依法经营以下外汇业务：存款，短期、中期与长期贷款、票据承兑与贴现、政府债券、金融债券和其他除股票之外的外币证券；信用证服务及担保；国内外结算；外汇交易、代理交易、外币兑换；银行同业拆借；银行卡服务；保险箱服务；信用调查与咨询服务；保险代理服务；其他经中国银行保险监督管理委员会批准的业务。

各类风险广泛存在于摩根士丹利国际银行的业务活动当中。摩根士丹利国际银行根据已制定的政策和制度来识别、评估、监督和管理业务活动中的不同类别的风险。摩根士丹利国际银行建立了与集团一致的全面风险管理框架，包括对高级管理层的上报机制，以及通过董事会和风险管理委员会及其下设的子委员会进行监督。

摩根士丹利国际银行的董事会承担全面风险管理的最终责任，授权其下设的风险管理委员会履行其全面风险管理的部分职责。摩根士丹利国际银行的监事会承担监督责任。摩根士丹利国际银行高级管理层承担全面风险管理的实施责任，执行董事会的决议。摩根士丹利国际银行已制定全面风险管理的经营管理框架，划定业务部门以及其他部门在风险管理中的职责分工，建立部门之间相互协调、有效制衡的运行机制。摩根士丹利国际银行的业务部门是风险管理的第一道防线；独立于业务部门的各类风险管理部门，作为风险管理的第二道防线；内审部门是风险管理的第三道防线。

摩根士丹利国际银行采取定性和定量相结合的方法，识别、计量、评估、监测、报告、控制和缓释所承担的各类风险，包括信用风险、市场风险、流动性风险、操作风险、国别风险、银行账户利率风险、声誉风险、信息科技风险以及其他风险等。

（3）野村控股（Nomura Securities）

野村控股是一家总部位于亚洲、国际网络遍布全球30多个国家和地区的金融服务机构。野村荟萃东西、连通市场，为个人、机构、企业和政府客户提供零售、资产管理、机构业务（全球市场和投资银行）与商人银行服务。野村成立于1925年，始终坚守遵纪自律的企业精神，传承并发扬为客户提供创新方案及领先理念的悠久传统。

野村控股在风险管理方面，实施识别各种运营和交易可能产生的潜在损失的流程，并寻求建立评估所有风险和实施适当控制的框架。野村控股的业务活动面临各种风险，包括市场风险、信用风险、操作风险和流动性风险等。野村控股的风险识别和风险应对方案，见表2-1。

表2-1　　　　　**野村控股的风险识别和风险应对方案**

风险识别	风险应对
资本充足率和资产负债表指标	遵守对金融机构实施的资本管制，并在各种经济条件下继续开展业务时保持强大的金融基础
流动性风险	保持足够的流动性以在严峻的流动性形势下生存，并遵守监管要求
市场风险和信贷风险	管理批发业务中的市场风险和信用风险
运营风险	了解并减轻在开展业务过程中假设的运营风险事件的影响和可能性
合规风险	促进正确理解和遵守所有适用法律、法规和规章的文字和精神，避免不当行为

妥善管理这些风险是管理层的首要任务之一。对于野村控股来说，在任何类型的经济环境下保持资本充足并实现业务计划、保护客户以及遵守法律法规都很重要。野村控股已经定义了公司愿意承担的风险类型和最大水平，如风险偏好声明中所记录的。野村控股的风险偏好声明由执行管理委员会批准，并且每天根据一组风险偏好对风险进行监控。如果风险额有可能超过风险偏好，高级管理层会咨询利益相关方，并采取措施解决这种

风险超额。

野村控股的风险管理监督由高级管理层成员组成的委员会执行。集团综合风险管理委员会，如全球风险管理委员会（GRMC）审议并决定对公司至关重要的风险管理问题。集团综合风险管理委员会由集团首席执行官担任主席，由副主席、副总裁、集团联合首席运营官、业务部门首席执行官、首席风险官、首席财务官、首席法律官、联合CRO，以及主席任命的其他成员组成。野村控股采用以下分层结构，理由是所有员工都有责任主动管理风险：①从事交易和销售的部门作为第一道防线，从事销售和交易的部门管理与其自身业务活动相关的风险。例如，交易部门在预定的风险限额内开展业务，并主动识别和解决他们发现的任何问题。②第二道防线为风险管理。从事风险管理的部门建立框架来管理每种类型的风险，并支持一线防御部门（如销售和交易部门）采取的风险管理措施。第二道防线独立监控风险，并根据需要对交易和销售部门进行检查。③第三道防线为内部审计。内部审计从独立、客观的角度审查和提供咨询，目的是通过改善组织的运营和框架，包括风险管理，增加价值。

野村控股一直致力于从全方位的角度进一步加强风险管理系统。举一个具体的例子，除了迄今在衍生品交易中应用于交易对手的信用风险管理方法之外，野村控股还引入了"单一名称限制"方法，对债券、股票和其他证券的发行者以及交易对手产生的风险设定总体限制，同时还从全面的角度确定债券发行者群体。此外，野村控股还在构建一个系统，以识别和管理所谓的"错误路径风险"，当交易对手的信誉恶化与向该方提供的信贷规模之间存在密切关联时，就会出现这种风险。

野村控股定期进行压力测试，以计算在极端困难的经济条件下，集团整体可能出现的损失规模和风险量。这些压力测试的结果报告给集团综合风险管理委员会。在涵盖整个集团的这些测试中，考虑了无法由最复杂和最精确的风险模型完全计算的风险，其结果是对集团资本是否足以维持财务稳健的更好衡量。此外，在详细业务和交易平台层面的业务和交易固有风险中，可能存在难以用现有风险模型确定的风险。因此，开发压力情景是为了关注和捕捉这些风险，并确定这些不同情景下潜在损失的大小。由于基于压力情景进行了这些测试，野村控股能够补充风险模型开发的信息，并获得关于特定压力情景对其收入影响的宝贵信息。

野村控股认为，考虑各种交易可能产生的社会和环境风险是管理野村集团声誉风险的关键。因此，在执行业务运营时，野村控股会像关注法律合规性一样关注这些风险。例如，对于股票承销业务，野村控股审查并确认发行人对任何与社会和环境相关的潜在风险的认识，以及发行人已采取适当措施应对这些风险，包括披露关于这些风险的信息。对环境和社会的影响，以及财务状况、经营成果等方面，都包含在相关部门在评估过程中采用的总体指导方针中，作为进行承销交易时必须确认的重要项目。

培养良好的风险文化对于野村控股保持其社会信誉和维持其业务活动同样至关重要。野村控股的所有员工，无论其职能或地理位置如何，都必须了解他们与风险管理相关的具体职责，并积极努力管理风险。野村控股的目标是通过各种培训课程以及公司规章制度，将这种风险文化融入整个公司。

（4）巴克莱银行（Barclays Bank）

巴克莱银行（Barclays Bank），英国最大商业银行之一，全球规模最大的银行及金融机构之一，总部设于英国伦敦。巴克莱银行于1690年成立，是英国最古老的银行，是全世界第一家拥有ATM机的银行，并于1966年发行了全英第一张信用卡，1987年发行了全英第一张借记卡。巴克莱银行在全球约60个国家经营业务，在英国设有2 100多家分行。巴克莱银行经营消费及公司银行、信用卡、抵押贷款、代管及租赁业务，此外还提供私人银行服务。

巴克莱银行于20世纪70年代初进入中国市场，最初业务是为大型设备购置项目安排出口信用融资，80年代涉足企业借贷业务，90年代则发展至项目融资结构及债券资本市场等业务。2019年3月，英国巴克莱银行宣布与支付宝达成协议：巴克莱旗下处理英国近半卡类交易的分公司Barclaycard，将帮助其覆盖的超11万个英国商家接入支付宝。

巴克莱银行风险管理的特点之一是分工明确，职责清晰。基本的职责分工贯穿于整个集团组织内部。具体分工如下：董事会需要管理保持一个合适的内部控制系统，并检查它的有效性；批准风险偏好，并监控相对于偏好的集团风险轮廓（Risk Profile）；业务条线负责人负责识别和管理其

业务条线的风险；在集团首席执行官和集团财务总监的授权下，风险总监
负责有效地进行风险管理和控制；分类风险主管和他们的团队负责建立风
险控制框架，并进行风险监控；在业务风险主管的管理下，业务风险团队
负责协助业务条线负责人识别和管理他们总体的业务风险，并实施正确的
控制；内部审计负责独立地对风险管理和内部控制环境进行检查；此外，
在巴克莱银行内部还有许多专业委员会来负责相应的风险管理职责。

　　风险偏好是巴克莱银行选择的平衡收益与风险的方法，自20世纪90
年代中期以来一直在巴克莱银行内部使用。确立集团和各业务条线的风险
偏好，建立风险偏好体系，首先能够保证集团的业绩表现；其次，能够识
别无用的风险容量，提高盈利能力；再次，能够提升管理信心，统筹考虑
集团的整体风险轮廓；最后，能帮助高级管理层提高不同业务风险程度的
控制和协调。巴克莱银行确立风险偏好的方法主要是，通过未来三年的业
务规划估计收益波动的可能性及实现这些业务规划的资本需求，并将这些
与目标资本比率、红利等因素相对比，将这些结果转化为每个主要业务板
块规划的风险容量。风险偏好的数值要通过估计集团对宏观经济事件的敏
感性来进行验证，而这种估计是利用压力测试和情景模拟来完成的。风险
偏好体系为每个业务条线配置风险容量提供了基准。巴克莱银行的风险偏
好体系考虑了信用风险、市场风险和操作风险，并通过两个方面的观察设
定来进行实施。一个是收益波动（Earnings Volatility）。在战略规划的偏好
设定下（包括分红保证以及保证巴克莱银行在极端环境下的评级水平），
考虑每年的预测财务表现的潜在波动。

　　巴克莱银行针对不同类型的风险制定了一套由五个步骤组成的风险管
理程序，所有风险统一按照此套程序进行管理。①指导（Direct），主要包
括理解实现集团战略的主要风险，建立风险偏好体系，沟通建立包括职
责、权限和关键控制的风险管理框架。②评估（Assess），包括建立识别
和分析业务风险的程序，批准和实施计量和报告的标准以及方法。③控制
（Control），建立关键控制程序和操作，包括限额结构、资本补充标准和报
告要求；监控控制的进展、风险的动向和限额；提供与偏好或控制相背离
的早期预警；确保风险管理的操作和条件与业务环境相符合。④报告
（Report），解释和报告风险暴露、风险集中度以及风险承担的结果，解释

和报告风险的敏感性和关键风险指标，与外部群体的交流。⑤管理和分析（Manage and Challenge），检查和分析集团总体风险轮廓的各个方面，评估新的风险与收益机遇，建议优化集团总体的风险轮廓，检查分析风险管理的操作实践。

　　虽然巴克莱银行对其内部风险的分类已经超过了巴塞尔新资本协议中的要求，并为各类风险配置经济资本，但对于巴克莱银行来讲，对三大风险的管理仍是其主要任务。在规范统一的风险管理程序指导下，巴克莱银行对三大风险的管理卓有成效。信用风险仍是巴克莱银行最大的风险，大约有三分之二的经济资本被配置到各业务条线的信用风险上。对于信用风险的管理，巴克莱银行主要利用五步风险管理程序和基于 COSO 的内部控制体系来进行管理。利用自己的内部风险评级系统来对借贷者、交易对手以及零售客户进行评级。对于内部评级，巴克莱银行主要利用自己的历史数据和其他外部信息，通过自己内部开发的模型来进行。当然，巴克莱银行也采用了一些外部开发的模型和评级工具，不过这些工具在引入前都要经过相关的验证。对于市场风险来讲，巴克莱银行将市场风险分为三大类，分别是交易市场风险、资产和负债风险、其他市场风险。在巴克莱银行内部，风险管理委员会批准所有类型市场风险的风险偏好；市场风险总监负责市场风险的整体控制，并在风险总监和风险监控委员会的授权下，在市场风险偏好范围内设定限额管理体系。市场风险总监的工作由专门的市场风险管理团队和业务条线的风险管理部门来支持协助。每天都要形成一份巴克莱银行整体市场风险的报告，主要是相对于许可限额的风险暴露。另外，业务条线的负责人在业务条线风险管理部门的协助下，负责与其业务相关的所有市场风险的识别、度量和管理。同时，业务条线还要考虑与业务相关的流动性风险。巴克莱银行在市场风险管理方面采用了日在险价值（Daily Value at Risk）、压力测试、年在险收益（Annual Earnings at Risk）和经济资本等方法和技术。DVaR 采用历史模拟法，利用两年的历史数据进行计算，同时利用返回检验（Back-testing）方法进行校验。AEaR 主要度量年收益对市场利率变动的敏感性，置信区间为 99%，时间跨度为一年，主要用来度量结构性利率风险和结构资产管理风险。对于操作风险来讲，巴克莱银行已经建立了集团范围内的操作风险管理体系，并

41

在所有风险识别的重要区域设立了最低控制要求。对操作风险的度量和管理主要包括风险评估、风险事件数据的收集与报告，以及经济资本配置四个方面。在风险评估中普遍采用了情景分析和自我评估技术来作为风险识别和评估监控能力和控制有效性的工具。在风险事件数据的收集与报告中，巴克莱银行建立了一套标准的程序用来收集、评估、分析、报告整个集团范围内的风险事件。另外，巴克莱银行还利用了一个外部的公共风险事件数据库来支持风险的识别和评估。对于经济资本的配置，巴克莱银行是采用历史数据来进行估算的。

综上所述，无论是花旗银行、摩根士丹利国际银行、野村控股、巴克莱银行还是其他知名金融机构，意向入驻中国（海南）自由贸易港的外资金融机构，大都有着完备的全面风险管理方法、策略和程序。并且，意向入驻中国（海南）自由贸易港的外资金融机构通常具备管理各类风险的国际经验，学习、借鉴和引入这些风险管理经验，对丰富和完善中国（海南）自贸港金融机构全面风险管理具有很好的借鉴作用。

▶▶ 第 3 章 ◀◀

全面风险管理的理论基础

 "全面风险管理"一词，源于美国 COSO 委员会[1]（全美反舞弊性财务报告委员会发起组织）2004 年发布的《企业风险管理——整合框架》（国内也有译作《全面风险管理框架》）。同年，国际清算银行下的巴塞尔银行监理委员会（BCBS）[2]正式发布了新巴塞尔协议（Basel II），在金融机构信用风险之外，强调了操作风险、市场风险，并且首次建立起三大支柱的监管框架，在第二支柱中涵盖了三大风险之外的各类风险，且明确提出"全面风险管理"（Comprehensive Assessment of Risk）的概念。新巴塞尔协议通常也被视为对 COSO 报告的认同与应用，是全面风险管理理念在国际银行业应用的源头。

 2006 年 6 月，我国国有资产监督管理委员会发布《中央企业全面风险管理指引》，对全面风险管理的理论和实践进行了国际趋同。2012 年，巴塞尔委员会修订了《有效银行监管核心原则》，完善和细化了"风险管理体系"的各项标准。之后，巴塞尔委员会和金融稳定理事会针对公司治理、风险偏好、风险文化和风险报告等全面风险管理要素陆续发布了一系

---

 [1]　美国 COSO 委员会是全球领先的内部控制问题研究机构，于 1992 和 2004 年分别发布两版 COSO 报告，即《内部控制——整合框架》《企业风险管理——整合框架》，后经多次修订，是内部控制领域的权威指引。
 [2]　Basel(巴塞尔)是瑞士的第三大城市（仅次于苏黎世和日内瓦）。"巴塞尔委员会"是国际清算银行（BIS）的巴塞尔银行业条例和监督委员会的常设委员会，该委员会于 1988 年 7 月在巴塞尔通过了《关于统一国际银行的资本计算和资本标准的协议》，简称《巴塞尔协议》。《巴塞尔协议》现共有 Ⅰ 、Ⅱ 、Ⅲ 三版。

列政策文件，提出了更具体的要求。2016 年 9 月，中国银监会印发《银行业金融机构全面风险管理指引》，形成针对金融机构全面风险管理的统领性、综合性规则。

本章即通过全面风险管理的上述发展脉络，详细向读者阐明金融机构全面风险管理的理论基础。

3.1 — 全面风险管理理念与《企业风险管理——整合框架》 —

2004 年，COSO 委员会发布的《企业风险管理——整合框架》，拓展了内部控制，用更广义的风险管理来表达。并且，全面风险管理涵盖了内部控制，即 COSO 框架中明确地指出，全面风险管理体系框架包括内部控制，将内部控制作为一个子系统。

《企业风险管理——整合框架》认为，企业风险管理是一个过程，它由一个主体的董事会、管理当局和其他管理人员共同实施，应用于战略制订并贯穿于企业之中，旨在识别可能会影响主体的潜在事项，管理风险以使其在该主体的风险容量之内，并为主体目标的实现提供合理保证。

《企业风险管理——整合框架》包括八大要素：内部环境、目标设定、事项识别、风险评估、风险应对、控制活动、信息与沟通、监控。第一，内部环境。内部环境包含组织的基调，它为主体内的人员如何认识和对待风险设定了基础，包括风险管理理念和风险容量、诚信和道德价值观，以及他们所处的经营环境。第二，目标设定。首先预设目标，管理当局才能识别影响目标实现的潜在事项。企业风险管理确保管理当局采取适当的程序去设定目标，确保所选定的目标支持和切合该主体的使命，并且与它的风险容量相符。第三，事项识别，即识别影响主体目标实现的内部和外部事项，区分风险和机会。机会被反馈到管理当局的战略或目标制订过程中。第四，风险评估，即通过考虑风险的可能性和影响来对其加以分析，并以此作为决定如何进行管理的依据。风险评估应立足于固有风险和剩余风险。第五，风险应对。管理当局选择风险应对，即回避、承受、降低或者分担风险，采取一系列行动以便把风险控制在主体的风险容忍度以内。

第六，控制活动，即制订和执行政策与程序以帮助确保风险应对得以有效实施。第七，信息与沟通，即相关的信息以确保员工履行其职责的方式和时机予以识别、获取和沟通。有效沟通的含义比较广泛，包括信息在主体中的向下、平行和向上流动。第八，监控，即对企业风险管理进行全面监控，必要时加以修正。监控可以通过持续的管理活动、个别评价或者两者结合来完成。

3.2 — 全面风险管理定义与《中央企业全面风险管理指引》 —

2006 年 6 月，我国国有资产监督管理委员会发布《中央企业全面风险管理指引》。其中，对全面风险管理进行了中文定义，即所谓全面风险管理，是指企业围绕总体经营目标，通过在企业管理的各个环节和经营过程中执行风险管理的基本流程，培育良好的风险管理文化，建立健全全面风险管理体系，包括风险管理策略、风险理财措施、风险管理的组织职能体系、风险管理信息系统和内部控制系统，从而为实现风险管理的总体目标提供合理保证的过程和方法。

《中央企业全面风险管理指引》认为，企业风险，指未来的不确定性对企业实现其经营目标的影响。企业风险一般可分为战略风险、财务风险、市场风险、运营风险、法律风险等；也可以能否为企业带来盈利等机会为标志，将风险分为纯粹风险（只有带来损失一种可能性）和机会风险（带来损失和盈利的可能性并存）。风险管理基本流程包括以下主要工作：收集风险管理初始信息；进行风险评估；制定风险管理策略；提出和实施风险管理解决方案；风险管理的监督与改进。与风险管理密切相关的内部控制系统，指围绕风险管理策略目标，针对企业战略、规划、产品研发、投融资、市场运营、财务、内部审计、法律事务、人力资源、采购、加工制造、销售、物流、质量、安全生产、环境保护等各项业务管理及其重要业务流程，通过执行风险管理基本流程，制定并执行的规章制度、程序和措施。

企业开展全面风险管理要努力实现以下风险管理总体目标：确保将风

险控制在与总体目标相适应并可承受的范围内；确保内外部，尤其是企业与股东之间实现真实、可靠的信息沟通，包括编制和提供真实、可靠的财务报告；确保遵守有关法律法规；确保企业有关规章制度和为实现经营目标而采取重大措施的贯彻执行，保障经营管理的有效性，提高经营活动的效率和效果，降低实现经营目标的不确定性；确保企业建立针对各项重大风险发生后的危机处理计划，保护企业不因灾害性风险或人为失误而遭受重大损失。

企业积极开展全面风险管理工作，应本着从实际出发，务求实效的原则，以对重大风险、重大事件（指重大风险发生后的事实）的管理和重要流程的内部控制为重点。同时，企业开展全面风险管理工作应与其他管理工作紧密结合，把风险管理的各项要求融入企业管理和业务流程中。企业应该建立风险管理三道防线，即各有关职能部门和业务单位为第一道防线；风险管理职能部门和董事会下设的风险管理委员会为第二道防线；内部审计部门和董事会下设的审计委员会为第三道防线。

《中央企业全面风险管理指引》认为，实施全面风险管理应包含但不限于以下程序：第一，广泛、持续不断地收集与本企业风险和风险管理相关的内部、外部初始信息，包括历史数据和未来预测。应把收集初始信息的职责分工落实到各有关职能部门和业务单位。在战略风险方面，企业应广泛收集国内外企业战略风险失控导致企业蒙受损失的案例，并至少收集与本企业相关的重要信息。在财务风险方面，应广泛收集国内外企业财务风险失控导致危机的案例，并至少收集本企业的重要信息（其中有行业平均指标或先进指标的，也应尽可能收集）。在市场风险方面，企业应广泛收集国内外企业忽视市场风险、缺乏应对措施导致企业蒙受损失的案例，并至少收集与本企业相关的重要信息。在运营风险方面，企业应至少收集与本企业、本行业相关的信息。在法律风险方面，企业应广泛收集国内外企业忽视法律法规风险、缺乏应对措施导致企业蒙受损失的案例，并至少收集与本企业相关的信息。企业应对收集的上述初始信息进行必要的筛选、提炼、对比、分类、组合，以便进行风险评估。

第二，风险评估。企业应对收集的风险管理初始信息和企业各项业务管理及其重要业务流程进行风险评估。风险评估包括风险辨识、风险分析、风险评价三个步骤。风险辨识是查找企业各业务单元、各项重要经营活动及其重要业务流程中有无风险，有哪些风险。风险分析是对辨识出的风险及其特征进行明确的定义描述，分析和描述风险发生可能性的高低、风险发生的条件。风险评价是评估风险对企业实现目标的影响程度、风险的价值等。进行风险辨识、分析、评价，应将定性与定量方法相结合。定性方法可采用问卷调查、集体讨论、专家咨询、情景分析、政策分析、行业标杆比较、管理层访谈、由专人主持的工作访谈和调查研究等。定量方法可采用统计推论（如集中趋势法）、计算机模拟（如蒙特卡罗分析法）、失效模式与影响分析、事件树分析等。进行风险定量评估时，应统一制定各风险的度量单位和风险度量模型，并通过测试等方法，确保评估系统的假设前提、参数、数据来源和定量评估程序的合理性和准确性。要根据环境的变化，定期对假设前提和参数进行复核和修改，并将定量评估系统的估算结果与实际效果对比，据此对有关参数进行调整和改进。企业在评估多项风险时，应根据对风险发生可能性的高低和对目标的影响程度的评估，绘制风险坐标图，对各项风险进行比较，初步确定对各项风险的管理优先顺序和策略。

第三，确定风险管理策略。风险管理策略是企业根据自身条件和外部环境，围绕企业发展战略，确定风险偏好、风险承受度、风险管理有效性标准，选择风险承担、风险规避、风险转移、风险转换、风险对冲、风险补偿、风险控制等适合的风险管理工具的总体策略，并确定风险管理所需人力和财力资源的配置原则。一般情况下，对战略、财务、运营和法律风险，可采取风险承担、风险规避、风险转换、风险控制等方法。对能够通过保险、期货、对冲等金融手段进行理财的风险，可以采用风险转移、风险对冲、风险补偿等方法。企业应根据不同业务特点统一确定风险偏好和风险承受度，即企业愿意承担哪些风险，明确风险的最低限度和不能超过的最高限度，并据此确定风险的预警线及相应的对策。确定风险偏好和风险承受度，要正确认识和把握风险与收益的平衡，防止和纠正忽视风险，片面追求收益而不讲条件、范围，认为风险越大、收益越高的观念和做法；同时，也要防止单纯为规避风险而放弃发展机遇。企业应定期总结和分析已制定的风险管理策略的有效性和合理性，结合实际不断修订和完善。其中，应重点检查依据风险偏好、风险承受度和风险控制预警线实施的结果是否有效，并提出定性或定量的有效性标准。

第四，制定风险管理解决方案。企业应根据风险管理策略，针对各类风险或每一项重大风险制定风险管理解决方案。解决方案一般应包括风险解决的具体目标，所需的组织领导，所涉及的管理及业务流程，所需的条件、手段等资源，风险事件发生前、中、后所采取的具体应对措施以及风险管理工具（如关键风险指标管理、损失事件管理等）。企业制定风险解决的内部控制方案，应满足合规的要求，坚持经营战略与风险策略一致、风险控制与运营效率及效果相平衡的原则，针对重大风险所涉及的各个管理及业务流程，制定涵盖各个环节的全流程控制措施；对其他风险所涉及的业务流程，要把关键环节作为控制点，采取相应的控制措施。

第五，风险管理的监督与改进。企业应以重大风险、重大事件和重大决策、重要管理及业务流程为重点，对风险管理初始信息、风险评估、风险管理策略、关键控制活动及风险管理解决方案的实施情况进行监督，采用压力测试、返回测试、穿行测试以及风险控制自我评估等方法对风险管理的有效性进行检验，根据变化情况和存在的缺陷及时加以改进。企业应建立贯穿于整个风险管理基本流程，连接各上下级、各部门和业务单位的风险管理信息沟通渠道，确保信息沟通的及时、准确、完整，为风险管理监督与改进奠定基础。各有关部门和业务单位应定期对风险管理工作进行自查和检验，及时发现缺陷并改进，其检查、检验报告应及时报送企业风险管理职能部门。风险管理职能部门应定期对各部门和业务单位风险管理工作实施情况和有效性进行检查和检验，对跨部门和业务单位的风险管理解决方案进行评价，提出调整或改进建议，出具评价和建议报告，及时报送企业总经理或其委托分管风险管理工作的高级管理人员。内部审计部门应至少每年一次对包括风险管理职能部门在内的各有关部门和业务单位能否按照有关规定开展风险管理工作及其工作效果进行监督评价，监督评价报告应直接报送董事会或董事会下设的风险管理委员会和审计委员会。

3.3　— 全面风险管理应用与《银行业金融机构全面风险管理指引》　—

2016 年 9 月，中国银监会发布《银行业金融机构全面风险管理指引》，对金融机构中全面风险管理的具体应用规划了详细的实践指引，是将全面风险管理理论转化为应用实践的重要积淀。

金融机构应当建立全面风险管理体系，采取定性和定量相结合的方法，识别、计量、评估、监测、报告、控制或缓释所承担的各类风险。各类风险包括信用风险、市场风险、流动性风险、操作风险、国别风险、银行账户利率风险、声誉风险、战略风险、信息科技风险以及其他风险。金融机构的全面风险管理体系应当考虑风险之间的关联性，审慎评估各类风险之间的相互影响，防范跨境、跨业风险。

金融机构全面风险管理应当遵循以下基本原则：其一，匹配性原则。全面风险管理体系应当与风险状况和系统重要性等相适应，并根据环境变化进行调整。其二，全覆盖原则。全面风险管理应当覆盖各个业务条线，包括本外币、表内外、境内外业务；覆盖所有分支机构、附属机构，部门、岗位和人员；覆盖所有风险种类和不同风险之间的相互影响；贯穿决策、执行和监督全部管理环节。其三，独立性原则。银行业金融机构应当建立独立的全面风险管理组织架构，赋予风险管理条线足够的授权、人力资源及其他资源配置，建立科学合理的报告渠道，与业务条线之间形成相互制衡的运行机制。其四，有效性原则。银行业金融机构应当将全面风险管理的结果应用于经营管理，根据风险状况、市场和宏观经济情况评估资本和流动性的充足性，有效抵御所承担的总体风险和各类风险。

金融机构全面风险管理体系应当包括但不限于以下要素：风险治理架构；风险管理策略、风险偏好和风险限额；风险管理政策和程序；管理信息系统和数据质量控制机制；内部控制和审计体系。具体如下：

第一，风险治理架构。其一，金融机构需要建立组织架构健全、职责边界清晰的风险治理架构，明确董事会、监事会、高级管理层、业务部门、风险管理部门和内审部门在风险管理中的职责分工，建立多层次、相互衔接、有效制衡的运行机制。其二，金融机构董事会承担全面风险管理的最终责任，董事会可以授权其下设的风险管理委员会履行其全面风险管理的部分职责。风险管理委员会与董事会下设的战略委员会、审计委员会、提名委员会等其他专门委员会需要建立有效的沟通机制，确保信息充分共享并能够支持风险管理相关决策。其三，金融机构监事会承担全面风险管理的监督责任，负责监督检查董事会和高级管理层在风险管理方面的履职尽责情况并督促整改。相关监督检查情况应当纳入监事会工作报告。其四，金融机构高级管理层承担全面风险管理的实施责任，执行董事会的决议。规模较大或业务复杂的金融机构应当设立风险总监（首席风险官）。董事会应当将风险总监（首席风险官）纳为高级管理人员。风险总监（首席风险官）或其他牵头负责全面风险管理的高级管理人员应当保持充分的独立性，独立于操作和经营条线，可以直接向董事会报告全面风险管理情况。其五，金融机构应当确定业务条线承担风险管理的直接责任；风险管理条线承担制定政策和流程，监测和管理风险的责任；内审部门承担业务部门和风险管理部门履职情况的审计责任。同时，金融机构应当设立或者指定部门负责全面风险管理，牵头履行全面风险的日常管理，保证全面风险管理的政策流程在基层分支机构得到理解与执行，建立与基层分支机构风险状况相匹配的风险管理架构。并且，金融机构应当赋予全面风险管理职能部门和各类风险管理部门充足的资源、独立性、授权，保证其能够及时获得风险管理所需的数据和信息，满足履行风险管理职责的需要。

第二，风险管理策略、风险偏好和风险限额。金融机构需要制定清晰的风险管理策略，至少每年评估一次其有效性。风险管理策略应当反映风险偏好、风险状况以及市场和宏观经济变化，并在银行内部得到充分传导。金融机构应当制定书面的风险偏好，做到定性指标和定量指标并重。风险偏好的设定应当与战略目标、经营计划、资本规划、绩效考评和薪酬机制衔接，在机构内传达并执行，每年对风险偏好至少进行一次评估。金融机构应当在书面的风险偏好中明确董事会、高级管理层和首席风险官、业务条线、风险部门在制定和实施风险偏好过程中的职责，应当建立监测分析各业务条线、分支机构、附属机构执行风险偏好的机制。当风险偏好目标被突破时，应当及时分析原因，制定解决方案并实施。同时，金融机构应当建立风险偏好的调整制度，根据业务规模、复杂程度、风险状况的变化，对风险偏好进行调整；应当制定风险限额管理的政策和程序，建立风险限额设定、限额调整、超限额报告和处理制度。

第三，风险管理政策和程序。其一，金融机构需要制定风险管理政策和程序，包括：全面风险管理的方法，风险定性管理和定量管理的方法，风险管理报告，压力测试安排，新产品、重大业务和机构变更的风险评估，资本和流动性充足情况评估，应急计划和恢复计划。其二，金融机构应当在集团和法人层面对各附属机构、分支机构、业务条线，对表内和表外、境内和境外、本币和外币业务涉及的各类风险，进行识别、计量、评估、监测、报告、控制或缓释。金融机构需要制定每项业务对应的风险管理政策和程序；未制定的，不得开展该项业务。其三，金融机构应当有效评估和管理各类风险。对能够量化的风险，应当通过风险计量技术，加强对相关风险的计量、控制、缓释；对难以量化的风险，应当建立风险识别、评估、控制和报告机制，确保相关风险得到有效管理。其四，金融机构应当建立风险统一集中管理的制度，确保全面风险管理对各类风险管理的统领性、各类风险管理与全面风险管理政策和程序的一致性。风险加总的政策、程序，选取合理可行的加总方法，应充分考虑集中度风险及风险之间的相互影响和相互传染，确保在不同层次上和总体上及时识别风险。其五，金融机构应当建立专门的政策和流程，评估开发新产品、对现有产品进行重大改动、拓展新的业务领域、设立新机构、从事重大收购和投资等可能带来的风险，并建立内部审批流程和退出安排。银行业金融机构开展上述活动时，应当经风险管理部门审查同意，并经董事会或董事会指定的专门委员会批准。

第四，管理信息系统和数据质量控制机制。金融机构应当具备完善的风险管理信息系统，能够在集团和法人层面计量、评估、展示、报告所有风险类别、产品和交易对手风险暴露的规模和构成。其中，相关风险管理信息系统应当具备以下主要功能：支持识别、计量、评估、监测和报告所有类别的重要风险；支持风险限额管理，对超出风险限额的情况进行实时监测、预警和控制；能够计量、评估和报告所有风险类别、产品和交易对手的风险状况，满足全面风险管理需要；支持按照业务条线、机构、资产类型、行业、地区、集中度等多个维度展示和报告风险暴露情况；支持不同频率的定期报告和压力情况下的数据加工和风险加总需求；支持压力测试工作，评估各种不利情景对银行业金融机构及主要业务条线的影响。金融机构应当建立健全数据质量控制机制，积累真实、准确、连续、完整的内部和外部数据，用于风险识别、计量、评估、监测、报告，以及资本和流动性充足情况的评估。

第五，内部控制和审计体系。金融机构需要合理确定各项业务活动和管理活动的风险控制点，采取适当的控制措施，执行标准统一的业务流程和管理流程，确保规范运作。金融机构应当将全面风险管理纳入内部审计范畴，定期审查和评价全面风险管理的充分性和有效性。内部审计活动应独立于业务经营、风险管理和合规管理，遵循独立性、客观性原则，不断提升内部审计人员的专业能力和职业操守。全面风险管理的内部审计报告应当直接提交董事会和监事会。董事会应当针对内部审计发现的问题，督促高级管理层及时采取整改措施。内部审计部门应当跟踪检查整改措施的实施情况，并及时向董事会提交有关报告。

金融机构还应当推行稳健的风险文化，形成与本机构相适应的风险管理理念、价值准则、职业操守，建立培训、传达和监督机制，推动全体工作人员理解和执行。

总之，《企业风险管理——整合框架》《中央企业全面风险管理指引》《有效银行监管核心原则》《银行业金融机构全面风险管理指引》等理论与实践报告，支撑起中国全面风险管理的理念、定义和应用，对中国（海南）自由贸易港金融机构全面风险管理的内涵起到奠基的作用。

中国（海南）自由贸易港金融机构全面风险管理的内涵

中国（海南）自由贸易港金融机构全面风险管理，根植于改革开放以来数十年的实践经验，针对自贸港（区）金融机构风险管理的实际需要，归纳和分析中国（海南）自由贸易港现有金融机构和预期入驻金融机构面临的主要风险，包括重要（重大）风险、其他风险和运营风险，并且，一并探讨各类风险的应对与风险管理。同时，深入探讨中国（海南）自由贸易港金融机构的全面风险管理体系的治理架构、风险管理策略、风险管理政策和程序、内部控制和审计体系等具体内容，还包含其他涉及中国（海南）自由贸易港金融机构全面风险管理的外延性研究。上述内容共同形成中国（海南）自由贸易港金融机构全面风险管理的内涵。

4.1 中国（海南）自由贸易港金融机构面临的重要（重大）风险概述

中国（海南）自由贸易港金融机构面临的重要（重大）风险，包括信用风险、流动性风险和操作风险。

1）信用风险

信用风险是各类金融机构普遍面临的主要风险，也是中国（海南）自由贸易港金融机构面临的首要风险。中国（海南）自由贸易港金融机构的主体是银行业金融机构，包括商业银行、村镇银行、农信社，以及意向入驻的外资银行等。银行业金融机构存在的主要风险是信用风险。同时，中国（海南）自由贸易港还存在及意向入驻金融资产管理公司、财务公司等形式的金融机构，其开展的业务也大都与信用风险相关。因此，信用风险是自贸港（区）内各类金融机构普遍面临的主要风险。

2）流动性风险

流动性风险也是中国（海南）自由贸易港金融机构面临的一项重要（重大）风险。中国（海南）自由贸易港金融机构的主体具备多样性的特征，各类金融机构在各个市场中均存在流动性风险，比如证券市场、基金市场、货币市场、保险市场、理财业务、融资融券业务等。因此，流动性风险也是自贸港（区）内各类金融机构普遍面临的主要风险。

3）操作风险

操作风险受到国际金融业界的高度重视，主要是源于金融机构的规模日益扩大，金融机构的产品越来越多样化和复杂化，金融机构所辖业务对以智能计算、网络云为代表的 IT 技术的高度依赖，还包括金融业和金融市场的全球化趋势，使得"操作"上的失误可能带来重要或重大的不良后果。中国（海南）自由贸易港金融机构自主的"操作"空间大，有更大的自主权和经营权，增加了"操作"的方式、种类和职能权限。此外，自由贸易港（区）金融机构主体具有多样性的特征，"操作"的形式也必然多样化。于是，中国（海南）自由贸易港金融机构内部操作过程、人员、系统或外部事件导致的直接或间接损失的可能性增大，操作风险会相应增大。因此，操作风险亦是中国（海南）自由贸易港金融机构面临的重要（重大）风险。

4.2 中国（海南）自由贸易港金融机构面临的其他风险和运营风险概述

中国（海南）自由贸易港金融机构面临的其他风险，主要包括战略风险、合规风险、法律风险、利率风险、信息科技风险、反洗钱风险等。

1）战略风险

自由贸易港金融机构面临的战略风险，是因战略规划和经营管理决策不适当、战略执行偏差或缺乏对外部经营环境变化的及时应对，而给银行声誉、竞争力、行业地位及发展前景等方面带来不利影响的风险。

2）合规风险

自由贸易港金融机构面临的合规风险，是金融机构因没有遵循外部法律、规则、准则和本单位内部规章制度等，由此可能遭受法律制裁、监管处罚、重大财务损失和声誉损失的风险。

3）法律风险

自由贸易港金融机构面临的法律风险，是基于法律规定、监管要求或合同约定，由于金融机构外部环境及其变化，或金融机构及其利益相关者的作为或不作为形成的不确定性，导致金融机构经营损失或盈利能力下降的可能性。

4）利率风险

自由贸易港金融机构利率风险，是因水平、期限结构等要素发生不利变动导致金融机构账户整体收益和经济价值遭受损失的风险。

5）信息科技风险

自由贸易港金融机构面临的信息科技风险，是在"信息安全""信息系统开发、测试与维护""信息科技运行""业务连续性管理"方面出现风险事件而导致直接或间接损失的风险。

6）反洗钱风险

自由贸易港金融机构面临的反洗钱风险，是当事人（金融机构客户，或者伙同金融机构从业人员共同洗钱的客户）从事犯罪收益或非法所得利用金融机构以各种手段掩饰、隐瞒其来源和性质使其在形式上合法化的风险。

此外，自由贸易港金融机构还面临着运营风险，即金融机构在运营过程中，由于外部环境的复杂性和变动性以及主体对环境的认知能力和适应能力的有限性，而导致的运营失败或使运营活动达不到预期的目标的可能性及损失。

4.3 中国（海南）自由贸易港金融机构全面风险管理的基本框架

中国（海南）自由贸易港金融机构全面风险管理，是金融机构董事会、监事会、高管层以及其他干部员工各自履行相应职责，有效管理和控制涵盖全行各个业务层面和经营环节的全部风险，进而为各项目标的实现提供合理保证的过程。自由贸易港（区）金融机构全面风险管理的具体内涵，可以从风险识别与评估、风险管理机制和内部控制应用三个层次理解。

第一层次，风险识别与评估。自由贸易港（区）金融机构的风险识别和评估是全面风险管理流程的起点，通过运用先进的风险管理措施、技术和方法，及时识别、计量、监测、评估、预警和管理各种经营风险。中国（海南）自由贸易港建设方兴未艾，必将给全面风险识别与评估带来前所未有的挑战。于是，对于自由贸易港（区）金融机构的风险研究，需要创新思维、多措并举，确保全面风险管理体系的有效运行。对已开展和拟开展的业务风险应予以充分的识别、管理和评估，明确各类主要风险的识别和评估的程序和方法，明确各类主要风险的计量程序和方法。

第二层次，风险管理机制。自由贸易港金融机构的风险管理机制，一方面，需要推动金融机构自身风险管理组织体系的持续优化，继续梳理、合理界定机构、部门及其之间的风险管理工作职责，建立分工明确、职责清晰、功能健全、信息顺畅、相互制衡、运行高效的风险管理组织架构及体系，强化风险管理部门或条线的独立性和专业性。另一方面，需要建立覆盖风险管理重要环节的程序和方法，至少包括：各类主要风险的缓释或控制的程序和方法；各类主要风险的监测程序和方法；各类主要风险的报告程序和方法；各类不利因素的压力测试程序和方法等，强化风险管理措施的执行，完善预警和报告机制。

第三层次，内部控制应用。自由贸易港金融机构的内部控制应用，是全面风险管理的控制机制。一方面，金融机构的信用风险、流动性风险、操作风险等方面的评价，均来源于金融机构内部控制评价及其结果。另一方面，内部控制有助于金融机构扎进制度的笼子，防范金融机构的各类风险。

中国（海南）自由贸易港金融机构全面风险管理的内容是丰富和开放的，是不断发展变化的。在此，本书从框架图和基本构成两方面进行简要归纳，具体如图4-1所示，并待后续章节进行详述。

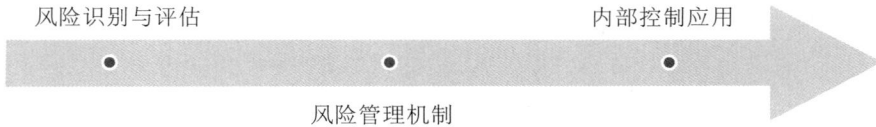

风险识别与评估　　　　　　　　　　　　　内部控制应用

风险管理机制

图4-1　中国（海南）自由贸易港金融机构全面风险管理的基本框架图

总之，根据中国（海南）自由贸易港现存和拟引入的金融机构的战略规划、业务策略和风险偏好，通过强化和完善公司治理及组织架构体系、政策制度体系、运行机制、工具方法、监督评价、风险文化等多元化的风险控制措施和手段，自由贸易港金融机构应该主动适应更严格的监管标准、优化风险管理环境、保障业务安全、支持业务发展，最终一定能够做到风险管控"横到边、纵到底、全覆盖"，真正实现全面、全程、全员的风险管理。

中国（海南）自由贸易港金融机构信用风险管理

本书的第5章至第8章，主要针对中国（海南）自由贸易港金融机构面临的重要（重大）风险，阐述其风险管理理念和方法。本章探讨中国（海南）自由贸易港金融机构面临的信用风险及管理方法。

5.1 —— 中国（海南）自由贸易港金融机构面临的信用风险 ——

金融机构的信用风险，是债务人、证券发行人或交易对方不能或不愿遵照与金融机构所达成的协议履行其义务而使金融机构可能遭受的风险。信用风险是各类金融机构普遍面临的主要风险，也是中国（海南）自由贸易港金融机构面临的首要风险。

中国（海南）自由贸易港金融机构的主体是银行业金融机构，包括商业银行、村镇银行、农信社，以及意向入驻的外资银行等。银行业金融机构存在的主要风险是信用风险，即交易对手不能完全履行合同的风险。该类风险不只出现在贷款中，也发生在担保、承兑和证券投资等表内、表外业务中。若银行不能及时识别损失的资产，增加核销呆账的准备金，并在适当条件下停止利息收入确认，上述银行业金融机构就会面临严重的信用风险问题。

同时，中国（海南）自由贸易港还存在及意向入驻金融资产管理公司、财务公司等形式的金融机构，其开展的业务也大都与信用风险相关。例如，自贸港（区）内的金融资产管理公司一般可划分为两类，一类是从事"优良"资产管理业务的金融资产管理公司，另一类是从事"不良"资产管理业务的金融资产管理公司。前者外延较广，涵盖诸如商业银行、投资银行以及证券公司设立的资产管理部或资产管理方面的子公司，主要面向个人、企业和机构等，提供的服务主要有账户分立、合伙投资、单位信托等；后者是专门处置银行剥离的不良资产的金融资产管理公司。于是，上述资产组合，特别是不良资产，是信用风险暴露的重要来源。又如，财务公司在我国分为两类，一是非金融机构类型的财务公司，是以搞活商品流通、促进商品销售为特色的非银行金融机构，以中长期金融业务为主；二是金融机构类型的财务公司，正确的称谓是企业集团财务公司，其宗旨和任务是为本企业集团内部各企业筹资和融通资金，促进其技术改造和技术进步。于是，无论是个人客户还是企业内部子公司，其组建和服务的对象都是无法规避商业银行监管要求的客户，存在较高的违约风险，同样是信用风险暴露的重要来源。

因此，从中国（海南）自由贸易港现存及意向入驻的金融机构类别来看，绝大部分金融机构是经营信贷类资产或资产组合，那么，信用风险无疑是上述自贸港（区）内各类金融机构普遍面临的主要风险。

5.2 —— 中国（海南）自由贸易港金融机构信用风险评级 ——

为了有效规避信用风险，中国（海南）自由贸易港金融机构需要对与其达成协议的客户、金融机构自身资产开展风险评级（下文简称"信用评级"或"风险评级"）。

5.2.1　基于金融机构的客户开展的信用风险评级

针对中国（海南）自由贸易港金融机构的客户开展的信用风险评级，是在相关计算机系统支持下，利用各种模型、方法、程序和规则，收集相关数据，运用规范的、科学的评价方法，对客户一定期间内的偿债能力和意愿，进行定量和定性分析，对客户自身的违约概率进行计量和评价，从而对客户的信用级别做出真实、客观、公正的综合评判的过程。作为信用风险管理的基础性工作，评级结果和风险参数估计值是金融机构授信审批、风险监控、限额管理、信贷政策制定、风险报告、经济资本计量模型建设、风险战略和风险偏好制定、贷款损失准备计提、贷款和投资定价绩效考核、资本分配和治理的重要依据。

对中国（海南）自由贸易港金融机构的客户开展信用风险评级，应遵循客观性、审慎性、独立性及制衡性原则，在充分信用分析的基础上，依照既定的标准和程序进行评级，其中：（1）客观性是指要求评级人员在评估各类风险因素，尤其是定性因素时遵循客观公正的原则，保证评级结果的客观合理；（2）审慎性是指要求评级人员审慎评估客户风险，在无法充分获得客户信息或合理判断客户风险的情况下，保守估计客户级别；（3）独立性是指要求对于同一次评级，评级操作人员、评级复核和确认人员及评级认定人员不能为同一人，以保证评级工作的独立性；（4）制衡性是指客户评级模型的开发设计部门与应用部门分离，开发部门独立监控客户评级模型的表现，同时应结合应用部门的反馈意见，持续完善评级模型及其支持体系。

本书认为，对中国（海南）自由贸易港金融机构的客户开展信用风险评级，可设置13个评级级别，用大写英文字母从AAA、AA+、AA、A+、A、BBB+、BBB、BB、B、CCC、CC、C、D表示。其中：AAA、AA+、AA、A+、A、BBB+、BBB、BB、B、CCC、CC、C级为正常客户级别，按英文字母顺序，越靠后，违约可能性越大，信用风险越高。D级为违约客户级别，违约概率100%。出现下述情况之一，公司客户被视为违约：（1）债务人对本行的实质性信贷债务，包括本金、利息、罚金、手续费等其中任何一项逾期90天以上；（2）债务人违反规定超限额透支或本行对债务人新核定的透支限额小于该债务人实际透支余额，自债务人实际余额超过透支限额之日起，相应透支视同逾期；（3）对债务人任何一笔贷款停止计息或应计利息纳入表外；（4）由于债务人财务状况恶化而核销了贷款；（5）对某一笔贷款计提了单笔贷款损失准备10%以上（含）；（6）将相关贷款出售并承担了5%以上（含）的账面损失；（7）金融机构同意进行消极债务重组，包括但不限于以下情况，承债式重组，借新还旧，展期，被动的还旧借新；（8）金融机构认定的其他可能导致债务人不能全额偿还债务的情况，包括但不限于以下情况，贷款挪用，债务人对其他金融机构债务违约。信用风险评级各级别风险描述见表 5-1。

表 5-1　中国（海南）自由贸易港金融机构的客户信用风险评级各级别风险描述

级别	符号	信用度	客户状况描述	对应标普评级	对应穆迪评级	对应惠誉评级
1	AAA	特优	特大或大型企业，拥有雄厚的财务实力和领先的市场地位，经营管理严谨规范，信贷基本面非常稳定，企业所处经营环境和发展前景持续向好，且企业本身完全能够抵抗和承受重大的内外部不利因素	AAA 至 BBB+	Aaa 至 Baa1	AAA 至 BBB+
2	AA+	优异	企业有一定规模，拥有很强的财务实力和明显的竞争优势，经营管理非常规范，信贷基本面很稳定，企业所处经营环境和发展前景较好，有很强的抵抗和承受内外部不利因素的能力	BBB、BBB−、BB+	Baa2、Baa3、Ba1	BBB、BBB−、BB+
3	AA	优秀	企业拥有很强的财务实力和竞争优势，经营管理很规范，信贷基本面较稳定，能够承受较为严重的内外部不利因素带来的影响	BB	Ba2	BB
4	A+	优良	企业拥有较强的财务实力和竞争优势，经营管理规范，信贷基本面较稳定，企业在面临较为严重的内外部不利因素，如经济衰退时可以维持一年以上	BB−	Ba3	BB−
5	A	很好	企业拥有一定的财务实力和竞争优势，经营管理规范，信贷基本面稳定，拥有一定抵御和承受内外部不利因素的能力，且未来一段时间不太可能出现显著影响企业偿债能力和履约意愿的突发情况	B+	B1	B+

级别	符号	信用度	客户状况描述	对应标普评级	对应穆迪评级	对应惠誉评级
6	BBB+	较好	企业经营管理比较规范，在正常经营情况下，企业能够为信贷业务提供充足的财务保障，信贷基本面稳定。但企业应对内外部不利因素的能力有限，突发经营环境恶化可能影响企业偿债能力和履约意愿	B+	B1	B+
7	BBB	稍好	企业经营管理较规范，从当前情况看，企业能够为信贷业务提供较好的财务保障，信贷基本面尚可，但企业在未来一年内有可能面对一些影响其偿债能力和履约意愿的不利因素	B+	B1	B+
8	BB	一般	企业经营管理状况一般，从当前情况来看，企业能够为信贷业务提供相应的财务保障，信贷基本面可以接受。但是短期经营环境恶化即可能给企业信贷基本面带来一定影响	B+	B1	B+
9	B	较差	企业管理水平一般，生产经营面临一定压力，信贷基本面存在一定的波动和不确定性，一旦出现内外部不利因素即可造成信贷基本面的迅速恶化	B	B2	B
10	CCC	差	企业管理水平较差，经营环境有恶化的趋势，业绩表现下滑，可持续经营能力无法保证，信贷基本面较弱，存在较高的违约风险	B-	B3	B-
11	CC	很差	企业经营环境持续恶化，业绩表现持续下滑，可持续经营能力存在很大问题，信贷基本面十分脆弱，存在很高的违约风险	CCC+、CCC	Caa1、Caa2	CCC

级别	符号	信用度	客户状况描述	对应标普评级	对应穆迪评级	对应惠誉评级
12	C	接近违约	企业无法持续经营，目前暂时没有违约但将来有显著的违约风险	CCC－、CC、C	Caa3、Ca、C	CC、C
13	D	实质违约	企业实质性信贷债务逾期90天以上，或经认定，除非采取债务重组或其他追索措施，否则可能无法全额偿还债务	D	D	D

对中国（海南）自由贸易港金融机构的客户开展信用评级，建议实行评级系统自动评级为主、评级专家人工调整为辅的方法。评级专家是指根据本细则相关规定在评级系统自动评级的基础上人工核定有效客户评级的各类评级复核、评级确认和评级认定的人员。当客户财务报表和非财务信息不能全面、真实、及时反映客户资信状况时，评级专家可适当调整，人工核定客户信用级别。

5.2.2　基于金融机构自身资产开展的风险评级

基于中国（海南）自由贸易港金融机构自身资产开展的风险评级，是按照风险程度将信贷资产划分为不同档次的过程，其实质是判断债务人及时足额偿还贷款本息的可能性。

金融机构自身信贷资产风险评级的目标包括：（1）长远目标。通过不断改进和细化信贷资产评级分类方法，加强金融机构信贷资产的管理工作，逐步建立健全审慎的信贷管理制度和健康的信用文化。（2）具体目标。通过信贷资产评级分类，逐笔核实次级类、可疑类、损失类资产，以达到及时发现风险，客观评价风险，根据实际情况，有针对性地采取措施，控制、化解和降低风险的目的。（3）管理目标。具体包括：①揭示信贷资产的实际价值和真实、潜在的风险程度，客观、全面、真实、动态地反映信贷资产质量，引导信贷人员和管理层关注那些影响信贷资产质量的最核心、最关键因素，强化信贷内部控制；②揭示信贷资产发放、管理、监控、回收及不良贷款催收管理中存在的问题，建立信贷管理中风险预警机制和分析机制；③为计提贷款损失准备金提供依据，保证提取的准备金能科学合理地覆盖信贷资产风险。

中国（海南）自由贸易港金融机构信贷资产风险五级分类，是金融机构依据借款人的实际还款能力，按风险程度进行贷款质量的五级分类，包括：正常类、关注类、次级类、可疑类、损失类，后三种为不良信贷资产。

1）正常类

信贷资产一直能正常还本付息或在建项目一直在按照既定用款计划进行，各方面情况正常，不存在任何影响贷款本息及时全额偿还的消极因素，金融机构对信贷资产最终偿还有充分把握，到目前为止没有任何理由怀疑信贷资产会遭受损失。

2）关注类

信贷资产偿还贷款本息没有问题，但是存在潜在的缺陷，继续发展下去将会影响信贷资产的偿还，其特征包括：本金或者利息逾期；本金和利息虽尚未逾期，但借款人有利用兼并、重组、分立等形式恶意逃废银行债务的嫌疑；借新还旧，或者需通过其他融资方式偿还；信贷资产借款方出现流动资金不足的早期征兆，如还款时间出现延误，净现金流量明显降低等；信贷资产借款方经营状况开始出现不利趋势，暂时尚未影响还款，但此趋势延续下去将对信贷资产借款方财务状况产生影响。经营状况不佳的原因可能是自身经营不善，行业或宏观经济不景气，产品市场发生变化等，其主要标志是产品销售收入减少，营业收入降低等；贷款担保出现问题，如抵（质）押物价值明显降低，抵（质）押物控制权出现问题。

3）次级类

信贷资产借款方的还款能力出现明显问题，完全依靠其正常经营收入（第一还款来源）无法足额偿还本息，即使执行担保（下称第二还款来源），也可能会造成一定损失。次级类信贷资产特征包括：（1）逾期（含展期后）超过一定期限、其应收利息不再计入当期损益；（2）信贷资产借款方的经营状况出现明显问题，营业收入、财务状况、现金流量等重要指标出现恶化趋势，信贷资产借款方已不能正常归还贷款本息，还款需要执行担保；（3）担保的价值可能不足以保证贷款本息的足额偿付；（4）信贷资产借款方贷款记录或还款记录不佳，或在向其他债务人还款方面出现困难；（5）贷款档案资料不全、重要文件缺失，影响对信贷资产借款方经营状况及担保价值的正确判断或可能影响信贷资产借款方还款及担保的法律责任；（6）信贷资产借款方还款意愿较差，有明显的逃废债务企图；（7）信贷资产借款方出现其他影响还款的非财务性重大事件。

4）可疑类

信贷资产借款方无法足额偿还贷款本息，即使执行担保也肯定要造成较大损失，即贷款已经肯定要发生一定的损失，只是因为存在借款人重组、兼并、合并、抵押物处理和未决诉讼等待定因素，损失金额还不能确定。可疑类信贷资产的主要特征是：（1）贷款担保价值严重不足；（2）已知信贷资产借款方失踪、死亡或实际破产；（3）信贷资产借款方已停业或即将停业或准备清盘；（4）已知信贷资产借款方恶意逃废债务且追索困难；（5）信贷资产借款方的还款责任出现法律纠纷且已进入诉讼程序。

5）损失类

在采取所有可能的措施或一切必要的法律程序之后，本息仍然无法收回，或只能收回极少部分。损失类信贷资产的主要特征是：（1）经法院强制执行未能收回的信贷资产；（2）按借款方的净资产对信贷资产的保证程度确认，信贷资产无法收回或只能收回极少部分；（3）信贷资产主合同已超过诉讼时效，信贷资产借款方对任何主张债权的文件不予以确认，通过所有可能的措施和必要的法律程序均无法收回；（4）未与信贷资产借款方签订贷款合同（协议），或信贷资产合同（协议）原件灭失，以任何方式主张债权，借款方均不予以确认的贷款；（5）信贷资产借款方和保证人依法宣告破产、解散、被撤销（关闭），并终止法人资格，银行对借款方和保证人进行追偿后，未能收回的债权；（6）信贷资产借款方和保证人虽未依法宣告破产、解散、被撤销（关闭），但已完全停止经营活动，被市场监督管理部门依法吊销营业执照，终止法人资格，银行对借款方和保证人进行追偿后，未能收回的债权；（7）信贷资产借款方没有任何还款能力和资产，而且贷款保证已过保证时限，保证人拒不履行保证责任，或保证人企业已破产、被公告注销、被撤销（关闭），或保证人经营状况恶化，财务亏损，严重资不抵债，已完全不能履行保证责任的贷款；（8）信贷资产借款方遭受重大自然灾害或者意外事故，损失巨大且不能获得保险补偿，或者接受保险赔偿后，确实无力偿还部分或全部债务，金融机构对其财产进行清偿和对保证人进行追偿后，未能收回的债权；（9）信贷资产借款方触犯刑律，依法受到制裁，其财产不足归还所借债务，又无其他债务承担者，金融机构经追偿后确实无法收回的债权；（10）信贷资产借款方已不能偿还到期债务，金融机构对依法取得的抵债资产，按评估确认的市场公允价值入账后，扣除抵债资产接收费用，小于债权的差额，经追偿后无法收回的债权。

实施信贷资产分类工作基本操作的原则包括：（1）审慎原则。在信贷资产分类过程中，要严格遵循"信贷资产归还可能性"这一核心标准及各类信贷资产的具体标准，充分考虑影响信贷资产分类的各因素，不能主观臆断。（2）"初分"和"认定"分离原则。信贷经营部门相关人员不能为信贷资产的认定人；资产分类的初分部门和认定部门不得由同一主管领导负责。（3）定期分类、及时调整原则。信贷资产分类应当按照规定频率定期进行，在评定期之间有足够资料认定信贷资产情况发生重大变化需要调整分类时，立即报相关有权部门进行调整。（4）逐级上报审批原则。各级分类机构应在系统内对信贷资产五级分类结果进行提交，相关有权人在系统内进行认定操作，金融机构总部依权限进行审查和调整。（5）系统评定与人工认定相结合原则。以信贷风险管理系统分类为参考，依据被分类企业的实际情况决定初分结果。

总之，中国（海南）自由贸易港金融机构需要对与其达成协议的客户、金融机构自身资产开展风险评级，其结果有助于中国（海南）自由贸易港金融机构信用风险压力测试，有助于正确评估中国（海南）自由贸易港金融机构的信用风险。

5.3 — 中国（海南）自由贸易港金融机构信用风险压力测试 —

中国（海南）自由贸易港金融机构信用风险压力测试，是以定量分析为主的风险分析方法，测算在假定的小概率事件等极端不利情况发生时金融机构信用风险状况的变化情况，分析信用风险造成的损失对金融机构自身盈利能力和资本金带来的负面影响，评估和判断金融机构信用风险管理体系中的薄弱环节，并采取必要措施。

信用风险压力测试坚持重要性、前瞻性、科学性。其一，重要性原则，即压力测试应揭示对资产信用状况具有重大影响的极端风险。其二，前瞻性原则，即压力测试应对未来经营环境可能发生的重大变动及影响进行前瞻性的定量分析。其三，科学性原则，即压力测试的情景设置应符合信用风险管理的实际需要，压力传导机制科学合理。

中国（海南）自由贸易港金融机构信用风险压力测试步骤可包括：

第一，识别信用风险因子。分析金融机构所处内、外部环境，确定未来可能对金融机构信用风险管理造成压力的宏观风险因子。宏观风险因子包括但不限于：国内生产总值名义年增长率（NGDP）、国内生产总值实际年增长率（RGDP）、一年期存款的名义基准利率（NR）、一年期存款的实际基准利率（RR）、一年期流动资金贷款的名义平均利率（NLR）、一年期流动资金贷款的实际平均利率（RLR）、居民消费价格指数（CPI）、房地产价格指数（RE）、货币供应量（M）、固定资产投资额（FI）、进出口总值（IE）、人民币实际有效汇率（REER）、石油或原材料价格（PP）、上证综指（SZZZ）、财政收支（CZSZ）等，以及其他对金融机构信用风险管理造成负面影响的政策风险、国家风险、战争风险等外部因素。在风险因子识别时不仅要分析单个风险因子的影响，还应着重分析风险因子之间的相关性、风险因子叠加产生的意外影响情况。通过宏观计量模型的测算与检验，确定真正影响金融机构信用风险的核心指标。

第二，设计压力情景。依据对信用风险管理的影响程度大小，将宏观信用风险因子进行筛选，同时结合金融机构本身业务特点、复杂程度，针对信用风险集中的行业设定压力情景。压力情景的假设原则上采用历史情景、假设情景。其中：①历史情景法，来源于历史事件及相关数据，即选择在压力测试中需要考虑的风险指标，采集历史数据；研究历史数据规律，建立压力情境下风险指标的分布或对风险指标的表现建立直观的认识；根据风险指标的历史分布或对其的直观认识，设计压力情景，确定压力指标的变动程度。②假设情景（专家情景）法，即根据国内外权威研究机构和专家研究，对经济环境的趋势进行预测，如中国人民银行、国家统计局等权威机构预测宏观经济未来走势的分布，确定相应指标的波动情况，作为假设压力情景；根据银行内部专家的经验和判断，确定假设压力情景下，各个风险指标的联合变动情况（该方法较为适合对银行内部某个资产组合进行的压力测试）。

第三，通过模型法生成压力情景。运用计量方法分析宏观经济变量建立情景生成模型，研究各宏观变量之间的动态演化关系，形成压力情景生成器。在宏观经济计量模型中，描述冲击在模型中的传导及各宏观风险因子之间的关系。运用单变量方程模型、向量自回归模型或联立方程模型反映各个不同宏观经济变量之间的相互动态关系。

第四，压力传导模型建设。金融机构信用风险压力传导方法，主要以"自上而下"和"自下而上"相结合的方式，建立压力传导模型。其中："自上而下"的方法使用全行层面或地区、行业等层面的汇总数据，受压变量覆盖全行的风险指标；"自下而上"的方法使用客户、交易层面的微观数据，压力测试后汇总全部数据，获得对全部行业的影响结果。

第五，计算压力测试结果。压力情景应按照情景的严重情况，设定轻度压力情景、中度压力情景、重度压力情景三种情况。通过确定的信用风险压力传导方法，将设定的三种压力情景作用于信用风险压力测试对象，计算在三种压力情景下信用风险压力测试承压指标。

第六，压力测试结果的展现与分析。信用风险压力测试结果应该包含一些特有内容：情景生成模型和传导模型的展现；模型计算过程的展现；结果的展现。其中，应关注承压指标的未来走势，而不是时点信息；还应该将技术型指标转化为管理型指标，并借此计算资产组合损失分布和经济资本，使压力测试结果能有更大的业务参考价值。

中国（海南）自由贸易港金融机构信用风险压力测试的实施频率，原则上至少每半年开展一次定期测试。当以下情况发生时，应启动临时压力测试：国内宏观经济出现大幅衰退；房地产价格出现大幅下跌；利率出现大幅波动；信贷组合中占比较大的行业或地区的客户的市场出现大幅波动；授信较为集中的客户和同业交易对手出现支付困难；行业、地区或产品的信用集中度风险大幅增加；监管部门的监管要求等。

信用风险压力测试结果的应对措施可包括：（1）信用风险政策，关键业务的调整、银行信贷政策制定和资本充足率的管理等；（2）组合风险管理，从优化资源配置的角度，包括行业、区域、产品及客户维度的总体性政策措施；（3）信贷管理流程，测试结果在贷前管理环节中主要应用在信贷准入方面，贷中环节主要应用在授信方案制定和信贷审批决策方面，在贷后管理主要应用在风险识别和风险预警；（4）限额管理，解决银行集中度风险问题；（5）内部评级模型修正，根据业务类型的不同，作为内部评级模型修正的重要依据。

69

5.4 — 中国（海南）自由贸易港金融机构信用风险的管理机制 —

中国（海南）自由贸易港金融机构应在高级管理层下设信用风险管理委员会，是高级管理层行使信用风险管理职能，进行集体议事和决策的常设机构。通过委员会审议决策机制，保证所有经营活动的信用风险重大决策都能够得到高级管理层及时的关注、审议、审批和持续审查。信用风险管理委员会主要负责包括制定信用风险的管理战略、政策及实施规划和程序，对信用风险相关重大风险事项的决策及日常管理与监督。信用风险管理委员会应坚持风险与收益相平衡的理念，遵循管控风险与促进业务发展有机结合的原则，通过开展高效的风险管理工作以保证金融机构战略目标的有效实现。

信用风险管理委员会的基本职责包括但不限于：（1）负责贯彻落实董事会及其风险管理委员会有关风险管理议案及要求，并定期评估信用风险管理状况；（2）根据金融机构整体战略规划，审议和修订金融机构信用风险中长期战略、风险偏好、信用风险管理组织架构和内部控制流程，对实施情况及效果进行监督和评价；（3）审议对金融机构信用风险有重大影响的管理政策及制度；（4）对信用风险进行授权管理，审议授权方案；（5）定期听取和审阅信用风险管理专题报告，对信用风险管理做出评价，提出工作要求；（6）通报行业、地区或业务中出现的全局性、突发性、倾向性重大问题和集团客户、大客户风险变动对整体风险的影响，审议并制定控制和防范风险的政策措施；（7）其他需要委员会决策、监督的事项。

中国（海南）自由贸易港金融机构信用风险的日常管理工作的总体要求包括：（1）信用风险管理政策、流程和操作手册的制定。（2）内部评级模型表现的持续监测。（3）内部评级体系的维护和变更。（4）信用风险内部评级体系的审计。（5）信用风险内部报告体系。

其中，信用风险内部评级体系的审计，是金融机构稽核审计部门就信用风险内部评级体系进行独立评估的相关工作。信用风险内部评级体系的审计总体要求：（1）审计专业人员要求。内部评级体系审计人员应掌握必要的专业知识和技能，熟悉金融机构内部评级体系的治理、政策、流程、方法和技术，确保能够对内部评级体系进行独立、公正、有效的审计；（2）审计工作方式，可采用现场检查和非现场检查相结合的方式进行；（3）审计工作频率，建议纳入金融机构年度审计计划并报送董事会或其授权专门委员会批准后实施，但应至少每年一次对内部评级体系进行审计。

信用风险内部报告体系，是为使信用风险内部评级体系和管理机制能够真正在信用风险管理中发挥作用而建立的报告体系。其建立目的是，确保董事会、高级管理层、各相关管理部门能够监控资产组合信用风险变化情况、信用风险内部评级体系开发部门能够监测模型运行情况和表现，并支持验证职能和稽核审计部门评估信用风险内部评级体系有效性和稳定性。报告体系具体包括但不限于：信用风险模型运行情况；金融机构的客户、金融机构自身的信用评级迁徙情况；信用风险相关风险参数的估值及与预期值的比较情况；信用风险评价体系有效性检查的结果；信用风险内部评级体系验证结果；报告期信用风险模型优化情况；监管资本变化及变化原因；压力测试条件及结果等。

第 6 章

中国（海南）自由贸易港金融机构流动性风险管理

流动性风险，是因市场成交量不足或缺乏愿意交易的对手，导致未能在理想的时点完成买卖的风险，同样是中国（海南）自由贸易港金融机构面临的重要（重大）风险。本章探讨中国（海南）自由贸易港金融机构面临的流动性风险及其管理方法。

6.1 — 中国（海南）自由贸易港金融机构面临的流动性风险 —

金融机构流动性风险，是金融机构虽然有清偿能力，但无法及时获得充足资金，或无法以合理成本及时获得充足资金以应对资产增长或支付到期债务的风险。流动性风险既可能来自金融机构的资产负债期限错配，以及信用风险、市场风险等其他类别风险向流动性风险的转化，也可能来自市场流动性对银行流动性风险的负面影响。流动性风险，是中国（海南）自由贸易港金融机构面临的一项重要（重大）风险。

中国（海南）自由贸易港金融机构的主体具备多样性的特征，无论是商业银行、财务公司、资产管理公司、村镇银行、农信社，还是意向入驻的外资银行、担保公司等外资金融机构，在各个市场中均存在流动性风险，比如证券市场、基金市场、货币市场、保险市场、理财业务、融资融券业务等。

中国（海南）自由贸易港金融机构面临的流动性风险，可分为融资流动性风险和市场流动性风险。融资流动性风险，是中国（海南）自由贸易港金融机构在不影响日常经营或财务状况的情况下，无法及时有效满足资金需求的风险。市场流动性风险，是由于市场深度不足或市场动荡，导致中国（海南）自由贸易港金融机构无法以合理的市场价格出售资产以获得资金的风险。

因此，无论是从中国（海南）自由贸易港现存及意向入驻的金融机构类别来看，还是从自由贸易港金融机构的多样性和业务特征来看，流动性风险无法避免地成为自贸港（区）内各类金融机构普遍面临的主要风险。

6.2　中国（海南）自由贸易港金融机构流动性风险个体可观测（预警）指标的限额管理

为实现中国（海南）自由贸易港金融机构持续稳健的流动性风险偏好，需要设置流动性风险个体可观测（预警）指标，以及具体指标的限额管理办法，以全面、有效识别、计量、监测和控制流动性风险。

6.2.1　流动性风险个体可观测（预警）指标的计量方法

中国（海南）自由贸易港金融机构流动性风险可应用的个体可观测（预警）指标范围及其计量理念如下：

（1）存贷比。存贷比是中国（海南）自由贸易港金融机构本外币合计各项贷款与各项存款的比率，用来反映金融机构总体流动性状况和存贷款的匹配情况。其中，各项存款具体包括：企业存款、私营及个体存款、事业单位存款、机关团体部队存款、居民储蓄存款、保险公司存放、住房公积金机构存款、保证金存款、应解汇款及临时存款。各项贷款是对借款客户融出货币资金形成的资产，具体包括：贷款、贸易融资、票据融资、融资租赁、从非金融机构买入返售资产、透支、各项垫款。

（2）流动性比例。流动性比例是1个月内到期的流动资产与流动负债的比率，用来衡量中国（海南）自由贸易港金融机构短期流动性状况。1个月内到期的流动资产包括：现金、超额准备金存款、1个月内到期的同业往来款项轧差后的资产方净额、1个月内到期应收利息及其他应收款、1个月内到期的合格贷款、1个月内到期的债券投资、在国内外二级市场上可随时变现的证券投资、1个月内到期的理财投资等可变现的资产。1个月内到期的流动负债包括：活期存款、1个月内到期的定期存款、1个月内到期的同业往来款项轧差后的负债方净额、1个月内到期的已发行债券、1个月内到期的应付利息及各项应付款、1个月内到期的向中央银行借款、其他1个月内到期的负债。

（3）流动性覆盖率。流动性覆盖率一般是优质流动性资产储备与未来30日的资金净流出量的比率，用来反映未来30天内特定压力情景下，中国（海南）自由贸易港金融机构持有的高流动性资产应对资金流失的能力。合格优质流动性资产是在流动性覆盖率所设定的压力情景下，能够通过出售或抵（质）押方式，在无损失或极小损失的情况下在金融市场快速变现的各类资产，具体包括：一级资产和二级资产。一级资产包括：现金、中央银行准备金、风险权重为零的债券以及风险权重不为零，但由国家主权或央行发行的本币债券。二级资产包括：2A（AA–级以上）的公司债券、担保债券、风险权重为20%的主权和公营部门债券资产和2B（BBB–至A+级）公司债券资产。合格优质流动性资产中二级资产占比不建议超过40%，2B资产占比不建议超过15%。流动性资产变现能力越强，折算率越高。一级资产一般按照市场价值100%计入合格优质流动性资产，2A资产一般按照市场价值85%计入合格优质流动性资产，2B资产一般按照市场价值50%计入合格优质流动性资产。同时，现金净流出量是在流动性覆盖率所设定的压力情景下，未来30天的预期现金流出总量与预期现金流入总量的差额。预期现金流出总量是在流动性覆盖率所设定的压力情景下，相关负债和表外项目余额与折算率的乘积之和。预期现金流入总量是在流动性覆盖率所设定的压力情景下，表内外相关契约性应收款项余额与折算率的乘积之和。可计入的预期现金流入总量一般不应超过预期现金流出总量的75%。

（4）净稳定资金比例。净稳定资金比例是一年以内可用的稳定资金与业务所需的稳定资金的比率，通过对各类资金来源及资金运用项给予不同的折扣系数，来设定特定的流动性压力，衡量一年内根据资产的流动性状

73

况和表外承诺及负债导致的流动性或有需求状况，所需及可用的长期稳定资金的数量。可用的稳定资金是指各类权益和负债与相应折算率的乘积总量，包括资本、各项存款等。业务所需的稳定资金是指各类资产和表外业务与相应折算率的乘积总量，包括现金、各项贷款等。

（5）流动性缺口率。流动性缺口率一般是90天内到期的资产负债间缺口与同期限内到期的资产余额的比率，用来反映一定期限内到期的资金缺口状况。其中，90天内到期期限缺口是90天内到期的表内资产和表外收入与90天内到期的表内负债和表外支出的差额。

（6）核心负债依存度。核心负债依存度是核心负债与负债总额的比率，可以用来反映中国（海南）自由贸易港金融机构负债结构的稳定程度。其中，核心负债是指剩余期限在3个月以上的定期存款和发行债券及过去12个月活期存款的最低值。

（7）超额备付金率。超额备付金率是银行业金融机构为适应资金营运的需要，用于保证存款支付和资金清算的货币资金与存款总额的比率，用于反映中国（海南）自由贸易港银行业金融机构的现金头寸情况，衡量银行业金融机构的清偿能力。

（8）债券回购融入资金净额。债券回购融入资金净额是卖出回购债券余额与买入返售债券余额的差额。卖出回购债券余额大于买入返售债券余额时，资金净额为融入；卖出回购债券余额小于买入返售债券余额时，资金净额为融出。

上述指标只是本书建议的，应用于中国（海南）自由贸易港金融机构流动性风险观测（预警）指标；指标的多样性和具体计量方法，还需要针对不同的中国（海南）自由贸易港金融机构具体设置，才能做到因地制宜。

6.2.2 流动性风险个体可观测（预警）指标的限额管理

针对中国（海南）自由贸易港金融机构流动性风险个体可观测（预警）指标，需要设定指标的限额标准，在金融机构具体运行中，如果发现个体可观测（预警）指标超过或即将达到限额，需要进行专门管理，以保证不因此出现金融机构流动性风险。

负责监控自由贸易港金融机构流动性风险的相关部门，应建立监测台账，出现超限额情况或即将达到超额情况应及时记录。一方面，出现超限额情况，不满足触发流动性风险预警条件时，超限额指标监控部门应及时报告超限额情况，并提出改善指标水平的建议及意见。另一方面，出现超限额情况，满足触发流动性风险预警条件时，超限额指标监控部门应及时向金融机构财务部门提出流动性风险预警，同时报告超限额情况，并提出阻止指标水平恶化的建议及意见。

流动性风险个体可观测（预警）指标范围及限额标准应根据自由贸易港金融机构特征，每年修订一次，经资产负债管理委员会审批通过后执行，个体可观测（预警）指标管理限额修订及执行情况向风险管理委员会报告，每年至少报告一次。风险管理委员会应向董事会报告自由贸易港金融机构个体可观测（预警）指标限额的相关政策调整、限额遵守情况等，每年至少报告一次，遇重大调整事项应及时进行报告。

中国（海南）自由贸易港金融机构应建立董事会、风险管理委员会、资产负债管理委员会和财务部门的联动机制，针对流动性风险个体可观测（预警）指标进行限额管理。

其一，金融机构董事会履行以下职责：关注自由贸易港本金融机构的流动性风险状况，定期获得本金融机构个体可观测（预警）指标限额的相关政策调整、限额遵守情况的报告，及时了解重大调整事项。同时，对流动性风险偏好量化的相关问题进行审议，每年至少进行一次。

其二，金融机构风险管理委员会履行以下职责：定期获得本金融机构流动性风险个体可观测（预警）指标限额修订及执行情况的报告，遇重大调整事项应及时向董事会进行报告。同时，明确流动性风险偏好量化的个体可观测（预警）指标范围、限额标准等相关问题，并提交董事会进行审议，每年至少进行一次。

其三，金融机构资产负债管理委员会履行以下职责：（1）根据董事会批准的流动性风险偏好，审批流动性风险偏好量化的个体可观测（预警）指标范围、限额标准、执行方案等，组织全金融机构开展流动性风险管理和内部控制。（2）明确各部门在流动性风险内部管理限额方案实施中的职责分工。（3）审批通过后的流动性风险内部管理限额相关情况、限额修订及执行情况应向风险管理委员会报告，每年至少报告一次。遇重大调整事项应及时向风险管理委员会进行报告。（4）授权金融机构财务部作为流动性风险内部管理限额方案实施的主管部门。

其四，金融机构财务部门应履行以下职责：（1）根据董事会批准的流动性风险偏好，制定流动性风险偏好量化的内部管理指标范围、限额标准、执行方案等，提交资产负债管理委员会审批。（2）结合本金融机构业务规模、经营状况，依据银保监会、中国人民银行等监管要求，及时修订流动性风险个体可观测（预警）指标限额实施方案，每年至少进行一次。（3）定期向资产负债管理委员会报告本金融机构流动性风险个体可观测（预警）指标限额实施方案执行情况，发生重大调整事项应及时向资产负债管理委员会进行报告。（4）负责定期监控本金融机构流动性风险内部管理限额，包括存贷比、流动性比例、流动性覆盖率、净稳定资金比例、流动性缺口率、核心负债依存度、超额备付金率等。（5）牵头制定流动性风险内部管理限额超限后，触发流动性风险预警的条件及预警级别标准。（6）建立超限报告制度，及时将超限情况上报资产负债管理委员会。

6.3 —— 中国（海南）自由贸易港金融机构流动性风险压力测试及其管理

为及时准确地计量和反映压力情景下中国（海南）自由贸易港金融机构的流动性风险，提高风险管理意识，需要定期和不定期地开展流动性风险压力测试。流动性风险压力测试，是以定量分析为主的风险分析方法，通过测算银行在遇到假定的小概率事件等极端不利情况下可能发生的损失，分析这些损失对自由贸易港金融机构资金流带来的负面影响，进而对自由贸易港金融机构个体和金融机构体系的脆弱性做出评估和判断，并采取必要措施。

6.3.1 流动性风险压力测试的基本原则、目的和触发条件

中国（海南）自由贸易港金融机构开展的流动性压力测试，应坚持审慎性、合理性、实用性、持续和必要性原则：

其一，审慎性原则，即充分考虑各类风险与流动性风险的内在关联性，深入分析假设情景对其他流动性风险要素的影响及反作用。

其二，合理性原则，即压力测试应基于中国（海南）自由贸易港金融机构董事会、高级管理层及资产负债管理委员会专家的专业判断，并在可能情况下，对以往影响金融机构或市场的类似流动性危机情景进行回溯分析。所有压力测试情景、条件假设、结果和回溯分析应有书面记录，对于选择情景、条件假设的基本原则及理由应有详细说明，并报董事会及高级管理层审核确认，确保董事会及高级管理层对压力测试的局限性有充分的了解。

其三，实用性原则，即压力测试结果应广泛应用于中国（海南）自由贸易港金融机构董事会、高级管理层的各类决策过程，包括但不限于风险承受能力、风险限额、战略发展计划、资本计划和流动性计划的制定。同时，资产负债管理委员会应根据压力测试结果及时调整资产负债结构，持有充足的高质量流动性资产用以缓冲流动性风险，建立有效的应急计划。

其四，持续和必要性原则。中国（海南）自由贸易港金融机构流动性风险压力测试应进行常规性和临时性压力测试[①]。常规性压力测试应定期（建议每季度）进行，并向有关部门报告压力测试情况。当进入流动性风险应急状态时，应及时进行临时性流动性风险压力测试，并结合测试报告结果和实际情况对金融机构整体流动性风险状况做出预警，并形成有效的应急计划。

流动性风险压力测试目的是：检验承受流动性风险的能力；揭示流动性风险状况；检查流动性风险管理方面存在的不足；为加强流动性管理提供依据。

流动性风险压力（临时性）测试触发条件一般可包括：第一，出现融资流动性风险。融资流动性风险是金融机构在不影响日常经营或财务状况的情况下，无法及时有效满足资金需求的风险。第二，出现市场流动性风险。市场流动性风险是由于市场深度不足或市场动荡，金融机构

77

---

① 常规性压力测试一般是每季末进行流动性风险压力测试；临时性压力测试是流动性指标达到一定值时，触发流动性风险压力测试。

无法以合理的市场价格出售资产以获得资金的风险。出现以下情况，判断为市场流动性风险：首先，因声誉风险给金融机构融资工作造成负面影响，如同业金融机构普遍拒绝接受由某个自贸区金融机构承担信用风险的信用证、保函、银行承兑汇票等，或者因市场出现对某个自贸区金融机构经营不利的市场传言，造成该金融机构或其子机构出现局部地区挤兑现象。其次，流动性各项指标持续恶化，如流动性主要指标连续一周出现低于监管规定最低标准的情况，同时可预计如果不采取措施，主要指标将难以改善。

6.3.2 流动性风险压力测试的步骤

中国（海南）自由贸易港金融机构开展流动性压力测试，可包括但不限于以下步骤：

第一，识别流动性风险因子。分析自由贸易港（区）金融机构所处的内部环境、外部环境情况，确定未来可能对自由贸易港金融机构流动性风险管理造成压力的风险因子。风险因子包括但不限于：（1）外部因素，宏观政策调整、央行调控措施（调息、调准备金率、公开市场操作）、资金市场趋紧融资能力下降、资本市场对银行体系流动性的影响、重大经济事件影响、重大自然灾害，其他对金融机构流动性风险管理造成负面影响的政策风险、国家风险、战争风险等外部因素。（2）内部因素，存款和金融资产流失、由信用风险衍生的流动性风险、由操作风险衍生而来的流动性风险、由声誉风险衍生而来的流动性风险、由评级下降导致的市场融资能力下降产生的流动性风险、其他对金融机构流动性风险管理造成负面影响的内部因素。同时，在风险因子识别时不仅要分析单个风险因子的影响，还应着重分析风险因子之间的相关性、风险因子叠加产生的意外影响情况。

第二，设计压力情景。依据对流动性风险管理的影响程度大小，将流动性风险因子进行排序，同时结合自贸港（区）金融机构本身业务特点、复杂程度，针对流动性风险集中的产品、业务设定压力情景。压力情景的假设原则上采用历史情景、假设情景和混合情景。压力情景的假设条件包括但不限于：流动性资产价值的侵蚀；零售存款的大量流失；批发性融资来源的可获得性下降；融资期限缩短和融资成本提高；交易对手的可交易额减少或总交易对手减少；主要交易对手违约或破产；信用评级下调或声誉风险上升；多个市场突然出现流动性枯竭；中央银行融资渠道的变化；银行支付结算系统突然崩溃；表外业务、复杂产品和交易、超出合约义务的隐形支持对流动性资产的损耗；因内部或外部的重大欺诈行为造成重大损失。同时，压力情景应按照情景的严重情况，设定轻度压力情景、中度压力情景、重度压力情景三种情况。

第三，确定压力测试对象。压力测试可依据需要，选定一种或多种流动性指标作为压力测试对象，流动性指标包括但不限于：流动性缺口、流动性缺口率、超额备付金、备付金比率、流动性比例、流动性覆盖率、净稳定资金比率等。

第四，确定压力传导方法。压力传导是确定由压力情景向压力测试对象施压的过程。自由贸易港（区）金融机构流动性风险压力传导方法，可以包括：历史情景再现法、专家预测法、建模法等。自由贸易港（区）金融机构可根据数据和系统准备情况，逐步启动建模法。

第五，计算压力测试结果。通过确定的流动性风险压力传导方法，将设定的三种压力情景作用于流动性风险压力测试对象，计算在三种压力情景下流动性风险压力测试指标。

第六，压力测试结果的分析。分析压力测试结果对自由贸易港金融机构经营产生的影响，包括流动性紧缺情况，以及由于流动性紧缺可能对资金流、声誉等的影响情况，并形成压力测试分析报告。

6.3.3　流动性风险压力测试的报告

中国（海南）自由贸易港金融机构流动性风险压力测试报告可根据以下原则编制：其一，客观真实性原则，即压力测试报告应真实反映自由贸易港金融机构所面临的流动性风险状况，同时真实反映出在极端的压力情景下的自由贸易港金融机构流动性风险情况。其二，详尽性原则，即压力测试报告记载的内容应详细，对每一个假设、分析、计算过程都要表明原因；避免不必要的"黑盒"假设。应尽量向读者和决策者传达真实的想法。

中国（海南）自由贸易港金融机构流动性风险压力测试报告可以包括但不限于以下内容：流动性风险状况综述；流动性风险影响因子分析；流动性风险压力测试情景建立的原因及过程；流动性风险压力测试对象的选择方法及原因；流动性风险压力测试的计算过程；流动性风险压力测试计算结果分析等。

中国（海南）自由贸易港金融机构风险压力测试报告，可由财务部门统一报送资产负债管理委员会审阅，审阅通过后报高级管理层、董事会。董事会及高管层对流动性风险压力测试报告解读后所做出的应对决策，通过资产负债委员会分解，分配给相应的责任部门落实执行。压力测试报告要同步报风险管理部门、风险管理委员会备案评估。

同时，流动性风险压力测试报告应实行专人负责制。中国（海南）自由贸易港金融机构的财务部门应设专人负责流动性风险压力测试报告。压力测试报告内容将依据数据测算和模型工具，并执行明确的资料核对程序和编制流程，确保流动性风险压力测试的质效。

6.4 — 中国（海南）自由贸易港金融机构流动性风险的管理机制 —

中国（海南）自由贸易港金融机构流动性风险管理应当遵循的管理原则，包括全员参与、动态预防、科学量化、审慎管理。通过采取有效的流动性风险管理政策，能够有效识别、计量、持续监测、适时控制在各个业务环节中的流动性风险。确保金融机构无论在正常经营环境中还是在压力状态下，都有充足的资金应对资产的增长和到期债务的支付。

自由贸易港金融机构流动性风险管理政策的取向应当是"稳健"，即在满足监管要求的基础上，平衡收益水平和流动性水平，保持适度流动性，将流动性风险控制在自由贸易港金融机构可以承受的合理范围之内，确保金融机构的安全运营和良好的公众形象。自由贸易港金融机构流动性风险管理的目标，是建立适时、合理、有效的流动性风险管理机制，实现对流动性风险的识别、计量、监测和控制，将流动性风险控制在自由贸易港金融机构可以承受的范围之内，以推动金融机构的持续、健康运行，预防和应对各种不利的市场状况。

中国（海南）自由贸易港金融机构，应当依据流动性风险管理政策的制定、执行、监测和监督职能相分离的原则，建立相适应的组织架构，明确董事会、高级管理层、资产负债管理委员会、风险管理委员会、财务部等相关部门的职责。同时，明确分支机构在流动性管理中的职责。具体而言，包括通过建立科学的金融机构风险管理组织架构，划分明确的风险管理职责、制定有效的风险管理策略、程序和制度，强化考核监督，持续推动流动性风险管理工作的开展。

中国（海南）自由贸易港金融机构，应当将流动性风险管理纳入全面风险管理体系，与金融机构总体发展战略和整体风险管理体系相一致，并与金融机构的规模、业务性质和复杂程度等相一致。董事会承担流动性风险管理的最终责任，高级管理层负责贯彻落实董事会有关流动性风险管理规划和要求，高级管理层下设资产负债管理委员会负责流动性风险的具体管理工作。

为提高中国（海南）自由贸易港金融机构流动性风险应急处置能力，最大限度地减少因流动性风险及突发事件给金融机构造成的经济损失，还需要对自由贸易港金融机构的流动性风险设定应急管理机制。流动性风险应急管理需要坚持统一性、防守性、有利性和保密性原则：统一性原则，是统一领导，统一组织实施，金融机构各分支机构配合执行；防守性原则，是在应急机制启动期间，各项业务运作以防守策略为主；有利性原则，是资金运作和结构调整尽量减少短期损失，避免长期损失；保密性原则，是先急后缓、谨慎实施，保证对外业务正常进行。

流动性风险应急处置管理机制的具体执行，由流动性风险应急小组负责。流动性风险应急小组的组长可由资产负债管理委员会主席担任，副组长由资产负债管理委员会副主席或办公室主任担任。财务部为小组的主协调部门，根据流动性风险应急机制启动条件，协调流动性风险应急小组成员部门拟定流动性风险应急方案，经资产负债管理委员会审核通过，并对应急方案进行及时监控。流动性风险应急方案生效后，由流动性风险应急小组成员共同负责组织实施，相关部门各尽其责，保证流动性风险应急方案的有效实施。流动性风险应急方案启动后，自由贸易港金融机构各分支机构各部门应相应调整原有业务发展策略，执行金融机构总部的应急指令，应绝对服从和配合总部统一调度。流动性风险应急方案知情人员和机构对外要严格保守秘密，以免给自由贸易港金融机构造成声誉风险。

第 7 章

中国（海南）自由贸易港金融机构操作风险管理

操作风险通常是金融机构中办理业务或内部管理出了差错，必须做出补偿或赔偿。例如，内部人员监守自盗，外部人员欺诈得手；又如，电子系统硬件软件发生故障，网络遭到黑客侵袭等。所有这些"操作"都存在带给金融机构损失的可能性，进而形成操作风险，亦是中国（海南）自由贸易港金融机构面临的重要（重大）风险。本章探讨中国（海南）自由贸易港金融机构面临的操作风险及其管理方法。

7.1 —— 中国（海南）自由贸易港金融机构面临的操作风险 ——

金融机构操作风险是由于不完善或有问题的内部操作过程、人员、系统或外部事件而导致的直接或间接损失的风险。

根据《巴塞尔新资本协议》（《巴塞尔协议 II》），操作风险可以分为由人员、系统、流程和外部事件所引发的四类风险，并由此分为七种表现形式：内部欺诈，外部欺诈，就业制度和工作场所安全性，客户、产品及业务活动事件，实物资产损坏，信息科技系统事件，执行、交割和流程管理事件。

操作风险受到国际金融业界的高度重视，主要是源于金融机构的规模日益扩大，金融机构的产品越来越多样化和复杂化，金融机构所辖业务对以智能计算、网络云为代表的 IT 技术的高度依赖，还包括金融业和金融市场的全球化趋势，使得"操作"上的失误可能带来重要或重大的不良后果。

中国（海南）自由贸易港金融机构也不例外，表现为两个方面：一方面，自由贸易港金融机构自主的"操作"空间大。国家赋予了自由贸易港金融机构更大的自主权和经营权，增加了"操作"的方式、种类和职能权限。另一方面，自由贸易港金融机构主体具备多样性的特征，"操作"的形式也多样化。其中，商业银行、财务公司、资产管理公司、村镇银行、农信社、外资银行、担保公司等金融机构，其"操作"既可能遵循自己的惯例和行业特征，也能在自由贸易港（区）的体制下进行探索创新。于是，中国（海南）自由贸易港金融机构内部操作过程、人员、系统或外部事件而导致直接或间接损失的可能性增大，操作风险会相应增大。因此，操作风险亦是中国（海南）自由贸易港金融机构面临的重要（重大）风险。

7.2 中国（海南）自由贸易港金融机构操作风险关键指标（KRI）及其管理

操作风险关键指标是代表某一风险领域变化情况并可定期监控的统计指标。操作风险关键指标可用于监测可能造成损失事件的各项风险及控制措施，并作为反映风险变化情况的早期预警指标，管理层可据此迅速采取措施。操作风险关键指标门槛值（简称"门槛值"），是将操作风险关键指标的数据变动范围切分为绿色区域（安全区域）、黄色区域（关注区域）、红色区域（警戒区域）的临界值，用以区分操作风险关键指标所指示的不同风险水平。

中国（海南）自由贸易港金融机构操作风险关键指标的分类可以基于以下依据：其一，从监控层级来看，自由贸易港金融机构的操作风险关键指标包括依据操作风险偏好、自上而下设置的公司层级操作风险关键指标和以业务部门管理重点、操作风险与控制识别为基础所设置的流程层级操作风险关键指标。其二，从指标性质来看，自由贸易港金融机构的操作风险关键指标包括在风险发生之前提供早期预警信号的预测性指标，以及在风险发生之后衡量风险事件产生影响的滞后性指标。其三，从指标数据收集的机构层级看，自由贸易港金融机构的操作风险关键指标包括由金融机构总部的部门收集和由子公司上报、总部对口管理部门汇总两种数据收集监测路径。其中，子公司监测结果体现的是子公司风险暴露或控制效果，公司总部监测结果体现的是金融机构整体风险暴露或控制效果。

中国（海南）自由贸易港金融机构操作风险指标选取的原则包括但不限于：（1）重要性原则。指标的选取需覆盖操作风险的重点环节，虽不是面面俱到，但必须抓住操作风险易发的区域或者风险暴露严重的区域。（2）可操作性原则。各项指标可量化，有准确和丰富的数据来源，并能获取所需数据。（3）敏感性原则。对操作风险具有高度敏感性，通过指标数值变化，及时反映各业务中操作风险变化情况。（4）事前预警和事后计量相结合的原则。部分指标要对操作风险有预先警示的作用，部分指标要在事后对操作风险的损失情况进行计量，为向高级计量法过渡不断积累损失数据。（5）开放性原则。指标体系是一个动态、开放的架构，随着金融机构业务的发展和风险偏好的转移，指标的选择也会不断发生变化。

中国（海南）自由贸易港金融机构操作风险关键指标的具体应用程序可以包括：

（1）指标开发与设置。操作风险关键指标由指标管理部门进行开发和设置。对于公司层级操作风险关键指标，由公司总部各专门委员会牵头并组织相关部门开发和设置；对于流程层级操作风险关键指标，由公司总部各业务管理部门及子公司各相关部门开发和设置。操作风险关键指标的开发与设置主要采取讨论会议的方式，通过集中讨论部门管理重点、审阅操作风险与控制自评估结果，调查分析相关数据信息，筛选出操作风险关键指标并确定门槛值。指标管理部门根据本部门管理重点、操作风险与控制自我评估的结果，结合其他风险特征信息（如内、外部审计信息，各类检查信息等），在保证数据质量的基础上，设置关键风险指标，主要包括识别与定义、门槛值设置和指标确认。

（2）识别与定义操作风险关键指标。对所选取的每一个操作风险关键信息设置足够的备选操作风险关键指标，以便后续阶段从备选操作风险关键指标中筛选可供确认的操作风险关键指标，主要可包括以下几个步骤：①收集风险特征信息。在识别关键风险之前，指标管理部门首先收集并整理操作风险特征信息，包括但不限于部门管理重点、操作风险与控制自我评估（RCSA）信息、操作风险损失事件（LDC）信息、内外部审计或检查的信息、外部监管信息、外部操作风险关键指标资料以及其他反映操作风险特征的信息等。②选择操作风险关键信息。指标管理部门在对风险与控制各要素间的联系进行充分的理解和认识的基础上选取并记录操作风险关键信息。选择操作风险关键信息的原则有：剩余风险落入红区或橙区的风险；风险暴露值较高的固有风险；对风险严重度降低起主要作用的控制；各级管理层认为需要加强管理和监控的风险等。③识别操作风险关键指标。指标管理部门应根据所选择的操作风险关键信息，对已识别的关键操作风险及所识别的各项控制措施设定有针对性的指标，也可参考内部或外部现有的指标进行设置。④确定数据需求。识别操作风险关键指标后，指标管理部门根据管理经验和对相关工作过程的了解，确认操作风险关键指标数据来源。在确认了数据来源后，指标管理部门应针对拟监控的操作风险关键指标提出详细的数据需求。数据需求的描述应具体，指标管理部门应同时明确数据提供部门、数据收集的时间、收集频率和数据报送程序。⑤定义拟监控的操作风险关键指标。指标管理部门完成操作风险指标的识别和数据确认工作后，填写关键风险指标的"名称""指标性质""指标说明""指标监控频率及日程""数据收集计划"等定义信息。数据提供部门根据监控频率每期提供操作风险关键指标数据。⑥记录操作风险关键指标。在操作风险关键指标设置模板中记录定义后的操作风险关键指标。

（3）设置操作风险关键指标门槛值。指标管理部门根据业务实践和管理经验，判断操作风险关键指标所对应的门槛值模式，并设置操作风险关键指标门槛值。主要包括如下步骤：①设置操作风险关键指标的门槛值。指标管理部门在设置操作风险关键指标门槛值前应考虑操作风险关键指标数值区域（红区、黄区、绿区）所对应的风险可接受程度及后续对应的管理措施，本着谨慎性原则设定操作风险关键指标门槛值。②记录所设定的操作风险关键指标门槛值。在操作风险关键指标设置模板中记录设定的操作风险关键指标门槛值。③操作风险关键指标门槛值的调整。当操作风险关键指标经过一段时间的应用和监控后，指标管理部门应根据操作风险关键指标的监控结果，对门槛值进行适当的调整。操作风险关键指标门槛值的调整应当在积累了一段时期内某一操作风险关键指标的结果后进行。操作风险关键指标门槛值的调整应当从指标管理部门对操作风险管理和监控的要求出发，并遵循谨慎管理的原则进行。

（4）确认操作风险关键指标。指标管理部门对最终选取的操作风险关键指标信息要素（包括定义、数据和门槛值等信息）进行确认，主要包括以下两个步骤：其一，确认操作风险关键指标记录。指标管理部门根据数据情况、门槛值设定情况等对操作风险关键指标进行最终确认，并审阅操作风险关键指标模板中指标各项信息是否记录完整、准确。其二，审批操作风险关键指标。对于公司层级操作风险关键指标，由公司总部的法律部门提交内部控制及操作风险管理委员会审批；对于流程层级操作风险关键指标，指标管理部门将最终操作风险关键指标提交本单位管理层审批，并报送公司总部法律部门备案；子公司指标管理部门将自行设置的操作风险关键指标提交部门管理层审批，并报送相应归口管理部门，最后报送公司总部的法律部门备案。

（5）监控和报告。操作风险关键指标的监控和报告主要包括数据收集和上报、监控和分析、制订行动计划以及报告。指标管理部门需定期监控、分析和报告操作风险关键指标结果及运行情况，必要时制订行动计划，降低操作风险事件发生的可能性或缓释操作风险事件的影响。

（6）收集和上报指标数据。数据提供部门应按照指标管理部门确定的数据收集的时间、收集频率和数据报送程序按时报送操作风险关键指标数据，并保证所提供数据的完整和准确。同时，指标管理部门应对数据质量进行检查，确认数据是否满足需求及是否存在明显不合理等问题。

（7）监控和分析操作风险关键指标。指标管理部门应定期计算操作风险关键指标的结果，并对指标结果进行分析，以了解操作风险关键指标的表现及所反映的操作风险管理现状。操作风险关键指标数据的收集及监控频率应满足风险监控的需要，原则上不低于每季一次，并尽量采取更高的监控频率。同时，指标管理部门需对操作风险关键指标按既定的频率定期监控、分析，对突破门槛值的操作风险关键指标予以关注，及时启动相关调查程序，以判断是否需要制订行动计划。监控和分析的内容主要包括以下两个方面：其一，操作风险关键指标结果评估。将操作风险关键指标结果与操作风险关键指标门槛值进行比较，了解每个指标当前的状态，即落在红色、黄色，还是绿色区域中。操作风险关键指标在一段时期内一直处于黄色或红色区域，其原因可能如下：该操作风险关键指标不适用于监控某一特定的风险；门槛值所体现的风险偏好过于谨慎；门槛值的设定可能适用于中、长期对风险的监控，而不适用于短期对风险的监控；相关的补救工作需要较长时间使操作风险关键指标的数值返回理想的区域。如操作风险关键指标在一段时期内一直处于绿色区域，其原因可能如下：操作风险关键指标不适用于监控某一特定的风险；门槛值所体现的风险偏好比较宽松。其二，操作风险关键指标趋势分析。指标管理部门在积累多期（一般指3期以上）操作风险关键指标监控数据后，对操作风险的异常变动情况及数据的准确性和稳定性进行研究和分析。

（8）制订行动计划。指标管理部门依据操作风险关键指标的监控结果及预警信号，对所有操作风险关键指标突破门槛值的情况进行分析，判断是否需要制订行动计划。操作风险关键指标突破门槛值的处理分为以下两种情况：第一，当操作风险关键指标突破黄色区域门槛值时，指标管理部门必须对其操作风险关键指标进行密切监控，并采取适当的措施使操作风险关键指标数值及时回到绿色区域；第二，当操作风险关键指标突破红色区域门槛值时，指标管理部门必须启动调查程序，了解引起数据变化的原因、地域和时段，分析风险事件的严重程度，必要时制订行动计划，及时控制操作风险，并使操作风险关键指标逐步回到绿色区域。

（9）操作风险关键指标报告。指标管理部门依照报告要求，对操作风险关键指标结果、监控和分析情况按照最低每季度一次的频率定期报告，并在出现重大风险或损失事件时随时报告。操作风险关键指标工作实行双线报告，具体要求为：其一，子公司各指标管理部门对其监控的操作风险关键指标结果进行分析并形成报告，定期提交总公司法律部门和归口管理部门。其二，总公司各指标管理部门对其监控的操作风险关键指标结果进行分析并形成报告，定期提交总公司法律部门。总公司法律部门定期汇总全公司的操作风险关键指标结果及分析报告，形成公司整体分析报告，提交总公司内部控制及操作风险管理委员会。

（10）重检与更新。指标管理部门对操作风险关键指标要素（指标名称、内容、门槛值和数据要求等）及体系运行的质量和效果进行检验，对操作风险关键指标的工作流程进行重新检查（简称重检），并出具重检报告。首先，操作风险关键指标重检的要求可以包括如下方面：①指标管理部门原则上每年至少应对设置的操作风险关键指标的质量及运行效果进行一次评估和质量验证，并结合其他关键风险信息对现有操作风险关键指标进行更新和维护，新增、修改或废止操作风险关键指标。②突发重大操作风险事件或发生其他重大变化时，可视情形适时新增、修改或废止操作风险关键指标。③操作风险关键指标变更中的指标和门槛值产生步骤、审批要求等与操作风险关键指标设置工作中的要求相同。其次，指标管理部门需要对操作风险关键指标进行更新的情形包括但不限于：①指标评估结果显示目前使用的指标不符合具体、可计量、可实现、责任明确、时效性的原则；②新增的关键风险特征信息；③根据已有风险特征信息识别出的新操作风险关键指标，包括替换或改进现有的操作风险关键指标；④原有的风险特征信息的内容和结构发生了变化。最后，指标调整前后的相关信息应在相应模板或系统中进行保存，包括但不限于：所有操作风险关键指标设置的支持性文件；所有操作风险关键指标设计所使用的模板；任何正式修改的证据和理由。

中国（海南）自由贸易港金融机构操作风险关键指标管理的职责分工原则应包括：其一，部门主导原则。指标数据的收集与维护，日常监控与指标结果的运用，都以相关业务或管理内容的归口部门为主导。公司总部业务或管理部门作为指标管理部门负责统筹该业务下辖指标的日常管理工作。各分支机构相关部门需配合完成总公司该业务下的指标工作。其二，协调配合原则。公司总部的法律部门，要对操作风险关键指标的各项工作进行统筹、指导和督促；各相关业务及职能部门对于由其他部门归口管理但涉及本部门的指标工作，要积极配合归口管理部门的工作，按照归口管理部门的统一安排参与指标的数据收集、整理等工作。

7.3 ——— 中国（海南）自由贸易港金融机构操作风险 ———
损失数据收集与管理

操作风险损失数据是因操作风险事件而造成的实际或潜在的财务损失的事实情况。中国（海南）自由贸易港金融机构操作风险损失数据至少应包括：操作风险事件发生的时间、发现的时间及损失确认时间、业务条线名称、损失事件类型、涉及金额、损失金额、非财务影响、与信用风险和市场风险的交叉关系等。

操作风险损失数据收集，应是依据中国（海南）自由贸易港金融机构操作风险偏好确定的收集范围，针对操作风险损失数据的识别、收集、汇总、分析和报告工作。

中国（海南）自由贸易港金融机构操作风险损失数据收集应当遵循以下原则：第一，重要性原则。在统计操作风险事件时，应对损失金额较大和发生频率较高的操作风险事件进行重点关注和确认。第二，及时性原则。应及时确认、完整记录、准确统计操作风险事件所导致的直接财务损失，避免因提前或延后造成当期统计数据不准确。第三，统一性原则。操作风险事件的统计标准、范围、程序和方法要保持一致。以确保统计结果客观、准确及可比。第四，准确性原则。在对操作风险财务损失进行确认时，应保持必要的谨慎，应进行客观、公允的统计，准确计量损失金额，避免出现多计或少计操作风险损失的情况。

中国（海南）自由贸易港金融机构操作风险损失数据收集范围，应全面覆盖金融机构所有重要的经营管理活动。该操作风险事件无论是否最终发生损失，均应纳入操作风险损失数据收集范围。常见的操作风险损失事件类型，应包括但不限于：①外部人员或机构采用盗窃、抢劫、伪造、诈骗财产等违法手段导致的外部欺诈事件；②内部人员故意违反法律法规、监管规定、公司规章制度，或因越权、员工内外勾结导致的内部欺诈事件；③未对客户履行应尽义务、未经客户授权泄露客户信息、超越客户授权进行交易，从而与客户产生纠纷导致的操作风险事件；④因金融机构业务产品的内容、流程或设计缺陷导致的操作风险事件；⑤因自然灾害、人为灾害或其他外部事件造成的资产损失；⑥因自然灾害、人为灾害或其他外部事件造成的 IT 系统硬件设备故障或系统宕机的事件；⑦机具设备出现非人为因素故障或失灵导致的事件；⑧员工非主观性的操作失误或违规操作等引起的事件；⑨因违反国家法律法规和监管规定而受到监管部门处罚的事件；⑩因金融机构员工劳动争议、工伤赔偿导致的事件等。

中国（海南）自由贸易港金融机构操作风险损失数据收集流程包括但不限于：（1）确定损失数据报送责任单位。（2）信息上报，且原则上，预估损失金额应为损失事件预计最大损失金额。（3）对操作风险事件进行判定，即职能部门收到操作风险事件上报单位的基本信息后，对是否同意将该事件判定为操作风险事件、事件所填信息是否完整准确、业务分类是否正确等出具意见。（4）初步审核操作风险损失事件报告，一并抄送对口职能部门备案。（5）二次审核操作风险损失事件报告，即对是否同意将该事件判定为操作风险事件、事件所填信息是否完整准确、业务分类是否正确等出具意见。（6）最终审核确认操作风险损失事件报告，即从操作风险专业角度对是否同意该事件判定为操作风险事件、事件填报信息是否完整、事件分类是否正确等进行最终审核确认。（7）操作风险事件的更新与结束。若操作风险事件在上报后产生了新的损失、成本或挽回金额，或事件调查处理有重大进展，报送单位应及时报送损失数据更新信息。更新信息遵循与初次报送相同的程序。同时，若操作风险事件同时满足以下条件，则认定该事件结束：①该事件不会再有新的损失、成本或挽回发生；②对需要整改的事件，已采取整改措施，或已制订合理的整改计划，并且针对计划中未实施的措施已设定相应的执行人和监督人。

中国（海南）自由贸易港金融机构操作风险损失数据管理的目标如下：其一，从发生的损失事件中吸取经验教训，优化风险控制措施，降低同类损失事件再次发生的可能性或影响程度；其二，识别损失金额较大和发生频率较高的领域和流程，发现内控薄弱环节，以便管理层进行风险管理及内部控制资源的优化配置；其三，满足自由贸易港金融机构操作风险管理的要求；其四，为实施或升级操作风险高级计量法积累数据。

7.4 – 中国（海南）自由贸易港金融机构操作风险与控制自我评估 –

操作风险与控制自我评估（Risk and Control Self-assessment，RCSA）是金融机构各部门、各经营机构作为操作风险承担者，定期评估主要业务或管理活动中的操作风险及控制状况，并持续记录和报告评估结果以及根据结果采取相应的控制、缓释措施活动的过程。

中国（海南）自由贸易港金融机构开展操作风险与控制自我评估，自评部门应遵循下列基本原则，以保证自评工作高标准、高质量地开展：其一，"谁拥有风险，谁负责评估"原则，即负责具体经办各项业务的人员及业务管理人员作为各部门自评人员，必要时可以邀请行内其他熟悉业务的专家参与。其二，完整性和客观性原则，即在对操作风险点、控制措施的识别和评估过程中，应对操作风险点客观地进行分析、识别和甄选，确保自评估问卷内容涵盖了完整的操作风险点和控制措施；同时，在进行评估时，应对操作风险点和控制措施做出客观的评价，务求切实把握风险分布与控制薄弱环节，及时采取行动缓释风险。其三，重要性原则，即应全面识别和重点评估对业务发展和管理目标有重大影响的操作风险。其四，合理性原则，即在制订操作风险与控制自我评估计划时，应合理地安排自评估的时间，应充分考虑产品的风险情况和自评估的工作量，合理安排评估的先后顺序，并且给予自评部门合理的时间完成评估，从而确保评估的质量。其五，定期跟踪原则，即对评估结果为不可接受的剩余风险，应采取相应的行动计划，并对执行情况进行定期跟踪。

中国（海南）自由贸易港金融机构开展操作风险与控制自我评估，需要首先确定自评估范围。操作风险与控制自我评估的范围应包括金融机构所有的业务流程及主要的管理支持流程。既包括针对既有业务流程或管理支持流程，又包括针对新产品、新业务的操作风险评估。其次，开展操作风险与控制自我评估需要确定自评估内容。操作风险与控制自我评估必须包括操作风险的评分以及控制有效性的评分。其中，操作风险评分包括固有风险评分与剩余风险评分，固有风险是在不考虑现有控制措施情况下的风险暴露，剩余风险是在考虑了现有控制措施作用后依然剩余的风险暴露。评估时应针对流程分析过程中所识别出的操作风险点，通过发生频率和严重度两个维度来进行评分。控制有效性评分包括对每一项既有的控制措施进行控制设计有效性和控制运行有效性的评分。最后，开展操作风险与控制自我评估需要确定自评估频率。一般而言，操作风险与控制自我评估应每年至少评估一次。当然，自由贸易港金融机构可依据管理需求，在此基础上增加操作风险评分或控制有效性的评分频率。

中国（海南）自由贸易港金融机构开展操作风险与控制自我评估的工作流程建议如下：

第一，操作风险点维护，即对操作风险点库内的操作风险点以及各风险点的对应的控制措施进行重新检视，并在库内完成修改的活动。包括对操作风险点的增加、删除，以及对各操作风险点的描述、操作风险事件描述、与关键控制措施的对应关系等信息的修改。

第二，评估的计划与发起，即金融机构选择必须进行操作风险与控制自我评估的业务及管理流程和评估计划，由各选定部门根据公司总部操作风险与控制自我评估计划的要求制订评估计划。此外，计划的制订应合理、完整、细致，具备可操作性。

第三，评估前期准备，即操作风险与控制自我评估的参与人员应在评估前做好评估资料的准备工作。资料包括评估涉及产品的损失事件记录、内外部相关损失数据、其他管理报告等。这些资料可作为评估的依据和参考。如有条件或在必要的情况下，评估工作可邀请有关产品专家、风险专家以举办研讨会的方式提供技术支持。研讨会可采用会议、电话等方式进行。每次的研讨会都应保留会议纪要并存档。

第四，风险地图设定，即金融机构的职能部门负责制定本部门各项业务或管理活动的操作风险暴露容忍度边界，但容忍的边界值不得逾越公司总部该业务或管理活动的操作风险容忍度，且须经本部门负责人审核通过。

第五，操作风险评估或控制的沟通及有效性评估。实施操作风险暴露、控制设计与运行有效性的评估部门在决定最终评分前，可以组织部门内或跨部门（主流程涉及多个部门的）的讨论会，采用头脑风暴、情景分析等方式，针对操作风险暴露与控制有效性的实际状况进行充分的交流与沟通。其后，对操作风险暴露与控制有效性实际状况的讨论结果，由指定的评分与复核人员进行评分结果的录入与审核工作。

第六，行动计划的制订与执行。完成操作风险与控制自我评估后，各部门应针对评估结果进行分析与研究，并针对风险管理的薄弱环节，制订相应的行动计划。其后，各部门应对各项行动计划的执行进度与执行成果进行监控。同时，在进行全行操作风险监测的过程中，若发现重大的隐患，可牵头组织跨部门或全行层面的行动计划，并负责监控该类行动方案的进展状况及实际成果。

7.5 — 中国（海南）自由贸易港金融机构操作风险的管理机制 —

中国（海南）自由贸易港金融机构操作风险管理的战略目标是，使用操作风险管理工具，持续改进和完善全行操作风险的管理，建立符合自由贸易港金融机构实际的操作风险管理体系，最大程度减少操作风险事件，降低操作风险损失，维护金融机构声誉和市场价值。

中国（海南）自由贸易港金融机构操作风险管理的总体要求，即操作风险源于人员、程序、系统和外部事件，自由贸易港金融机构各部门、各单位对操作风险均负有管理职责，操作风险的管理应贯穿于金融机构经营管理过程中的每一个环节。同时，要采取自上而下和自下而上的方法对重大操作风险和日常操作风险进行分层管理。

自由贸易港金融机构操作风险管理流程，主要包括但不限于：操作风险识别、评估、监测、控制/缓释和报告等，并通过操作风险管理信息系统进行整合和实施。

其一，操作风险识别。操作风险识别是对金融机构业务流程和管理流程存在的主要操作风险进行识别并确定其性质的过程。通过操作风险识别，应识别出各业务管理流程存在的主要操作风险事件、风险点以及相应的控制措施等，为操作风险评估、监测、控制/缓释和报告提供基础。

其二，操作风险评估。操作风险评估是对操作风险暴露程度进行评估并确定其是否可接受的全过程。操作风险评估应按照统一的标准，对操作风险事件的固有风险暴露、剩余风险暴露和控制有效性等进行评估，并结合对应流程的风险容忍度，确定操作风险暴露是否在可接受范围之内。

其三，操作风险监测。操作风险监测是通过设置并监测各类风险指标，动态、持续地监测操作风险状况，从而发现业务管理流程出现的问题，以便采取相应的补救措施。

其四，操作风险控制、缓释。操作风险控制、缓释是根据操作风险评估或监测结果，制订并组织实施操作风险控制/缓释措施的过程。通过一系列控制手段或缓释方法，对操作风险进行转移、分散、降低、规避，将操作风险暴露降低至可接受的范围之内。

其五，操作风险报告和披露，即应明确操作风险报告的路线、内容、格式和频率，及时、准确、真实地提交操作风险报告。对于重大操作风险事件应及时报告高级管理层、董事会和监管机构。

其六，操作风险管理信息系统。自由贸易港金融机构应逐步建立并完善操作风险管理信息系统，为操作风险管理流程及操作风险管理工具提供实施和整合平台。

通过上述管理流程，中国（海南）自由贸易港金融机构需要建立操作风险报告制度，即按权限划分逐级申报，并定期向董事会和高级管理层提交操作风险报告。报告内容包括：（1）本部门操作风险整体评价。可从人员、流程、系统和外部事件等维度进行报告，包括但不限于主要存在的潜在操作风险因素、重大的项目规划、操作风险管理环境的重大变化（如宏观环境、政策监管变动等）对操作风险管理的影响与需重点关注的操作风险管理事项等。（2）本部门操作风险管理的执行情况。包括但不限于操作风险与控制识别和评估的情况，针对操作风险暴露较高的风险点所采取的控制缓释措施，关键风险指标的更新、改进和跟踪情况，损失数据收集与处理情况等。（3）本部门操作风险管理的成效、不足和改进方向，如操作风险管理措施的效果、操作风险管理中存在的问题和不足、内外部审计和监管部门的有关意见，以及下一阶段的主要操作风险管理措施等。

中国（海南）自由贸易港金融机构还应开展操作风险文化建设。操作风险文化包括员工对于操作风险的意识、态度及行为等。良好的操作风险文化因素包括：全体员工明确自身在操作风险管理中的职责，每个岗位均是操作风险的直接责任人；董事会、高级管理层对操作风险文化持续推进、宣传；业务、风险管理应由具备相关资质的人员完成；科学合理的激励机制和充分暴露问题的文化。鼓励员工主动报告操作风险问题，鼓励越级实名举报不法行为。同时，自由贸易港金融机构应通过不定期培训方式，协助各机构、人员提高操作风险管理水平、履行操作风险管理的各项职责，并就操作风险管理的内容和形式达成共识。并且，落实操作风险管理工作的考核及奖惩机制，按照公开、公平、公正的原则，将操作风险管理的有效性纳入各分支机构和各部门的绩效考核范围；对不履行或不正确履行操作风险管理职责的，也应追究相应责任。

第 8 章

中国（海南）自由贸易港金融机构面临的其他风险及其管理

中国（海南）自由贸易港金融机构面临的其他风险，是全面风险管理的重要组成部分，是自由贸易港金融机构面临的多样化的风险。特别的，某些风险在特定金融机构或分支机构虽然可能形成重要（重大）风险，但在自由贸易港金融机构的多样性、复杂性和时效性的整体背景下，暂时不具有普遍意义或广泛影响。中国（海南）自由贸易港金融机构面临的其他风险，主要包括战略风险、合规风险、法律风险、利率风险、信息科技风险、反洗钱风险等。

8.1   中国（海南）自由贸易港金融机构面临的战略风险及其管理机制

8.1.1   中国（海南）自由贸易港金融机构面临的战略风险

中国（海南）自由贸易港金融机构面临的战略风险，是因战略规划和经营管理决策不适当、战略执行偏差或缺乏对外部经营环境变化的及时应对，而给银行声誉、竞争力、行业地位及发展前景等方面带来不利影响的风险。

自由贸易港金融机构面临的战略风险主要包括战略制定风险和战略执行风险。

战略制定风险，是由于对外部环境发展变化判断失误、对自身优劣势认识不到位，导致战略目标、战略定位及战略措施不恰当而引发的风险。战略制定和规划风险的识别与评估，主要内容包括：对外部经营环境变化及其影响判断的合理性、对自身竞争优劣势及其变化评估的恰当性、战略定位与战略目标设置的合理性、战略举措的充分性、战略调整的及时性等。

战略执行风险，是由于经营环境变化、资源保障、执行控制、突发事件等因素造成战略目标未按预期实现的风险。战略执行风险的识别与评估，其内容主要包括：战略执行单位对战略理解的准确度、战略执行过程控制的有效性、战略执行决策机制的有效性、战略资源投入的有效性、对重大异常或突发事件的应急处理能力等。

中国（海南）自由贸易港金融机构原则上应每年对战略风险进行一次全面评估，评估方式视具体情况采取内部评估或外部评估。参与评估的内部专家建议由董事会战略委员会成员、风险管理委员会成员、资产负债管理委员会成员及董事会指定的其他人员组成。

此外，战略规划和战略实施过程中的各类风险因素需要进行持续动态的监测，主要包括：（1）对外部经营环境的发展变化情况进行动态监测。重点监测经济运行形势、财政及货币政策、银行业监管政策、客户和目标市场、同业竞争等可能对战略实施带来重大影响的变化因素。（2）对战略实施情况进行动态监测。重点监测战略执行是否符合规划方向，各执行单位的战略任务是否如期推进、战略实施效果是否达到预期目标、资源配置是否与战略目标匹配、管理体系及技术水平是否满足战略发展需要。

8.1.2 中国（海南）自由贸易港金融机构战略风险的管理机制

中国（海南）自由贸易港金融机构的战略风险管理，是金融机构通过开展战略评审和经营环境分析，对战略风险进行识别、评估、监测和控制的全过程。

自由贸易港金融机构战略风险管理的组织体系可以包括董事会、高级管理层及风险管理委员会、归口管理部门及执行单位三个层级。

第一，董事会承担战略风险管理的最终责任，主要职责包括但不限于：（1）设定与企业愿景、文化理念、业务方向及风险容忍度相一致的战略目标；（2）确定战略风险管理体系的构建原则和管理目标；（3）审议批准战略规划，并对战略规划调整进行决策；（4）指导和监督高级管理层组织实施战略规划；（5）审阅战略执行情况及战略风险报告，根据工作需要组织开展战略风险评估，并对重大战略风险治理进行决策。

第二，高级管理层及总行风险管理委员会负责组织实施战略风险管理，主要职责包括但不限于：（1）基于董事会设定的原则与目标，建立战略风险管理体系；（2）协助董事会制定战略目标和任务，组织起草、修订全行战略规划，并于董事会审议批准后实施；（3）建立并执行与战略方向相符的绩效考核体系；（4）审阅战略执行情况及战略风险报告，审议并制定战略风险管理政策及控制防范措施；（5）向董事会报告战略风险管理情况，并根据董事会要求组织实施战略风险治理。

第三，风险管理部是金融机构全面风险管理的统筹部门，在战略风险管理方面主要承担如下职责：（1）分析发展研究部提交的战略风险报告，并按全面风险管理的实施要求和报告路径，统筹报告战略风险；（2）监督战略风险管理情况。

第四，其他职能部门及分支机构均为战略风险管理的执行单位，主要职责包括但不限于：（1）从本部门（机构）角度，对金融机构战略规划的制定、修订提出意见和建议；（2）根据金融机构总部战略规划，制定本部门（机构）战略规划和具体的实施方案；（3）充分调动本部门（机构）的各类资源，贯彻执行战略规划；（4）主动开展本部门（机构）的战略风险管理及自查检验工作，按要求向战略风险归口管理部门报告战略风险，并参与战略风险治理。

中国（海南）自由贸易港金融机构的战略风险控制，主要包括战略传导、战略绩效考核、战略性变革管理、战略调整四个方面措施。其一，建立有效的战略传导机制。加强战略宣讲和工作沟通，高级管理层定期组织战略执行研讨会，听取各执行单位的战略执行情况报告和意见反馈，并指导其战略执行，确保各执行单位正确理解战略目标与工作任务。其二，建立战略绩效考核机制。运用平衡记分卡等战略管理工具，定期对各执行单位的战略执行情况进行跟踪和考评，并与绩效考核挂钩，以加强战略目标导向和战略任务的落实保障。其三，建立战略性变革管理机制。对于实现战略目标所需落实的机制体制改革和重大流程改造等战略性变革项目，由高级管理层对相关执行部门进行重点督办，确保其稳妥有效地实施推进。其四，建立战略的动态调整机制。根据经营环境变化及自身发展需求，定期对业务发展目标、规划实施节奏及方案措施等进行动态调整和修订。

同时，自由贸易港金融机构还需做好战略风险报告工作。首先，建议金融机构各执行单位每季度结束后向战略风险归口管理部门报送战略执行情况报告，对战略执行进展、执行偏差、战略任务实施难点、存在及潜在的问题与风险、应对措施及解决方案等予以充分说明。其次，战略风险归口管理部门每季度对金融机构整体战略执行情况进行总结，对存在的差距、问题及风险隐患进行重点分析，提出解决建议并向高级管理层报告。再次，除定期报告机制外，对影响战略实施的重大突发事件、重大风险隐患，执行单位和战略风险归口管理部门应及时向高级管理层汇报，并提出应对措施。最后，高级管理层应每年向董事会报告公司整体战略执行情况，重点说明战略实施进展、潜在战略风险及下一步战略部署；对于突发性战略风险事件，应及时向董事会报告。

8.2 中国（海南）自由贸易港金融机构面临的合规风险及其管理机制

8.2.1 中国（海南）自由贸易港金融机构面临的合规风险

中国（海南）自由贸易港金融机构面临的合规风险，是金融机构因没有遵循外部法律、规则、准则和本单位内部规章制度等，由此可能遭受法律制裁、监管处罚、重大财务损失和声誉损失的风险。其中，"合规"是自由贸易港金融机构的经营管理活动要与外部法律、规则和准则相一致，各级经营单位和各级工作人员要严格遵守本单位内部规章制度。

为主动发现和消除潜在的违规行为或违规问题隐患，中国（海南）自由贸易港金融机构应施行合规风险识别和评价。通过实施合规风险识别和评价，对评价对象或业务部门（条线）的合规状况进行充分评估，实现对合规风险的主动识别、监测与报告职责。其中，自由贸易港金融机构合规风险识别可以包括但不限于以下方面：（1）各业务部门（条线）、各分支机构的合规风险管理是否充分、有效；（2）各单位执行内部规章制度与内部规章制度规定是否一致；（3）各级各岗位的管理者和员工是否能够正确理解和把握合规法律、规则和准则的相关内容；（4）当外部法律、法规等发生变化时，是否及时修订完善各项内部管理制度、操作规程及实施细则等；（5）发生违规操作或可疑交易等违规问题或合规风险隐患时，是否能够及时上报并采取适当处置和纠正措施，措施是否有效；（6）其他与合规风险控制相关的事项。

自由贸易港金融机构合规风险评价可以分为现场评价与非现场评价两个部分：（1）现场评价的内容，包括合规执行中除专项风险排查的全部内容。现场评价手段包括但不限于对基层机构及从业人员的口试、笔试，对基层机构和客户的实地抽查等。（2）非现场评价的内容，包括有针对性地引用科技系统，开展违规专项风险排查，作为现场检查的重要辅助手段之一。

8.2.2　中国（海南）自由贸易港金融机构合规风险的管理机制

中国（海南）自由贸易港金融机构合规风险管理的目标，是通过建立健全合规风险管理机制，实现对合规风险的有效识别和管理，为金融机构依法合规经营提供保障。

自由贸易港金融机构合规风险管理，应是金融机构内部主动管理合规风险的动态过程。自由贸易港金融机构通过主动识别合规风险和预警，避免违规事件的发生，主动采取各项纠正措施以及适当的惩戒措施，持续修订相关制度、流程和岗位职责，以有效管理合规风险。

自由贸易港金融机构合规风险管理，需要把风险管理目标和要求渗透到全行的各个业务过程和各个操作环节，具体包括：（1）全员管理原则，实现全体员工对合规风险管理的共同参与；（2）全过程管理原则，对金融机构业务操作及管理的全过程实行合规监控；（3）全方位风险管理原则，不仅包括金融机构传统业务风险，也包括有效管理和控制金融机构创新业务和声誉风险等。

自由贸易港金融机构合规风险管理基本职责包括：其一，金融机构董事会、监事会和高级管理层应积极倡导全员主动合规、合规创造价值的经营理念，积极倡导并全力奉行诚信、正直的价值理念。其二，合规是所有员工的共同责任。合规风险与金融机构整体的各个业务流程、各工作环节及各岗位的每一名员工都密切相关，所有员工均应对与自己的岗位责任相关的违规问题和损失负直接责任，合规人人有责。同时，所有员工均应自觉提高合规意识，充分系统地了解和掌握本单位合规政策及各自岗位的合规流程，勤勉、尽职地履行各自的职责。其三，所有员工在从事各类经营与管理活动时，均应坚持高标准，并始终力求遵循法律、法规及准则的规定与精神。同时，所有员工在从事经营活动中均应保证忠诚、守信和恪守职业道德，严格遵守内外部制度、规范及准则。其四，各级管理者应主动承担责任，共同培育以诚信守则为基础的企业合规文化。第五，诚信举报制度是合规风险管理机制的重要组成部分。各级管理者要积极贯彻诚信举报制度，将相关内容传达至每一位员工，鼓励全员举报违法、违反职业操守或可疑行为，为及时、主动地识别日常的重大合规风险、发现违规问题及隐患提供线索。各级、各岗位人员对工作中发现的合规隐患、违规事件均负有报告的义务和责任。

合规管理报告应是中国（海南）自由贸易港金融机构合规风险管理的重要组成部分。金融机构相关主管部门对经营管理活动中发现的合规风险隐患、违规事件、制度缺陷等报送法律合规部门，也可同时向公司总部高级管理层报告。金融机构的分支机构合规风险报告，可以实行垂直与横向报告相结合的方法，即分支机构法律合规部门、各级合规风险管理人员同时承担着向上一级法律合规部门和所在单位主管领导报告的双重职责。

中国（海南）自由贸易港金融机构合规管理报告的类别可以分为综合合规风险报告和专项合规风险报告，定期报告和不定期报告。其中，综合合规风险报告为定期报告，实行月报、季报、年报，主要是总、分支机构法律合规部门向上级管理层报告本单位在报告期内面临的合规风险状况及建议措施等。专项合规风险报告为不定期报告，各级合规风险管理人员可以就重要的合规问题、重大风险隐患及其他重要信息随时反馈上报至上一级法律合规部门，也可同时向所在单位主管领导报告。

其中，综合合规风险报告内容包括但不限于：（1）本机构对外部法律法规、内部规章制度及监管合规要求的落实情况；（2）本机构内部管理制度的制定、修订、完善情况；（3）本机构开展合规评价的执行情况，包括评价对象、评价项目、评价频率、评价中发现的合规风险及问题整改措施等情况；（4）本机构违反内外部法律法规及监管要求的违规事件及处理情况；（5）本机构合规工作的整体情况分析和评价，以及合规风险管理工作中存在的困难、问题、改进措施及建议等；（6）本机构合规培训、合规宣传等情况；（7）其他需要报告的合规事项。专项合规风险事项报告包括但不限于：（1）合规风险来源；（2）合规风险性质；（3）合规风险事项发生的时间、地点、业务类型、业务经办人、发生经过；（4）可能对经营形成的风险、不良影响或损失程度；（5）已经采取的措施及后续措施；（6）其他需要报告的合规事项等。

8.3 中国（海南）自由贸易港金融机构面临的法律风险及其管理机制

8.3.1 中国（海南）自由贸易港金融机构面临的法律风险

中国（海南）自由贸易港金融机构面临的法律风险，是基于法律规定、监管要求或合同约定，由于金融机构外部环境及其变化，或金融机构及其利益相关者的作为或不作为形成的不确定性，导致金融机构经营损失或盈利能力下降的可能性。

引发自由贸易港金融机构法律风险的原因可源于法律环境、违规行为、违约行为、侵权行为、不当行为和怠于行使权利。于是，法律风险的种类可分为法律环境风险、违规风险、违约风险、侵权风险、不当行为风险、怠于行使权利风险等。

具体而言，其一，法律环境风险是由于外部立法、司法、执法等司

103

法环境、外部监管体制、政策监管等外部环境，以及内部重大合同及管理情况、法律纠纷事件的处理及进展情况等内部环境的不确定性使金融机构面临的法律风险。其二，违规风险是由于金融机构内部存在不完善或有问题的制度、程序、员工、信息技术及外部事件导致损失所引发的法律风险。其三，违约风险是违反合同的风险，即在合同订立、生效、履行、变更和转让、终止及违约责任的确定等过程中遭受利益损害或损失的可能性以及信贷业务领域由于借款人不按借款合同履行偿还本息义务或利用改制改组等逃废债务等所形成的法律风险。其四，侵权风险是金融机构及其员工因操作不当或实施违法违规行为侵犯了他人的合法权益或因为法律的特别规定而可能承担民事侵权法律责任，对自身造成不利法律后果的风险。其五，不当行为风险是金融机构违反监管要求或员工由于故意或过失违反了从业人员职业操守产生损失所导致的法律风险。其六，怠于行使权利风险是金融机构没有及时行使法律赋予的相关权利而导致的不仅合法权益可能丧失法律保护，而且还可能使权利被侵害的法律风险。

8.3.2 中国（海南）自由贸易港金融机构法律风险的管理机制

中国（海南）自由贸易港金融机构法律风险的管理原则，应包括以金融机构战略目标为导向的原则，审慎管理的原则，全员参与、全过程开展的原则，持续改进的原则。其中，以金融机构战略目标为导向的原则，是在管理中应充分考虑法律风险与金融机构整体战略目标之间的相互关系、影响等因素，融入金融机构的经营管理过程，作为决策参考；审慎管理的原则，是要在尊重法律、保持诚信的前提下，开展法律风险管理，做出的决策不应违反法律的强制性和义务性规定；全员参与、全过程开展的原则，是法律风险的管理需要所有管理者与员工的参与并承担相关责任，实行分工负责，以形成尽职守责的法律风险管理的长效机制；持续改进的原则，就是不断完善法律风险管理的要素，对法律风险控制持续进行改进和体系的更新。

中国（海南）自由贸易港金融机构法律风险管理，需要配置合适的岗位执行。金融机构各分、支机构均应建立法律合规部门或设立法律风险管理岗。同时，建立的法律合规部门人员中必须至少配备法律专业人员一名；法律风险管理岗或法律合规部门配备的法律专业人员必须是通过司法考试具备执业资格的人员，具备从事法律事务工作的一定经验。金融机构各部门结合法律风险表现形式及控制要求，各司其职，针对各自职责范围内的规章制度进行制度补充、完善、评价、监督、检查及整改。

中国（海南）自由贸易港金融机构法律风险管理的部门设置及职能如下。

法律合规部门的职能包括但不限于：（1）负责拟定金融机构总部法律风险管理的规章制度及制度解读；（2）组织法律风险管理人员进行培训，负责法律风险教育；（3）对公司法律风险进行归集，制定相关风险提示；（4）研究法律风险变化对行业的影响，及时予以信息分享；（5）负责与法院及监管部门、相关行政部门的沟通汇报；（6）负责日常诉讼案件的参与、指导、协调和督促等工作；（7）负责金融机构总部对外出具合同文本的法律审核等。

总部其他部门的职能包括但不限于：（1）根据部门职责分工，负责本部门业务或管理范围内的法律风险管理指引的执行，对职责范围内的法律风险承担第一责任；（2）负责本部门业务或管理范围内的法律风险管理的自查、评价和整改工作；（3）负责补充、起草、完善与本部门或管理范围相关的法律风险指引所涉及的法律风险控制措施与制度等。

分支机构法律合规部门的职能包括但不限于：（1）负责牵头组织执行金融机构总部法律风险管理的规章制度；（2）组织分支机构法律风险管理人员进行培训，负责分支机构法律风险教育；（3）对本级子公司法律风险进行归集，制定相关风险提示并报备上级单位等。

分支机构其他部门的职能包括但不限于：（1）严格依据金融机构总部所制定的法律风险管理的规定从事自身经营行为，对职责范围内的法律风险承担第一责任；（2）对本级子公司管理范围内的法律风险管理涉及的行为及风险进行自评、检查和整改等。

8.4 ——— 中国（海南）自由贸易港金融机构面临的利率 风险及其管理机制

8.4.1 中国（海南）自由贸易港金融机构面临的利率风险

中国（海南）自由贸易港金融机构利率风险，是因水平、期限结构等要素发生不利变动导致金融机构账户整体收益和经济价值遭受损失的风险。

自由贸易港金融机构利率风险应综合考虑包括重定价风险、基准风险、收益率风险和期权性风险在内的重要风险来源的影响。

（1）对于重定价风险，需要按月监测重定价缺口变动，分析利率平移情景模拟结果，分析各业务产品之间重定价期限错配情况，评估潜在重定价风险对金融机构整体收益和经济价值的可能影响。

（2）对于基准风险，需要按月监测基准利率之间或不同业务产品利率定价水平之间的相关程度，定期监控定价基准不一致对金融机构整体和经济价值产生的影响。

（3）对于收益率风险，应根据不同收益率曲线的扭转、扭曲对金融机构整体收益与经济价值的影响对利率风险进行计量和监控。

（4）对于期权性风险，金融机构应充分考虑公司业务中期权性风险的独立性和嵌入性特征，基于有关业务历史数据对客户行为分析，根据分析结构调整业务重新定价结构，反映金融机构的实际风险状况。

中国（海南）自由贸易港金融机构利率风险计量，应针对单一币种进行，并充分评估不同币种利率风险之间传导，综合评定金融机构利率风险敏感度。

8.4.2 中国（海南）自由贸易港金融机构利率风险的管理机制

中国（海南）自由贸易港金融机构利率风险管理，是按照银保监会等监管机构要求对金融机构利率风险进行识别、计量、监测和控制的过程。

自由贸易港金融机构利率风险管理应坚持审慎性、全面性、前瞻性的管理原则。其中，审慎性管理原则是指利率风险应设定相应的风险监测、预警、处置流程，确保金融机构承担的利率风险控制在风险偏好之内；全面性管理原则，是指利率风险管理应涵盖全部银行账户，尤其是新业务、新产品应及时纳入风险管理体系中；前瞻性管理原则，是指利率风险管理应充分考虑未来一段时间内利率预期，并结合金融机构的产品、客户、资产结构等特点，审慎制定管理策略。

自由贸易港金融机构利率风险管理应纳入全面风险管理体系中，其治理结构如下。

董事会承担利率风险管理的最终责任，其下设的风险管理委员会具体执行董事会风险管理职责，包括但不限于：（1）依据发展战略及风险偏好，确定并调整利率风险管理目标。（2）审批利率风险管理的政策、程序和限额等重要内容。（3）定期审议利率风险管理报告，听取利率风险管理的内部审计报告。（4）确保有足够资源来有效开展利率风险管理。

高级管理层具体负责利率风险管理工作，其下设的资产负债管理委员会具体履行相应管理职责，包括但不限于：（1）制定并组织执行利率风险管理政策。（2）确定利率风险管理程序，明确相应管理部门的职责，建立健全风险管理架构、流程和管理制度。（3）依据董事会确定的风险管理偏好，设定利率风险管理限额报董事会审议。（4）定期评估利率风险，编制利率风险管理报告报董事会审议。（5）组织开展利率风险情景模拟以及压力测试，参与重要情景假设、模拟方案和测试结果评估应用。（6）组织利率风险管理信息系统开发和维护工作，确保信息系统及时准确反映利率风险状况。

财务部门是利率风险管理的牵头管理部门，履行以下管理职责但不限于：（1）按照利率风险管理政策，编制利率定价策略，监督利率定价策略执行情况并编制利率风险管理政策执行报告，报资产负债管理委员会审议。（2）持续监控利率风险，具体执行利率风险压力测试工作。（3）承担利率风险管理政策、程序及限额等管理文件的起草工作。（4）承担利率风险信息系统建设的需求、测试及应用职责，对信息系统的完备性负责。（5）承担协调业务部门的利率定价以及法定利率政策的组织实施等工作。

中国（海南）自由贸易港金融机构利率风险管理技术和方法，包括但不限于缺口分析、久期分析、敏感性分析、情景模拟及压力测试等。利率风险管理方法的选择应充分考虑金融机构的业务性质、规模和复杂程度，量化评估利率变动对金融机构整体收益和经济价值的影响程度。根据资产负债总量和结构变化情况以及利率风险特征，针对银行账户既有或预期业务状况、业务发展战略进行利率风险特征压力测试，并制定相应的应急预案。其中，压力测试所设定的情景至少包括：（1）利率总水平的突发性变动；（2）主要市场利率之间关系的变动；（3）收益率曲线的斜率和形状发生变动；（4）主要金融市场流动性变化和市场利率波动性变化；（5）关键业务假定不适用；（6）参数失效或参数设定不正确。

对于自由贸易港金融机构利率风险管理，需要建立管理信息系统，准确、及时、持续、充分地识别、计量、监测、管理、控制和报告风险状况。利率风险管理信息系统需至少具备以下功能：（1）按设定的期限计算重新定价缺口和期限错配情况，并可根据金融机构的风险管理模式按币种、业务条线、机构分别进行计算和分析。（2）对重定价风险、基准风险、收益率曲线风险和期权风险对金融机构的净利息收入和经济价值影响情况进行定量评估。（3）能及时、前瞻性地反映利率风险的发展趋势。（4）定期核查利率风险管理限额政策的执行情况。（5）根据快速变化的外部环境，针对所设定的不同情景收集整理相关数据，为压力测试和验证提供支持。

8.5 中国（海南）自由贸易港金融机构面临的信息科技风险及其管理机制

8.5.1 中国（海南）自由贸易港金融机构面临的信息科技风险

中国（海南）自由贸易港金融机构面临的信息科技风险，是在"信息安全""信息系统开发、测试与维护""信息科技运行""业务连续性管理"方面出现风险事件而导致直接或间接损失的风险。

自由贸易港金融机构面临的信息科技风险的来源可有如下类别：自然因素风险、人员因素风险、基础设施风险、系统运维风险、业务连续性风险、项目管理风险、项目技术风险、外包管理风险、规章制度风险等（详见表8-1）。

表8-1　中国（海南）自由贸易港金融机构信息科技风险来源分类表

风险来源	属性信息
自然因素风险	地震、海啸等
人员因素风险	人员能力、职业操守、人员流失等
基础设施风险	设备、网络等
系统运维风险	服务水平、维护水平等
业务连续性风险	外部事件、信息丢失或损失、内部资源故障或缺失等
项目管理风险	计划、进度、成本、质量等
项目技术风险	需求、架构设计、编码、测试、上线等
外包管理风险	技术能力、业务能力、诚信、财务状况等
规章制度风险	信息安全管理规范、开发过程规范、质量管理规范、编码规范、操作实施规范、应急处理机制等
其他风险	其他

中国（海南）自由贸易港金融机构信息科技风险，不可避免地与"金融统计数据集中系统"相关。其中，金融统计数据集中系统数据报送风险事件主要包括：（1）统计制度变更引起的统计指标、统计口径等方面的变化，导致统计数据不能及时报送；（2）统计数据处理程序故障引起的数据报送风险；（3）由于统计人员变更、离岗引发的数据报送风险；（4）与统计部门报送数据相关联的其他部门不能按时提供相应数据导致的风险；（5）由于分支机构原因引起的数据报送风险；（6）与人民银行网络连接发生故障带来的报送风险；（7）负责产生和报送统计数据的计算机感染病毒导致的数据报送的风险；（8）遇到重大自然灾害等情况致使统计数据局部或全部不能按时报送的风险等。

自由贸易港金融机构信息科技风险识别，是一项"全员参与"的活动。风险事件的识别，通常是基于如下的一种或多种方式：利用风险库中常见风险列表、会谈、会议和头脑风暴，对计划、过程、工作产品的评审、调查与访谈，对系统运维工作的自查或互查，风险审计工作等。在初步标识风险事件后，只有那些发生可能性为中级到高级的风险，才能被允许纳入信息科技风险管理，并对风险进行定性分析，确定其风险来源，存在隐患的区域，并进行记录。风险因素可能是概率性事件，如果发生，将对金融机构信息科技工作和业务运转产生负面影响。

自由贸易港金融机构信息科技风险评估，可以分为初步评估和正式评估两个阶段。其一，信息科技风险评估初步评估阶段，可以由风险管理办公室主任及对应责任人对风险进行分解与细化。风险行动小组成员对已提出风险进行调查和初步评估，充分挖掘潜在风险，确定信息科技中存在隐患的区域。风险管理办公室及其行动小组应采用"风险分析技术"①，依据风险评估步骤，对风险进行评估，对于风险发生概率、风险危险度进行量化，并依据以上两项乘积计算风险优先级，可以用来衡量对信息科技风险管理的整体影响程度。其二，信息科技风险评估正式评估阶段，可以由风险管理办公室对风险初步分析结果进行确认，并定期向风险管理委员会提交风险报告。风险管理委员会成员接收报告，重点关注风险优先级较高，或者需要决策的风险事项，以决定是否召开风险评估会议。风险评估会议至少需要5名以上单数委员出席方可召开，参照"风险分析技术"对优先级较高风险进行评估，并确定全面的风险防范和应急计划和措施。风险防范计划措施是为了保证风险因素不发生，而需要采取的一些具有前瞻性的方法。因此，风险防范计划措施就是一些预防方法。风险应急计划措施描述了当风险实际发生时，为了减少风险发生造成的影响而需要采取的措施。因此，风险应急计划是更倾向于纠正的方法。相应风险防范和应急相关措施可包括：（1）制定明确的信息科技风险管理制度、技术标准和操作规程等，定期进行更新和公示。（2）确定潜在风险区域，并对这些区域进行详细和独立的监控，实现风险最小化。（3）建立适当的控制框架，以便于检查和平衡风险；定义每个业务级别的控制内容，包括最高权限用户

---

① "风险分析技术"，主要指对风险进行量化分析，从两个方面来评估一个风险。这两个方面分别是"风险发生概率"和"风险危险度"（即风险发生将产生的影响或后果），两者的乘积，称为"风险优先级"，可以用来衡量对项目的整体影响程度。

的审查，控制对数据和系统的物理和逻辑访问，访问授权以"必须知道"和"最小授权"为原则，审批和授权，验证和调节等。

8.5.2　中国（海南）自由贸易港金融机构信息科技风险的管理机制

中国（海南）自由贸易港金融机构信息科技风险的管理机制，包括：信息科技风险管理工作由专门机构负责，开展信息科技风险识别、计量、监测、评估、控制和全面管理，并包括组织实施信息科技治理，建立完整的信息科技风险管理组织架构，制定完善的信息科技风险管理制度和流程，对董事会全面负责。

自由贸易港金融机构信息科技风险管理委员会可以设主任委员 1 名，委员若干名，组成委员会常委会。主任委员负责主持委员会工作。委员会常委会报董事会批准产生。委员会常委会负责制定金融机构信息科技风险管控的战略、策略以及指导性方针。委员会主任委员一般由金融机构主管科技副总经理（或首席信息官 CIO）担任。任职期间，如有委员不再担任本单位相应岗位职务或者有其他原因不再适宜担任此职务，则自动失去委员资格，并由相应岗位的人员补足或者由主任委员推荐并报请董事会批准、任命。此外，委员会下设工作办公室，负责信息科技风险管理工作制度、流程的制定以及风险管控工作的具体部署、分配及指导。办公室主任一般应由信息科技部总经理兼任，向委员会常委会负责。同时，委员会下设内部审计小组，独立于工作办公室，负责对信息科技风险管理工作的检查、监督和审计。内部审计小组组长一般由稽核审计部总经理兼任，向委员会常委会负责。工作办公室下设若干组别，负责信息科技风险的分类情况处置，包括但不限于：基础设施风险管控组、人员安全风险管控组、信息技术风险管控组、系统开发风险管控组、系统运维风险管控组，负责相应信息科技风险管理工作的具体落实，向工作办公室主任负责。

自由贸易港金融机构信息科技风险管理工作，应按照预防为主、管控结合的原则和规程对信息科技风险进行全面管理，对风险的处理遵循发现、识别、测量、评估、分析、应对（应急）和总结的基本流程。按照委员会各组织的职责分工和权限的不同，委员会常委会负责制定信息科技风险管理的宏观战略和应对策略，指导风险管理工作的具体落实，并对重大事项进行评估和决策；工作办公室负责制定、落实信息科技风险管理的总体工作规程，并督促、监督风险管理工作的具体实施；内部审计小组负责审计风险管理战略、策略的落实情况以及相关工作的执行情况；各具体风险管控小组负责制定各类信息科技风险管理的实施细则和详细工作规程，并付诸实施。

中国（海南）自由贸易港金融机构信息科技风险的管理策略，可以包含但不局限于下述领域：信息分级与保护，信息系统开发、测试和维护，信息科技运行和维护，访问控制，物理安全，人员安全，业务连续性计划与应急处置等。对于信息科技风险的风险控制与跟踪，可以具体包括：其一，任务分配，即风险管理办公室主任根据风险防范和应急计划措施，制订明确的控制计划，并指定风险管理行动小组，由某小组或若干小组共同执行风险控制与跟踪任务。如果任务确定由多小组共同完成，需指定主要行动小组负责人，其他行动小组应予以积极配合。其二，风险控制措施执行，即风险行动小组负责人根据风险控制计划展开工作，针对每项行动措施需指定专人负责监控，并且需要根据风险优先级，确定风险监控与跟踪频率。各风险监控专员需根据风险监控执行准则，制定负责计划措施的执行工作，并定期向行动小组负责人汇报。风险监控执行过程中，需要考虑如下相关事项：风险事件的增加/消除；风险的重新评估（尤其在风险概率和影响值发生变化的地方）；必要时，重新排定风险优先级；与风险缓解和应急相关活动的增加/消除/修改；对实际发生的风险事件及所采取的相应活动步骤的记录等。

此外，自由贸易港金融机构信息科技风险需要定期或不定期进行风险审计。信息科技风险审计是一个持续性的工作，应贯穿于金融机构信息科技整体运行之中，它应包括三大类：行动小组审计、内部审计和外部审计。其中：行动小组审计是小组内审计。行动小组负责人可至少每月执行一次。内部审计是专门的风险设计部门，对信息科技执行进行的审计。内部审计部门应根据业务的性质、规模和复杂程度，制订完善的风险审计计划，对相关系统及其控制的适当性和有效性进行监测。内部审计部门应配备足够的资源和具有专业能力的信息科技审计人员，独立于本机构的日常活动，具有适当的授权访问本金融机构的记录。每次审计完成应给出风险审计报告，其中应包含已识别风险和对该风险的建议防范措施、应急措施等。外部审计，即金融机构可以在符合法律、法规和监管要求的情况下，委托具备相应资质的外部审计机构进行信息科技外部审计。

8.5.3　中国（海南）自由贸易港金融机构信息科技风险的数据系统及风险应对

中国（海南）自由贸易港金融机构信息科技风险，不可避免地与"金融统计数据集中系统"相关，也不可避免地与金融统计数据集中系统数据报送风险事件的预防、预警、报告和处置相联系。

金融统计数据集中系统数据报送风险应对的工作原则包括：（1）快速处置原则，即在发现上述金融统计数据集中系统数据报送风险事件时，及时处理，并视其影响范围及时上报。（2）最小影响原则，即应对风险事件的各项措施均应以确保数据准确、系统安全为根本，最大限度地减少所造成的不良影响。（3）数据安全原则，即及时应对计算机故障、病毒感染等情况，保证系统安全，保证金融统计数据集中系统上报数据的安全。（4）数据完整原则，即及时应对统计制度变更时金融统计数据集中系统的程序更新及数据备份工作，保证金融统计数据集中系统上报数据的完整性、一致性，不漏报，不少报。

金融统计数据集中系统管理的组织体系及职责分工如下：一方面，自由贸易港金融机构应成立金融统计数据集中系统数据报送风险事件应急处置领导小组，对金融统计工作实行归口管理。领导小组的职责包括但不限于具体负责金融机构发生的金融统计数据集中系统数据报送风险应急处置工作的实施、协调各项处置工作及信息；及时向中国人民银行报告金融统计数据集中系统数据报送风险事件；总结分析金融统计数据集中系统数据报送风险事件的处置情况。另一方面，金融统计数据集中系统数据报送风险事件应急处置领导小组下设办公室。领导小组办公室职责包括但不限于及时向领导小组报告预警、发现的金融统计数据集中系统数据报送有关风险事件；负责各项应急处置工作的实施，积极配合其他成员机构做好金融统计数据集中系统数据报送风险处置工作；收集和反馈金融统计数据集中系统数据报送风险事件处置的相关信息，并进行善后总结分析等。

金融统计数据集中系统的预防和预警机制管理如下：第一，金融统计数据集中系统数据报送风险事件以预防为主，建立自身的风险预防机制，并进行演练、检查和评估，不断完善预防、预警制度。第二，统计人员变更、离岗时应做好工作交接，以及新统计人员的岗前培训工作，确保各类报表、报告及时准确上报。统计人员应认真学习中国人民银行的统计制度，提前了解和掌握有关理论性方面的知识，研究透彻，做到对制度变更时会引起的统计指标、统计口径等方面的变化心中有数，对可能发生的因此而产生的统计数据不能及时报送的风险做到早规划、早准备、早处置。第三，与开发金融统计数据集中系统的软件公司保持密切联系，及时了解有关金融统计制度方面的最新消息、有关系统数据处理程序的一些方法与技巧及有关数据包更新的事宜，对系统进行定期检查，排除、降低统计数据处理程序出现故障的可能性。第四，要与统计部门报送数据相关联的其他部门的有关人员进行经常性沟通，及时向他们传达人民银行关于金融统计制度的有关文件精神。对于新开设的分（支）机构，总部有关部门及人员应联系软件公司协助其做好金融统计数据集中系统的建设工作和人员培训工作。第五，做好金融统计数据集中系统的日常维护工作，定期检查系统运行情况，定期更换系统口令，并与支行的网络保持畅通。做好金融统计数据集中系统的数据备份工作，保证在出现计算病毒感染、重大自然灾害的情况下，及时恢复备份数据。第六，加强对登录金融统计数据集中系统的计算机的管理。登录金融统计数据集中系统的计算机必须安装杀毒软件，及时升级病毒库，定期检查，做到专人管理，专人负责，专机专用。金融统计数据集中系统服务器的网段与其他网段严格分开，防止非法入侵，非法访问。第七，加强对重大自然灾害的认知和预防，平日必须建立健全统计资料的审核、整理、交接和存档等管理制度。对于所有上报的统计资料必须有纸质或电子存档，并形成完备的时间序列。定期备份金融统计数据集中系统数据库。加强对金融统计数据集中系统及外挂系统自身安全的监控，发现重大异常情况应及时向领导小组报告，并联系软件公司及相关部门进行处置。第八，加强对金融统计工作人员的队伍建设，努力提高统计人员的业务素质和职业道德素养，强化统计人员的法治观念、制度观念、政策观念，以预防其他可能发生的突发事件。保证金融统计数据集中系统与人民银行网络畅通，定期检查网络，出现故障，及时处理，及时解决。

金融统计数据集中系统的应急处置办法应包括：其一，相关部室、各分（支）机构发现金融统计数据集中系统数据报送风险事件时，应在第一时间内向领导小组报告。领导小组应在协调布置应急处置工作的同时，尽快将该风险事件及初步措施向金融统计数据集中系统数据报送风险事件应急处置工作领导小组办公室报告。其二，金融统计数据集中系统数据报送风险事件信息实行逐级报送制度，并应坚持及时、准确、完整的原则。报送的内容应至少包括风险事件发生的时间、地点、信息来源、事件性质、事件具体描述、已采取的措施等。其三，对已发生的金融统计数据集中系统数据报送风险事件，将先行进行处理，控制风险事件的进一步扩大，处置措施包括但不限于对风险事件进行调查核实，组织有关部门和有关人员对已发生的风险事件及时进行弥补和改正等。其四，领导小组在收到办公室报送的有关突发风险事件时，应在收到信息当日协调采取相关处置措施，具体措施包括但不限于采取相关处置措施，如及时组织有关部门和人员对发生的风险进行弥补等。其五，对于特别重大的风险事件，或涉及其他成员机构、其他地区机构的，及时报告中国人民银行金融统计数据集中系统数据报送风险事件应急处置工作领导小组，由其统一采取处置措施。同时，领导小组办公室收到中国人民银行金融统计数据集中系统数据报送风险事件应急处置工作领导小组的有关突发风险事件通报时，应及时向本金融机构领导小组报告，并在收到通报信息的当日采取相关处置措施，包括但不限于及时组织有关部门和有关人员对已发生的风险事件及时进行弥补和改正，及时对风险情况进行调查核实等。其六，在金融统计数据集中系统的应急处置后期，领导小组办公室应及时对本金融机构金融统计数据集中系统数据报送风险事件及处置工作的情况进行总结，分析相关风险事件的成因，预防类似风险事件的再次发生。领导小组办公室应对本单位金融统计数据集中系统数据报送风险事件处置工作进行汇总，总结金融统计数据集中系统数据报送风险事件应急处置工作的经验与教训，并负责向领导小组报告。

中国（海南）自由贸易港金融机构面临的
8.6 ———— 反洗钱风险及其管理机制 ————

8.6.1 中国（海南）自由贸易港金融机构面临的反洗钱风险

中国（海南）自由贸易港金融机构面临的反洗钱风险，是当事人（金融机构客户，或者伙同金融机构从业人员共同洗钱的客户）从事犯罪收益或非法所得，利用金融机构以各种手段掩饰、隐瞒其来源和性质使其在形式上合法化的风险。

自由贸易港金融机构的客户，是金融机构面临的反洗钱风险的载体。可以采用定性与定量相结合的方法，对金融机构客户的身份、行业、地域等定性因素及客户资金流量、交易规模、交易频率等定量因素进行综合分析，最终将金融机构客户的反洗钱风险划分为高、较高、一般、较低和低五个风险等级。客户反洗钱风险等级划分的基本原则包括：其一，风险相当原则，即依据风险评估结果科学配置反洗钱资源，在洗钱风险较高的领域采取强化的反洗钱措施，在洗钱风险较低的领域采取简化的反洗钱措施。其二，全面性原则，即各级人员应依据本办法综合准确地掌握客户资料，全面评估客户特性及其所处地域、从事业务和行业等方面的风险状况，科学合理地为客户确定风险等级。其三，审慎性原则，即本着"了解你的客户"和"了解你的客户业务"的原则，提高对客户身份的识别能力，审慎进行客户风险等级分类并赋予同一客户在本行唯一的风险等级。其四，定性与定量相结合的原则，即在对客户身份、行业、地域等定性因素进行分析的同时，还应对客户资金流量、交易规模、交易频率等定量因素进行分析，正确评估客户风险等级。其五，持续性原则，即在与客户关系存续期间，各分支行应建立持续的客户身份识别措施，及时掌握、记录、分析影响客户风险等级的各相关要素的变化情况，动态调整客户的风险等级。其六，保密原则，即各级人员应对客户风险等级评定状况和评定标准严格保密，严禁向客户或与反洗钱工作无关的第三方泄露客户风险等级信息。

特别的，反洗钱风险等级确定为最高或最低的，可以通过认定确定。对于具有下列情形之一的客户，可直接将其反洗钱风险等级确定为最高：（1）客户被列入我国发布或承认的应实施反洗钱监控措施的名单；（2）客户为外国政要或其亲属、关系密切人；（3）客户实际控制人或实际受益人属前两项所述人员；（4）客户拒绝接受依法开展的客户尽职调查工作；（5）客户涉及重点可疑交易报告和其他可直接认定为高风险客户的标准等。相反，对于风险程度显著较低且预估能够有效控制其风险并同时满足不存在下述情况的客户，可直接将其定为低风险：（1）与自由贸易港金融机构建立或开展了代理、信托等高风险业务关系；（2）客户为非居民，或者使用了境外发放的身份证件或身份证明文件；（3）涉及可疑交易报告；（4）由非职业性中介机构或无亲属关系的自然人代理客户与自由贸易港金融机构建立业务关系；（5）拒绝配合自由贸易港金融机构开展的客户尽职调查工作。

其他风险类别的客户（较高风险、一般风险、较低风险），可以采用积分分类方法或公式分类方法予以分类确认。其中，积分分类方法，主要是对客户特性、地域风险、金融业务和行业四个风险基本要素及其下辖的二级、三级风险子项进行权重赋值。同时，根据不同风险等级所属的分值区间，将客户划入对应的风险等级，其中分值越高的客户的风险等级越高。公式分类方法，是用公式的方式实现风险评级，该方法处理指标量较少、指标相对容易定义的特点，适用于高风险客户或部分中、低风险客户。

8.6.2　中国（海南）自由贸易港金融机构客户反洗钱风险等级评定的实施与确认

中国（海南）自由贸易港金融机构客户反洗钱风险等级评定的具体实施，按照定性分析与定量分析相结合的原则建立客户风险等级划分标准，并根据客户情况对照以下风险要素及其子项，评估客户风险等级。风险要素包括但不限于以下内容。

第一，客户特性因素。结合客户背景、社会经济活动特点、声誉、权威媒体披露信息以及非自然人客户的组织架构等情况，衡量对客户开展尽职调查工作的难易程度，风险子项包括但不限于：（1）客户信息公开程度。考虑在获取客户信息时，能否享受到制度、市场、技术等其他便利条件，是否能顺利完成客户尽职调查工作。客户尽职调查成本越低，风险越可控。如对国家机关、事业单位、国有企业以及在规范证券市场上市的公司开展尽职调查的成本相对较低，风险评级可相应调低。（2）与客户建立或维持业务关系的渠道。考虑是否直接与客户建立或维持业务关系，或通过其他金融机构、社会中介机构的协助等渠道直接或间接与客户建立或维持业务关系等不同情形下，开展客户尽职调查工作的便利性、可靠性、准确性和难易程度。（3）客户所持身份证件或身份证明文件的种类。身份证件或身份证明文件越难以查验，客户身份越难以核实，风险程度就越高。（4）反洗钱交易监测记录。对于金融机构可疑交易报告所涉及的客户，应根据可疑交易后续处理结果、报告发生频率、交易规模等因素进行回溯性审查，了解客户的风险状况，确定适当的评级指标与评定结果。（5）非自然人客户的股权或控制权结构的复杂程度。考虑对其股权或控制权关系的复杂程度及其可辨识度，直接开展客户尽职调查的有效性和核实难易程度，应适当提高风险评级。例如，个人独资企业、家族企业、合伙企业、存在隐名股东或匿名股东公司的尽职调查难度通常会高于一般公司。（6）涉及客户的风险提示信息或权威媒体报道信息。考虑客户曾被监管机构、执法机关或金融交易所提示予以关注，客户存在犯罪、金融违规、金融欺诈等方面的历史记录，或者权威媒体有关于该客户的重大负面新闻报道评论，客户及其交易带给金融机构的负面影响的概率，应适当提高风险等级。（7）自然人客户年龄。考虑客户年龄与民事行为能力有直接关联，与客户的财富状况、社会经济活动范围、风险偏好等有较高关联度，可酌情调整风险等级。（8）非自然人客户的存续期限。考虑在客户业务存续期间长短，是否能够持续完善对客户了解程度，掌握其社会经济活动记录的完整性，提高尽职调查工作有效性。

第二，地域风险因素。衡量客户及其实际受益人、实际控制人的国籍、注册地、住所、经常所在地与洗钱及其他犯罪活动的关联度，并酌情考虑客户主要交易对手方及为其办理业务的境内外金融机构的地域风险传导问题，风险子项包括但不限于：（1）该国（地区）受反洗钱监控或制裁的情况。既要考虑我国的反洗钱监控要求，又要考虑其他国家（地区）和国际组织推行且我国承认的反洗钱监控或制裁要求。经营国际业务时还要考虑对业务有管辖权的国家（地区）的反洗钱监控或制裁要求。（2）该国（地区）进行反洗钱风险提示的情况。综合考虑中国人民银行和其他权威部门的风险提示，参考金融行动特别工作组（FATF）、亚太反洗钱组织（APG）、欧亚反洗钱及反恐怖融资组织（EAG）等权威组织对各国（地区）执行 FATF 反洗钱标准的互评估结果。（3）该国（地区）的上游犯罪情况。参考我国有关部门以及金融行动特别工作组等国际权威组织发布的信息，重点关注是否存在较严重恐怖活动、大规模杀伤性武器扩散、毒品、走私、跨境有组织犯罪、腐败、金融诈骗、人口贩运、海盗等犯罪活动的国家（地区），以及支持恐怖主义活动等严重犯罪的国家（地区）。对于我国境内或外国局部区域存在的严重犯罪，应参考有关部门的要求或风险提示，酌情提高涉及该区域的客户风险评级。（4）特殊的金融监管风险。该国（地区）是否涉及特殊的金融监管风险，例如避税型离岸金融中心。

第三，金融业务因素。在测量金融产品和金融服务洗钱风险的基础上，综合考虑金融产品特性、客户特点，制定高风险业务列表，定期评估、动态调整。除考虑金融业务的固有风险外，还应结合当前市场的具体运行状况，合理评定客户风险等级。风险子项包括但不限于：（1）与现金的关联程度。现金业务容易使交易链条断裂，难于核实资金真实来源、去向及用途，现金交易或易于让客户取得现金的金融业务（关联业务）具有较高风险。但考虑到我国金融市场运行现状和居民的现金交易偏好，现金及其关联业务的普遍存在具有一定的合理性，在评定客户风险等级时应结合客户行业或职业特性，并重点关注客户在单位时间内累计发生的金额较大的现金交易情况或是具有某些异常特征的大额现金交易情况。（2）非面对面交易。充分关注网上交易等非面对面交易方式固有的风险，并考虑客户选择或偏好网上交易所具有的现实合理性，结合反洗钱资金监测和自身风险控制措施情况，重点审查以下交易，由同一人或少数人操作不同客户的金融账户进行网上交易，网上银行交易频繁且 IP 地址分布在非开户地或境外，使用同一 IP 地址进行多笔不同客户账户的网银交易，金额特别巨大的网上金融交易，公司账户与自然人账户之间发生的频繁或大额交易，关联企业之间的大额异常交易。（3）跨境交易。结合开展客户尽职调查难度和不同国家（地区）的监管差异可能直接导致反洗钱监管漏洞的产生，在考虑地域风险的基础上，重点关注客户是否在单位时间内多次涉及跨境异常交易报告等情况。（4）代理交易。由他人（非职业性中介）代办业务可能导致金融机构难以直接与客户接触，尽职调查有效性不足。鉴于代理交易在现实中的合理性，重点关注以下风险较高的特定情形，客户的账户是由经常代理他人开户人员或经常代理他人转账人员代为开立的，客户他人代办的业务多次涉及可疑交易报告，同一代办人同时或分多次代理多个账户开立，客户信息显示紧急联系人为同一人或者多个客户预留电话为同一号码等异常情况。（5）特殊业务类型的交易频率。对于频繁进行异常交易的客户，应考虑提高客户风险评级，重点关注客户开（销）户数量、非自然人与自然人大额转账汇款频率、涉及自然人的跨境汇款频率等，并在重新审核客户风险等级时审查客户选择过的业务品种和金融业务类别。

第四，行业或职业因素。在充分评估行业、身份与洗钱、职务犯罪等的关联性，合理预测某些行业客户的经济状况、金融交易需求，酌情考虑某些职业技能被不法分子用于洗钱的可能性。评估要素重点包括：（1）公认具有较高风险的行业或职业。原则上按照我国反洗钱监管制度及FATF建议等反洗钱国际标准应纳入反洗钱监管范围的行业或职业，其洗钱风险通常较高。（2）与特定洗钱风险的关联度。例如，客户或其实际受益人、实际控制人、亲属、关系密切人等属于外国政要，客户是否为国家公职人员。依照客户的职务级别和职权，确定各类国家公职人员的风险等级。（3）行业现金密集程度。考虑现金密集程度对客户资金来源、用途做尽职调查的难易程度调整客户评级，例如，客户从事废品收购、旅游、餐饮、零售、艺术品收藏、拍卖、娱乐场所、博彩、影视娱乐等行业。

中国（海南）自由贸易港金融机构客户反洗钱风险等级评定的确认，遵循"了解你的客户"原则，在反洗钱监测系统完成客户风险等级的初次评定后由客户归属机构对于初次评定结果进行人工判别。若认为其中一般、较低、低风险等级客户风险程度偏低的，可以向上调整风险等级；若认为其中高、较高、一般风险等级客户风险程度偏高的，可以向下调整风险等级。对人工调整评级结果的客户必须在反洗钱监测报送平台系统中填写充分的评级结果调整原因。当客户变更重要信息、客户上报了重点可疑交易报告、司法机关调查本金融机构客户、客户涉及权威媒体的案件报道等可能导致风险状况发生实质变化的事件发生时，应重新评定客户风险等级。

8.6.3　中国（海南）自由贸易港金融机构反洗钱风险的自我评估

中国（海南）自由贸易港金融机构反洗钱风险自我评估，是依据中国人民银行的相关要求，金融机构对各业务部门、分支机构或相关业务产品所涉及的洗钱风险的自我评估。

自由贸易港金融机构反洗钱风险自我评估职责与权限如下：其一，金融机构总部反洗钱工作领导小组，负责反洗钱风险自评估工作的安排与部署，负责反洗钱风险自评估工作报告的审批。其二，法律部门，负责反洗钱风险自评估工作的材料收集和汇总工作，负责反洗钱风险自评估报告的撰写、整理和上报工作。其三，各业务部门，负责报送本部门或业务条线相关业务产品种类，负责本部门或业务条线相关业务产品的洗钱风险评估工作，负责上报本部门或业务条线反洗钱风险自评估报告。其四，分支机构按照金融机构总部的模式，负责分支机构反洗钱风险自评估工作的安排与部署，以及自评估工作报告的审批、上报。

自由贸易港金融机构反洗钱风险自我评估主要可以从三个方面予以开展。

第一，环境方面，包括组织架构、内控制度、合规文化。其中，在组织架构评估中，重点关注但不限于：（1）本机构是否具有比较清晰的反洗钱风险控制政策目标，基本能够按照全面风险管理思想建立健全反洗钱风险控制体系；（2）董事会和高级管理层的反洗钱职责是否定位适当，董事会成员和高级管理人员履职有效；（3）是否指定了法律部门负责反洗钱合规管理工作，反洗钱合规管理人员具有履职的基本能力和素质。（4）是否能够在各部门或业务条线合理配置反洗钱资源，设置了反洗钱岗位并明确反洗钱职责。（5）是否建立了对分支机构的反洗钱合规管理机制，并对分支机构的反洗钱工作进行了监督检查。在内控制度评估中，重点关注但不限于：本机构是否建立了反洗钱内控制度，基本覆盖了反洗钱监管要求，反洗钱内控措施合法、有效；是否根据监管政策变化和业务发展及时更新本机构内控制度；与反洗钱相关业务部门或条线是否能够将客户身份识别工作要求有机融于其业务流程当中，并具有一定可操作性，并将反洗钱合规管理纳入本机构的绩效考核要求。在合规文化评估中，重点关注但不限于：（1）本机构是否成立反洗钱宣传工作领导小组，建立了反洗钱宣传长效化机制和日常宣传常态化机制，宣传工作能够得到有效落实；（2）反洗钱培训是否覆盖反洗钱管理人员及反洗钱专门岗位人员、各业务部门或条线人员和新员工，对反洗钱从业人员至少每年开展持续培训，对反洗钱专门岗位人员每年开展持续培训，培训内容设置合理，能够满足受训对象反洗钱工作所需。

　　第二，产品/客户方面，包括机构细分市场风险、风险识别与测量、风险管理。其中，机构细分市场风险，主要分析制约本机构反洗钱风险控制效果的外部因素，如使用不可核查证件（身份证除外）新客户数或无业或其他职业新客户数占新客户总数比例等。风险识别与测量，重点关注但不限于：（1）是否建立对业务产品和客户风险进行评估的机制；（2）评估流程从初评到审核各个环节是否完善合理，业务部门或条线充分参与评估，高管了解风险评估情况；（3）是否定期开展洗钱和恐怖融资风险评估，结合定量分析和定性分析，全面把握系统性风险漏洞和潜在风险点，根据风险评估结果和客户分类管理需要，采取合理措施预防和控制风险。风险管理，重点关注但不限于：是否能够明确、完整地提出本机构的高风险产品的种类；是否对高风险业务有较为有效的风险管理。

　　第三，控制方面，包括身份识别、持续尽职调查、客户风险等级管理。其中，身份识别，重点关注但不限于：（1）客户接纳政策是否符合反洗钱监管要求，是否存在客户身份识别流程未完成的情况下与新客户建立业务关系或未按规定留存身份证明文件，登记身份基本信息，联网核查等，高管对本机构与外国政要建立业务关系进行了授权或批准等情况。（2）客户信息登记表或相关业务凭证身份识别要素是否完整，并登记对公、对私客户身份基本信息，且便于反洗钱工作应用。是否存在与客户建立业务关系时留存已过期的身份证件。（3）对于客户尽职调查是否有合理的流程安排。客户办理高风险业务（可参考产品/客户部分）、客户为高风险客户或政要人物的，在进行客户尽职调查时是否建立了复核、授权、审批等机制。持续尽职调查，一方面，关注持续尽职调查时是否及时更新客户信息，是否有相关制度措施保证能够及时更新客户信息，持续尽职调查时是否存在相关技术措施保证能够及时更新客户信息，如电子台账、系统在客户信息到期前具有提示功能等。另一方面，持续识别客户时是否有制度性和技术性措施保障在业务存续期间，当客户身份特征或经营特征发生重大变化，或与建立关系时不一致，客户行为、交易出现异常等情况时，应持续履行识别义务。客户风险等级管理，重点关注但不限于：（1）客户风险等级划分标准和流程是否符合监管要求，是否建立了客户风险等级划分制度，且等级划分标准科学合理，符合规定；对初次建立业务关系的客户是否在规定时间内划分风险等级；客户风险等级划分从初评到审核各个工作环节是否完善，是否存在只有系统自动评级，缺乏人工审核的情况；业务条线是否充分参与评估工作；高级管理层是否了解风险评估情况；是否按要求对客户风险等级进行及时调整。（2）是否应用客户风险分类结果有效地进行反洗钱风险控制，并充分考虑高、低风险客户可疑交易报告量占可疑交易报告总量的比例。（3）是否根据风险分类结果在高风险领域采取了强化的客户尽职调查措施，在低风险领域采取的简化的客户尽职调查措施符合法定的合规标准；对网上银行等非面对面业务是否采取更严格的身份识别措施，采取动态验证口令、动态密码器、数字证书（U 盾）、文件证书进行严格认证；对其他高风险业务是否采取匹配的风险控制措施；是否根据客户风险分类结果对高风险客户采取了强化的客户尽职调查措施。

第 9 章

中国（海南）自由贸易港金融机构运营风险识别体系、预警模块及风险管理方案

中国（海南）自由贸易港金融机构面临的运营风险，并不是特指某一种具体特定的风险，而是包含一系列具体的风险。中国（海南）自由贸易港金融机构在运营及全面风险管理的过程中，针对所开展的业务条线重点关注的业务领域或关键环节，需要依据外部监管要求和内部管理目标，建立规则模型和预警模块，并建立完整、可操作的运营风险管理方案。

9.1 ── 中国（海南）自由贸易港金融机构运营风险的内涵 ──

中国（海南）自由贸易港金融机构面临的运营风险，是自由贸易港金融机构在运营过程中，由于外部环境的复杂性和变动性以及主体对环境的认知能力和适应能力的有限性，而导致的运营失败或使运营活动达不到预期的目标的可能性及损失。

中国（海南）自由贸易港金融机构面临的运营风险，并不是特指某一种具体特定的风险，而是包含一系列具体的风险，是中国（海南）自由贸易港金融机构全面风险管理的重要组成部分。

中国（海南）自由贸易港金融机构在运营风险管理中，需要设立运营管理监测系统风险监测模块（简称风险监测模块）。该模块根据自由贸易

港金融机构的"规则模型"自动开展非现场监测，将识别结果以"预警"或"查询"模式展现。

中国（海南）自由贸易港金融机构运营风险管理方案，是根据风险识别和预警体系的结果，经金融机构风险监测岗人员分析调查，评估出存在的业务操作问题或管理问题，并最终从落实整改、流程优化、引进新的管理工具等方面提出有针对性的管理措施。

9.2　中国（海南）自由贸易港金融机构运营管理监测系统风险监测模块

中国（海南）自由贸易港金融机构运营风险监测，是运营风险评估的重要手段。运营风险监测，具体而言，是针对运营部门或条线重点关注的业务领域或关键环节，依据外部监管要求和内部管理目标建立"规则模型"，并由运营管理监测系统风险监测模块（以下简称风险监测模块）的规则模型自动开展非现场监测。并且，金融机构运营风险监测还可以通过风险监测模块信息系统将识别结果以"预警"或"查询"模式展现。

（1）"规则模型"，是指依据外部监管要求和内部运营管理目标，针对运营部门和条线重点关注的业务领域或关键环节，设计建立的自动监测逻辑。

（2）"预警"，是风险监测模块根据金融机构已部署的规则模型，于T+1日在风险监测模块信息系统中自动生成，待分析调查是否存在业务操作问题或管理问题的信息记录。

（3）"查询"，是风险监测模块根据金融机构已部署的规则模型自动比对筛选，并需人工在风险监测模块信息系统中生成的，待分析应用的管理信息数据。

中国（海南）自由贸易港金融机构的运营风险管理，其重心是对"规则模型"和"运营管理监测系统风险监测模块"进行日常管理。

一方面，对于"规则模型"，自由贸易港金融机构可以根据内外部监管要求及业务管理流程变化情况，结合运营部门或运营条线新产品、新业务上线情况、案件通报及风险提示情况、分支机构反馈建议情况等，持续对规则模型的监测逻辑和业务参数进行优化，以不断增强规则模型的时效性与适用性。

另一方面，对于"运营管理监测系统风险监测模块"，自由贸易港金融机构应重点关注"预警"的处理。金融机构总部风险监测岗应于每个工作日登录风险监测模块，及时分析调查预警信息；协查岗、分支机构风险监测岗应全天多次查看是否有调查任务，并及时调查、归档。风险监测主管岗每周应至少登录一次风险监测模块，及时审批"主管审核"中的预警。风险监测岗应保证风险监测模块每日生成的预警在一周之内完成分析调查。

9.3 — 中国（海南）自由贸易港金融机构风险监测模块的预警阈值 —

9.3.1 中国（海南）自由贸易港金融机构风险监测模块中预警阈值的分类标准

中国（海南）自由贸易港金融机构风险监测"规则模型"的风险度参数，可以分为"高、中、低"，该参数可由金融机构根据实际、具体的金融风险情况进行调整和设定。

具有普适性的"规则模型"的分类标准可设置如下：

第一类，监测内容属于违反外部监管要求或内部管理规定的问题；或监测内容属于密切关注的问题，规则模型风险度参数为"高"。

第二类，监测内容属于需要进一步确认是否存在违反外部监管要求或内部管理规定问题的，规则模型风险度参数为"中"。

第三类，监测内容属于对业务操作或管理流程潜在问题的提示，或监测内容属于为管理分析提供应用的，规则模型风险度参数为"低"。

9.3.2 中国（海南）自由贸易港金融机构面临的重要（重大）风险的具体阈值

中国（海南）自由贸易港金融机构开展风险监测，需要根据实际、具体的金融风险情况进行调整和设定风险阈值。本书介绍中国（海南）自由贸易港金融机构面临的重要（重大）风险的阈值，包括信用风险、流动性风险和操作风险。

1）信用风险的阈值

通常而言，金融机构信用风险可按照五级分类，包括：正常类、关注类、次级类、可疑类、损失类；用 A、B、C、D、E，或特级、一、二、三、四级表示。后三种为不良信贷资产。

本书认为，对中国（海南）自由贸易港金融机构的客户开展信用风险评级，可设置 13 个评级级别，用大写英文字母 AAA、AA+、AA、A+、A、BBB+、BBB、BB、B、CCC、CC、C、D 表示。其中：AAA、AA+、AA、A+、A、BBB+、BBB、BB、B 一般为非预警级别；CCC、CC、C、D 级达到"预警"模型的阈值。

当然，中国（海南）自由贸易港金融机构信用风险，还可以采用 9 级或 10 级表示，如 AAA、AA、A、BBB、BB、B、CCC、CC、C；也可以用 4 级分类，如 Prime1、Prime2、Prime3、Not prime。相应地，其信贷资产为不良资产相应级别时，达到"预警"模型的阈值。

2）流动性风险的阈值

中国（海南）自由贸易港金融机构流动性风险监管的阈值，需要根据所设定的具体指标设定预警阈值。

中国（海南）自由贸易港金融机构流动性风险的个体可观测（预警）指标包括但不限于存贷比、流动性比例、流动性覆盖率、净稳定资金比例、流动性缺口率、核心负债依存度、超额备付金率、最大十家客户资金占用比例、债券回购融入资金净额、同业存款规模、同业存款比率、卖出回购票据业务规模等。其中，存贷比≤70%、流动性比例≥35%、流动性覆盖率≥70%、净稳定资金比例≥100%、流动性缺口率≥-10%、核心负债依存度≥60%、超额备付金率≥2%，一般认为是正常值。若低于正常值的临界点，则达到预警阈值，可能构成中国（海南）自由贸易港金融机构面临的实质意义上的流动性风险。

3）操作风险的阈值

中国（海南）自由贸易港金融机构需要设置操作风险关键指标的门槛值，通过操作风险风险识别与评估表（见表 9-1），考虑操作风险指标数

127

值区域，设置红区、黄区、绿区，以形成后续对应的管理措施。

（1）红区，通过表9-1设置的指标逐项计算并加总分值，其操作风险风险识别与评估的总分小于6分。

（2）黄区，通过表9-1设置的指标逐项计算并加总分值，其操作风险风险识别与评估的总分介于6分和8分之间。

（3）绿区，通过表9-1设置的指标逐项计算并加总分值，其操作风险风险识别与评估的总分大于等于9分。

表9-1 操作风险风险识别与评估表

评估内容	评估要点	评估方法	标准分值
A. 操作风险识别与评估活动	A-1是否从源头上主动评估查找内控缺陷，评估各主要业务条线操作风险暴露与风险来源情况	查阅各主要业务部门操作风险识别及评估的相关文档，检查各业务部门是否掌握风险暴露及来源情况	1
	A-2业务管理部门是否已识别并确定本条线面临和存在的主要操作风险并制作了风险点清单；是否对风险的后果及发生的可能性等进行了评估且制定了具有针对性的控制措施	查阅相关风险点清单、风险评估报告及控制措施	0.5
	A-3开展新产品或新业务时是否适时进行了风险识别与评估，评估的结果能否确保新的风险得到识别和控制	查阅开展新产品或新业务时，各有关部门是否进行了各项风险的识别及评估，确保新的和以前未曾予以控制的风险得到识别和控制	0.5
	A-4对新识别的操作风险是否深入分析其产生的根源、路径及对本行的影响范围	查阅新识别的操作风险分析报告，确认各相关部门是否了解风险产生的原因、路径，以及可能产生的后果及影响	0.5
	A-5能否及时发现由于员工的思想道德及业务素质问题所产生的操作风险	查阅分行是否认真进行了员工思想道德排查，对发现的问题是否进行了有效解决；对总行采取的思想道德排查是否认真进行了分析及处理	1

续表

评估内容	评估要点	评估方法	标准分值
B. 风险与控制自我评估（RCSA)管理	B-1是否制订具体、可落地的RCSA工作计划；在制订自评估计划时，是否结合分支机构自身情况，将特有的产品或业务纳入评估计划；各业务管理部门在自评估过程中是否有明确的分工与协作，是否制订了合理的评估方案、程序	查阅分行是否执行了切实可行的自评估计划，参加评估的产品或业务是否符合分行自身特点；各业务部门的分工是否合理、明确	0.5
	B-2是否按照操作风险管理规定的频率和报送时间及时完成评估工作，RCSA分析报告的报送质量如何	查阅自评估问卷、自评估报告等，以及自评估实施过程的相关文件，确认分行是否按时完成操作风险与控制自评估工作，是否按照自评估计划完成自评估工作	1
	B-3自评估结果是否符合分支机构自身的风险分布，并真实反映了分支机构自身的风险暴露情况	查阅分行的自评估结果，确认其风险分布、风险暴露情况是否与各类风险排查结果一致	1
	B-4对自评估过程中发现的不得当的控制措施，各业务部门是否深入分析产生的原因，制定新的控制措施	抽查操作风险与控制自评估问卷、评估报告等，确认各业务部门是否发现有不得当的控制措施，并加以分析	1
C.关键风险指标（KRI）管理	C-1指标数据收集是否及时准确	抽查分行的关键风险指标填报表，确认填写内容是否准确并符合总行的各项要求	0.5
	C-2是否按照管理办法中要求的时限报送KRI分析报告，报告的内容是否完整、真实	抽查分行的KRI分析报告，确认报告的质量是否达到相关制度的要求	0.5

续表

评估内容	评估要点	评估方法	标准分值
D. 操作风险的损失数据收集（LDC）管理	D-1 操作风险损失数据是否按规定的收集范围完成收集上报	查阅分行的操作风险损失数据报告，以及接受的各类主要内外部检查，确认是否按规定的收集范围进行了报送，是否存在漏报、瞒报、迟报现象	0.5
	D-2 操作风险的损失数据收集（LDC）是否及时、准确，是否存在瞒报、迟报		1
	D-3 损失数据分析报告的内容是否全面、真实	查阅分行的损失数据分析报告，确认其内容是否真实反映了损失事件发生的原因、背景，是否制定了再发生防止对策	0.5
合计	—	—	10

9.4 — 中国（海南）自由贸易港金融机构运营风险处理方案 —

中国（海南）自由贸易港金融机构运营风险管理方案，包含自由贸易港金融机构运营风险处理流程、运营风险的管理机制两部分内容。

9.4.1 中国（海南）自由贸易港金融机构运营风险处理流程

自由贸易港金融机构金融风险处理流程，是经风险监测岗人员分析调查"预警证据"，评估出存在的业务操作问题或管理问题，建立"风险事项"，并最终从落实整改、完善内控制度、加强培训考核力度、优化流程、系统改造、引进新的管理工具等方面提出管理措施，以提升自由贸易港金融机构运营风险管理水平。

其中，"预警证据"，是辅助金融机构风险监测岗人员分析调查预警内容是否存在业务操作问题或管理问题的信息依据。

"预警证据"需要进行归档的处理。预警的归档操作，代表一笔预警的处理完成。根据生成预警的规则模型风险等级的不同，将预警的归档方式规范如下：

（1）高风险规则模型生成的预警，风险监测岗应逐笔分析调查，且原则上预警的归档方式统一按照"登记风险事项"处理。

（2）中风险规则模型生成的预警，风险监测岗应逐笔分析调查，根据对调查结论是否存在业务风险问题或管理问题的认定，将预警的归档方式按照"登记风险事项"或"排除"处理。

（3）低风险规则模型生成的预警，风险监测岗应逐笔分析调查，根据对调查结论是否存在业务风险问题或管理问题的认定，将预警的归档方式按照逐笔或批量"登记风险事项"或"排除"处理。

同时，"风险事项"，是经过金融机构风险监测岗人员分析调查评估，最终确认的违反外部监管要求或内部管理规定的业务操作问题或管理问题，其具体分类可以包括但不限于：

（1）内部欺诈问题、外部欺诈问题；

（2）就业制度和工作场所安全问题；

（3）客户、产品和业务操作问题；

（4）实体资产损坏问题；

（5）业务中断和系统失败问题；

（6）执行、交割及流程管理问题。

凡是登记"风险事项"的预警，金融机构原则上应落实相关问题的整改工作，并从不断完善内控制度、加强培训考核力度、优化流程、系统改造、引进新的管理工具等方面提出具体管理措施，建立长效管控机制。此外，金融机构总部还将对分支机构风险事项具体涉及的业务部门或条线问题，通过运营综合评价进行考核管理。

9.4.2　中国（海南）自由贸易港金融机构运营风险的管理机制

中国（海南）自由贸易港金融机构开展运营风险管理工作的组织架

构，可以按照"金融机构总部分级处理、金融机构子公司落实协查"的原则开展。金融机构总部运营风险监测工作可以由分管运营工作的副总经理主管，运营部或业务条线具体部门负责落实；分支机构运营风险监测工作由运营主管副经理主管，运营部与辖属营业机构具体落实。

中国（海南）自由贸易港金融机构开展运营风险管理，需要对相关人员进行必要的资格认证和合理的数量配置。

其一，对于人员资格的要求，即：运营风险监测主管岗应由对应级别运营部负责人或其指定管理人员担任；员工管理员岗、风险监测岗、参数管理岗及协查岗应由对应级别运营部门人员担任；运营管理监测系统风险监测模块的运行与维护管理，应由信息科技部门人员负责。

其二，对于人员数量的要求，即：运营部应根据人员资格要求和相关岗位职责与权限要求，结合本部门实际情况组建人员队伍，风险监测主管岗可以配置一人；员工管理员岗须配置一人；风险监测岗可根据实际需要配置一人或多人；参数管理岗须配置两人；协查岗根据运营业务部门或业务条线实际分工配置；科技运维岗需要至少配置一人。

中国（海南）自由贸易港金融机构运营风险监测工作，还需要做好档案管理、保密管理和报告。

第一，中国（海南）自由贸易港金融机构运营风险监测工作的档案管理。运营风险监测工作档案一般分为电子档案和纸质档案，电子档案部分在风险监测模块内自动永久保存，按照对应岗位提供查阅权限。在进行运营风险监测工作过程中如果形成了相关纸质材料，则应当建立纸质档案。纸质档案需按照总、分层级管理，金融机构总部运营风险监测工作纸质档案由总部运营部负责保管；分支机构运营风险监测工作纸质档案由各分支机构运营部负责保管。同时，档案管理人员对运营风险监测工作纸质档案应做到妥善保管、存放有序、查找方便，使档案得到完整的保存、科学的管理和有效的利用。应归档的纸质材料可以包括但不限于整改通知书、问题涉及机构对整改意见或处罚决定的纸质确认书、情况说明材料、整改报告及其他相关纸质材料等。

第二，中国（海南）自由贸易港金融机构运营风险监测工作的保密规定。运营风险监测工作的各级相关知情人员应严格履行保密义务，自觉遵守保密原则。对规则模型信息、监测点、业务参数及在分析调查过程中获悉的涉及客户、账户、交易等信息资料保密，对运营风险监测工作相关的所有信息、资料或文件，非法律许可不得私自对外披露或提供；不再使用的资料或文件，应按照档案管理的有关规定处理。同时，风险监测模块相关岗位人员需定期按照系统提示更换密码，严禁复制、盗用、串用、混用、超权使用他人用户名和密码的操作行为，严禁将本人的用户名和密码告知他人使用。

第三，中国（海南）自由贸易港金融机构运营风险监测工作的报告。自由贸易港金融机构总部及分支机构应每月或定期生成运营风险监测工作报告，报告内容包括但不限于：（1）工作总体组织、开展情况；（2）分析当月登记的风险事项具体反映出的管理薄弱环节；（3）说明风险事项所涉及的具体业务或管理问题目前的整改情况；（4）反馈当月对查询信息提示内容的具体应用情况；（5）反馈对规则模型或风险监测模块功能的优化建议；（6）针对全公司业务调研的反馈等。

第 10 章

中国（海南）自由贸易港金融机构内部控制、内部审计与全面风险管理

内部控制和审计体系，是中国（海南）自由贸易港金融机构全面风险管理的重要组成部分，也是自由贸易港金融机构风险防范的重要防线。自美国 2004 年发布 COSO 报告《企业风险管理—整合框架》以来，内部控制的内涵拓展到全面风险管理，内部控制评价也用更广义的风险管理评价表达。至此，内部控制成为金融机构全面风险管理的重要防范手段。

中国（海南）自由贸易港金融机构，可以通过内部控制的组织结构和风险防范职能、内部控制评价、内部控制审计等制度安排，实现各类风险防范、管理和有效控制。

10.1 —— 中国（海南）自由贸易港金融机构内部控制的组织结构及其风险防范职能

中国（海南）自由贸易港金融机构内部控制的管理机构，可以包括但不限于董事会、监事会、高级管理层、风险管理委员会、审计部门、法律部门等。其中，上述机构和部门的职能包括内部控制体系建设、内部控制评价、内部审计等。

10.1.1 董事会、监事会和高级管理层

中国（海南）自由贸易港金融机构应全面加强本单位内部控制，提高经营管理水平和风险防范能力，促进可持续发展，通常通过制定内部控制基本规定，确保业务经营管理活动安全、有效、稳健运行，防范金融机构各项风险。在内部控制基本规定中，首先确定金融机构内部控制的实施主体和实施目标，即通常由董事会、监事会、高级管理层和全体员工实施，旨在对风险进行事前防范、事中控制、事后监督和纠正的动态过程和机制。

自由贸易港金融机构内部控制的管理机构中，董事会、监事会和高级管理层的权利和责任是负责全行内部控制体系的建设、检查、评估和监测，具体职责见表10-1。

表10-1 自由贸易港金融机构董事会、监事会和高级管理层的内部控制权责表

部门/岗位	风险管理职责与权限
董事会	1.保证本单位建立并实施充分而有效的内部控制体系 2.审批本单位整体经营战略和重大政策并定期检查、评价执行情况 3.确保本单位在法律和政策的框架内审慎经营 4.设定本单位可接受的风险程度，确保高级管理层采取必要措施识别、计量、监测并控制风险 5.负责审批组织机构 6.负责保证高级管理层对内部控制有效性进行监测和评估 7.董事会风险管理委员会负责审批重大内部控制制度，接受内部控制管理委员会关于内部控制事项的汇报，审议内部控制管理中的重大事项，并监督内部控制缺陷的整改情况
监事会	1.监督董事会、高级管理层完善本单位内部控制体系 2.监督董事会及董事、高级管理层及高级管理人员履行内部控制职责 3.要求董事、董事长及高级管理人员纠正其损害本单位利益的行为并监督执行
高级管理层	1.制定本单位内部控制政策，对内部控制体系的充分性与有效性进行监测和评估 2.执行董事会决策 3.建立识别、计量、监测并控制风险的程序和措施 4.建立和完善内部组织机构，保证内部控制的各项职责得到有效履行

10.1.2 风险管理委员会

中国（海南）自由贸易港金融机构的内部控制管理机构中，风险管理委员会全面负责金融机构的内部控制工作，向董事会报告。风险管理委员会在内部控制工作的职责主要包括但不限于：（1）根据金融机构战略目标要求、监管意见和上一年度内部控制评价结果，制订下一年度内部控制工作计划；（2）对内部控制相关部门起草的内部控制方案、办法等规范性文件进行审议；（3）根据各分支机构、各部门或专业条线风险控制程度和重要性原则，制定不同层级内部控制评价的频率和范围，监督组织实施；（4）对内部控制管理部门上报的内部控制报告进行审议，并向董事会报告；（5）监督内部控制管理部门提出的关于全行内部控制的改进意见和落实情况。

此外，对于科技系统等专项内部控制建设和维护工作，根据实际情况由风险管理委员会统一确定专项内部控制实施方案，包括外包方案，报经批准后实施。

10.1.3 审计部门和法律部门

根据内部控制体系的相对独立性要求，中国（海南）自由贸易港金融机构的内部控制管理机构中，审计部门和法律部门负责金融机构内部控制评价的实施工作。其中，审计部门既可以实施过程评价，也可以实施结果评价。法律部门主要实施对内部控制环境、内部控制措施及执行等内部控制要素的评价，即过程评价。

自由贸易港金融机构实施内部控制评价的部门，其在内部控制评价中的工作职责可以包括但不限于：（1）负责制定内部控制评价工作制度，设计并修订各相关部门或条线内部控制评价工作方案，报风险管理委员会批准后，组织相关资源实施内部控制合规评价工作；（2）组织、指导各分支机构开展本机构内的内部控制评价工作，并对分支机构开展内部控制评价的结果进行评价；（3）统一组织全行内部控制评价报告，并向监管部门报告；（4）负责落实风险管理委员会关于内部控制评价的相关具体要求和意见。

审计部门是内部控制的监督部门，负责向董事会报告与监督金融机构经营层内部控制建设与执行的整体情况等。21世纪初，金融机构的法律部门曾经或部分负责牵头组织开展对分支机构的内部控制评价工作，并向高级管理层报告。然而，随着内部控制向全面风险管理转变，以及内部控制和审计手段的专业化，内部控制评价工作则更多转向由审计部门全权负责实施，法律部门协助其工作的开展。

10.2 中国（海南）自由贸易港金融机构内部控制评价与风险管理概述

中国（海南）自由贸易港金融机构内部控制体系建设完善程度，以及内部控制有效性，需要通过内部控制评价予以确定。

10.2.1 自由贸易港金融机构内部控制评价的职能和基本要素

中国（海南）自由贸易港金融机构内部控制的基本职能，是根据监管要求、重要性原则，对金融机构公司层面、业务流程层面中的各项风险开展现场线上或现场评价，以实现对自由贸易港金融机构重要（重大）风险的控制，并保证金融机构内控管理体系框架设计与执行的一致性。

中国（海南）自由贸易港现存的金融机构普遍根据《企业内部控制基本规范》和中国银行业监督管理委员会于2014年发布的《商业银行内部控制指引》所规定的基本要素，以及财政部等部委于2010年联合发布的《企业内部控制评价指引》和相关文件，对于内部控制制度的建立和实施情况进行自我评价。按照企业内部控制五项基本要素对本单位内部控制体系进行自我评估的基本要素与目标示例见表10-2。

10.2.2 自由贸易港金融机构内部控制评价的程序

中国（海南）自由贸易港内部控制评价的程序，具体可包括：评价准备、评价实施和评价要求三部分。

表10-2　自由贸易港现存金融机构内部控制自我评价要素与目标示例表

内部控制基本要素	自我评价目标
内部控制环境	从内部控制目标、公司治理结构、机构设置及权责分配、内部控制制度、管理层的风险意识及经营风格、人力资源政策等六个方面评估金融机构的内部控制环境
风险识别与评估	包含风险评估管理体系、信用风险评估及管理、流动性风险评估及管理、操作风险评估及管理等内容，从金融机构对各类风险的识别、计量、控制和监测的内部控制情况进行自我评估
内部控制措施	内部控制措施主要涵盖不相容职务分离控制、授权审批控制、授信审批控制、资金业务内部控制、操作业务的内部控制、反洗钱等方面
信息交流与反馈	主要从信息与交流制度、信息分析与研究、信息沟通渠道、信息披露等方面对金融机构内部控制中的信息交流与反馈制度进行评估
监督评价与纠正	详细讨论内部控制监督体系、内部控制的日常监督、内部控制的专项监督、内部控制的自我评估等内部控制监督评价与纠正制度

1）评价准备

中国（海南）自由贸易港金融机构内部控制评价的评价准备，包含发出评价相关文件和制订评价方案两个组成部分。其一，发出评价相关文件，即向被评价单位发出诸如《开展内部控制评价的通知》《内部控制评价资料调阅清单》等有关文件，并要求其提前填报诸如《内部控制评价前问卷》等有关材料。《内部控制评价前问卷》的主要内容可以包括但不限于：（1）被评价单位的基本经营管理情况；（2）被评价单位评价期内的内部、外部各类检查情况；（3）被评价单位评价期内的案件发生情况；（4）被评价单位对内部控制的自我检查、评价情况；（5）针对评价的业务类型和评价内容设计的具体问题。其二，制订评价方案，即分析所搜集整理的评价期内外部检查的有关材料、发案情况和《内部控制评价前问卷》及从总行各部门取得的经营管理信息，了解被评价单位近期内部控制状况，制订评价实施方案，明确本次评价的重点。

2）评价实施

中国（海南）自由贸易港金融机构内部控制评价的评价实施，可以包含座谈、现场评价、抽样测试和记载签章确认等方式，具体如下：（1）座谈。评价组应组织被评价单位有关人员座谈，借此详尽了解该单位的整体运营情况和经营管理中存在的主要问题和风险，验证本次评价的重点。（2）开展现场评价。现场评价组按照相应专业条线诸如《内部控制评价工作表》等文件所规定的评价内容和要点，开展现场评价，包括调阅被评价单位的相关内部控制制度、会议纪要、业务档案等。应该明确，对被评价单位未发生的业务所涉及的指标不予评价。（3）开展内部控制评价应根据被评价单位或被评价项目的风险、业务频次、重要性等因素进行抽样测试。抽样范围要覆盖被评价业务的相关重大风险点和重要领域或环节。（4）现场评价发现的主要问题应当采取当场确认的方式予以书面记载，并请相关当事人签章确认。此外，对存在分歧或争议的事项，可以上报一级进行处理。

3）评价要求

中国（海南）自由贸易港金融机构内部控制评价的评价要求，包括对评价组的要求和对被评价单位的要求两部分。对评价组的要求包括但不限于：（1）评价组成员入场前签立诸如《内部控制评价人员纪律规范》和《保密承诺函》等工作文件，承诺将严格执行"纪律规范"和"保密承诺"的要求，并由下级分支机构给予监督。（2）各评价组成员在进入现场检查前，要根据检查评价方案进行内部分工，熟悉检查工作标准。（3）评价期间，评价组要定期召开碰头会，及时研究和解决检查中出现的问题。（4）评价期间，小组成员应听从组长统一安排，遵守工作时间，不得擅自离岗。如遇特殊情况，必须上报方可离场。（5）评价组成员评价过程中以平等、尊重、理解为原则，一言一行均要体现有礼有据有节，通过充分、细致、合理的分析、交流完成现场评价工作。对被评价单位的要求包括但不限于：（1）被评价单位应指定专人负责协调现场检查工作，积极配合，及时提供评价组所需资料。对由于被评价单位提供资料不全造成的评价偏差，评价组可视同材料缺失；对由于无故拖延提供资料的，或不能提供足以影响评价结果的重要资料的，将在评价指标总得分中扣减相应分值。

（2）被评价单位需准备向评价组的汇报材料，内容应该包括被评价单位的概况、组织架构、近一年来在内部控制合规工作方面取得的突出成果以及未来在内部控制体系建设方面的工作计划。

10.2.3　自由贸易港金融机构内部控制整改与风险应对

中国（海南）自由贸易港内部控制评价的结果之一，是发现"风险事件"或"风险点"。那么，需要在此基础上，对"风险事件"和"风险点"进行整改。例如：扎实稳妥地推进金融机构内部控制体系的建设与完善；以风险管理为导向，以推动金融机构治理和风险控制为目标，不断提升和创新内部审计理念，加强内部审计制度建设，优化配置审计资源，积极促进独立垂直的内审管理体系建设，充分发挥内部审计的独立性、权威性和有效性等，具体示例见表10-3。

表10-3　中国（海南）自由贸易港内部控制体系主要整改计划示例表

整改类别	整改具体细节
扎实稳妥地推进本单位内部控制体系的建设与完善措施	1.加强内部控组织结构建设，发挥三道防线体系功能
	2.加强内部控制制度体系建设，夯实内部控制管理的基础
	3.加强业务流程建设，提高精细化管理水平
	4.加强激励机制与问责制建设，提高内部控制制度的执行力
	5.加强合规教育与培训，增强合规文化的影响力
发挥内部审计的独立性、权威性和有效性的具体实施计划及措施	1.以风险管理有效性为导向，强化内审监督检查力度，充分发挥风险管理第三道防线的职能作用
	2.倡导和推动独立垂直的内审管理体系，研究和探讨内审垂直管理的有效模式
	3.加强内审制度建设，使内审管理工作更加规范
	4.建立审计问题及风险状况量化考核及评估机制，促进全行合规经营和全面风险管理体制建设
	5.以提高能力为核心，建立和完善后续教育培训机制
	6.强化内审预警提示机制，有效识别、揭示和控制经营风险

10.3　**中国（海南）自由贸易港金融机构内部控制
评价指标设置**

中国（海南）自由贸易港金融机构内部控制评价的指标设置，可以基于现已出台的《商业银行内部控制评价试行办法》，以及监管部门的相关要求，又需要依据具体金融机构经营环境、资产规模和工作实践，应该成为金融机构内部控制体系的重要组成部分。同时，本书认为，中国（海南）自由贸易港金融机构内部控制评价的指标设置总体应该区分为公司层面评价指标和业务流程层面评价指标。

10.3.1　自由贸易港金融机构内部控制评价指标设置的原则

1）自由贸易港金融机构内部控制评价指标设置的理论原则

中国（海南）自由贸易港金融机构内部控制评价指标设置的理论原则是，自由贸易港金融机构应当根据《企业内部控制基本规范》《企业内部控制评价指引》《商业银行内部控制指引》以及企业制定的内部控制制度，围绕内部环境、风险评估、控制活动、信息与沟通、内部监督等要素，确定内部控制评价的具体指标设置，对内部控制设计与运行情况进行全面评价。

第一，自由贸易港金融机构组织开展内部环境评价，应当以组织架构、发展战略、人力资源、企业文化、社会责任等应用指引为依据，结合企业制定的内部控制制度，对内部环境的设计及实际运行情况进行认定和评价。

第二，自由贸易港金融机构组织开展风险评估机制评价，应当以《企业内部控制基本规范》《商业银行内部控制指引》有关风险评估的要求，以及各项应用指引中所列主要风险为依据，结合企业制定的内部控制制度，对日常经营管理过程中的风险识别、风险分析、应对策略等进行认定和评价。

第三，自由贸易港金融机构组织开展控制活动评价，应当以《企业内部控制基本规范》、《商业银行内部控制指引》和各项应用指引中的控制措施为依据，结合企业制定的内部控制制度，对相关控制措施的设计和运行情况进行认定和评价。

第四，自由贸易港金融机构组织开展信息与沟通评价，应当以内部信息传递、财务报告、信息系统等相关应用指引为依据，结合企业制定的内部控制制度，对信息收集、处理和传递的及时性、反舞弊机制的健全性、财务报告的真实性、信息系统的安全性，以及利用信息系统实施内部控制的有效性等进行认定和评价。

第五，自由贸易港金融机构组织开展内部监督评价，应当以《企业内部控制基本规范》《商业银行内部控制指引》有关内部监督的要求，以及各项应用指引中有关日常管控的规定为依据，结合企业制定的内部控制制度，对内部监督机制的有效性进行认定和评价，重点关注监事会、审计委员会、内部审计机构等是否在内部控制设计和运行中有效发挥监督作用。

2）自由贸易港金融机构内部控制评价指标设置的实践原则

中国（海南）自由贸易港金融机构内部控制评价指标设置的实践原则是，自由贸易港金融机构在内部控制评价的指标设置实践中，应遵循《企业内部控制应用指引》《商业银行内部控制评价试行办法》以及具体金融机构的内部控制基本制度，从充分性、合规性、有效性和适宜性等四个方面进行考量，包括：（1）过程和风险是否已被充分识别。（2）过程和风险的控制措施是否遵循相关要求，得到明确规定并得以实施和保持。（3）控制措施是否有效。（4）控制措施是否适宜。

自由贸易港金融机构内部控制评价的指标设置在具体的操作中，需要从内部控制环境、风险识别与评估、内部控制措施、监督评价与纠正、信息交流与反馈五个要素环节进行设置。

（1）内部控制环境

①自由贸易港金融机构公司治理结构与责权

自由贸易港金融机构应建立以股东大会、董事会、监事会、高级管理层等为主体的公司治理组织架构，保证各机构规范运作，分权制衡，包括：完善股东大会、董事会、监事会及下设的议事和决策机构，建立议事规则和决策程序。明确董事会和董事、监事会和监事、高级管理层和高级管理人员在内部控制中的责任。建立独立董事制度，对董事会讨论事项发表客观、公正的意见。建立外部监事制度，对董事会、董事、高级管理层及其成员进行监督。

董事会负责保证自由贸易港金融机构建立并实施充分有效的内部控制体系；负责审批整体经营战略和重大政策并定期检查、评价执行情况；负责确保自由贸易港金融机构在法律和政策的框架内审慎经营，明确设定可接受的风险程度，确保高级管理层采取必要措施识别、计量、监测并控制风险；负责审批组织机构；负责保证高级管理层对内部控制体系的充分性与有效性进行监测和评估。

监事会负责监督董事会、高级管理层完善内部控制体系；负责监督董事会及董事、高级管理层及高级管理人员履行内部控制职责；负责要求董事、董事长及高级管理人员纠正其损害自由贸易港金融机构利益的行为并监督执行。

高级管理层负责制定内部控制政策，对内部控制体系的充分性与有效性进行监测和评估；负责执行董事会决策；负责建立识别、计量、监测并控制风险的程序和措施；负责建立和完善内部组织机构，保证内部控制的各项职责得到有效履行。

董事会和高级管理层还应培育良好的内部控制文化，提高员工的风险意识和职业道德素质，建立通畅的内外部信息沟通渠道，确保及时获取与内部控制有关的人力、物力、财力、信息以及技术等资源。

②内部控制政策

自由贸易港金融机构应在各项业务和管理活动中制定明确的内部控制政策，规定内部控制的原则和基本要求，并为制定和评审内部控制目标提供指导。内部控制政策应符合以下特征：与自由贸易港金融机构的经营宗旨和发展战略相一致；体现持续改进内部控制的要求；符合现行法律法规和监管要求；体现出侧重控制的风险类型；体现出对不同地区、行业、产品的风险控制要求；传达给适用岗位的员工，指导员工实施风险控制措施；可为风险相关方所获取，并寻求互利合作；定期进行评审，确保其持续的适宜性和有效性。

③内部控制目标

自由贸易港金融机构应在相关职能和层次上建立并保持内部控制目

143

标。内部控制目标应符合内部控制政策，并体现对持续改进的要求。

在建立和评审内部控制目标时，应考虑法律法规、监管要求和其他要求，以及技术、财务、经营和风险相关方等因素，尤其应考虑监管部门的内部控制指标要求。内部控制目标应可测量。有条件时，目标应用指标予以量化。

④组织结构

自由贸易港金融机构应建立分工合理、职责明确、报告关系清晰的组织结构，明确所有与风险和内部控制有关的部门、岗位、人员的职责和权限，并形成文件予以传达。特别应考虑：建立相应的授权体系，实行统一法人管理和法人授权。必要的职责分离，以及横向与纵向相互监督制约关系。涉及资产、负债、财务和人员等重要事项变动均不得由一个人独自决定。明确关键岗位、特殊岗位、不相容岗位及其控制要求。建立关键岗位定期或不定期的人员轮换和强制休假制度。

自由贸易港金融机构应设立负有内部控制体系建立、实施特殊责任的专门委员会或部门，明确其责任、权限和报告路线。

自由贸易港金融机构应设立全行系统垂直管理、具有充分独立性的内部审计部门。内部审计部门应配备具有相应资质和能力的审计人员；应有权获得自由贸易港金融机构的所有经营、管理信息；应根据对辖属机构的风险评级结果确定审计频率，以及对机构和业务的审计覆盖率，定期或不定期对内部控制的健全性和有效性实施检查、评价；应及时向董事会或董事会审计委员会提交审计报告；董事会及高级管理层应保证审计报告中指出的内部控制的缺失得到及时纠正整改；总行内部审计负责人的聘任和解聘应当经董事会或监事会同意。

⑤企业文化

自由贸易港金融机构应培育健康的企业文化，对企业文化的内涵及策划、渗透、评估与改进做出明确的规定。应向员工传达遵守法律法规和实施内部控制的重要性，引导员工树立合规意识和风险意识，提高员工职业道德水准，规范员工职业行为。

⑥人力资源

自由贸易港金融机构应完善人力资源政策和程序，确保与风险和内部控制有关人员具备相应的能力和意识。

自由贸易港金融机构应明确与风险和内部控制有关人员的适任条件，明确有关教育、工作经历、培训和技能等方面的要求，以确保相关人员的胜任能力。高级管理人员必须满足监管机构对高级管理人员资质的要求。

自由贸易港金融机构应制订并保持培训计划，以确保高级管理层和全体员工能够完成其承担的内部控制方面的任务和职责。培训计划应定期评审，并应考虑不同层次员工的职责、能力和文化程度以及所面临的风险。

自由贸易港金融机构应对员工引进、退出、选拔、绩效考核、薪酬、福利、专业技术职务管理处罚等日常人事管理做出详细规定，充分考虑人力资源管理过程中的风险。

（2）风险识别与评估

①经营管理活动风险识别与评估

自由贸易港金融机构应建立和保持书面程序，以持续对各类风险进行有效的识别与评估。自由贸易港金融机构的主要风险包括信用风险、市场风险（含利率风险）、操作风险、国家和转移风险、流动性风险、法律风险以及声誉风险等。

自由贸易港金融机构应识别并确定常规和非常规的业务和管理活动，并识别这些活动中的风险（无论是否由内部产生），考虑其类型、来源及其影响范围，特别应考虑计算机系统的运用可能带来的风险。

自由贸易港金融机构应依据法律法规、监管要求以及内部控制政策确定风险是否可接受，以确定是否进一步采取措施。风险可接受时，应监测并定期评审，以确保其持续可接受；风险不可接受时，应制定控制措施。

自由贸易港金融机构对各类风险进行识别与评估时应充分考虑内部和外部因素。其中，内部因素包括组织结构的复杂程度、银行业务性质、机构变革以及员工的流动等；外部因素包括经济形势的波动、行业变动趋势等。

当环境和条件发生变化时，自由贸易港金融机构应及时对风险进行再识别和再评估，以确保任何新的和以前未曾予以控制的风险得到识别和控制。风险识别与评估应：（A）依据业务范围、性质和时限主动进行。（B）评估风险的后果、概率和风险级别。（C）必要时开发并运用风险量化评估的方法和模型。

②法律法规、监管要求和其他要求的识别

自由贸易港金融机构应建立并保持识别和获取适用法律法规、监管要求和其他要求的程序，作为风险识别与评估、制订控制目标和控制方案的依据。

自由贸易港金融机构应及时更新法律法规、监管要求和其他要求的信息，并将这些信息传达给相关员工和其他风险相关方。

③内部控制方案

自由贸易港金融机构应该制订内部控制方案，以控制已识别的不可接受风险。内部控制措施方案应包括以下内容：（A）为实现对风险的控制而规定的相关职责与权限。（B）控制的策略、方法、资源需求和时限要求。若涉及组织结构、流程、计算机系统等方面的重大变更，应考虑可能产生的新风险。

（3）内部控制措施

①运行控制

自由贸易港金融机构应确定需要采取控制措施的业务和管理活动，依据所策划的控制措施或已有的控制程序对这些活动加以控制。

控制措施包括：（A）高层检查。董事会与高级管理层应要求下级部门及时报告经营管理情况和特别情况，以检查内部控制的实施状况以及在实现内部控制目标方面的进展。高级管理层应根据检查情况提出内部控制缺失情况，督促职能管理部门改进。（B）行为控制。各级职能管理部门审查每天、每周或每月收到的经营管理情况和特别情况专项报表或报告，提出问题，要求采取纠正整改措施。（C）实物控制。主要的控制措施包括实物限制、双重保管和定期盘存等。（D）风险暴露限制的审查。审查遵循风险暴露限制方面的合规性，违规时继续跟踪检查。（E）审批与授权。根据若干限制条件对各项业务、管理活动进行审批与授权，明确各级的管理责任。（F）验证与核实。验证各项业务、管理活动以及所采用的风险管理模型结果，并定期核实相关情况，及时发现需要修正的问题，并向职能管理部门报告。（G）不兼容岗位的适当分离。实行适当的职责分工，认定潜在的利益冲突并使之最小化。

控制要点包括：（A）对于可能导致偏离内部控制政策、目标的运行情况，应建立并保持书面程序和要求，并在程序中规定操作和控制标准。（B）对于重要活动应实施连续记录和监督检查。（C）在可能的情况下，应考虑运用计算机系统进行控制。（D）对于采购或外包的设施、设备、系统和服务中已识别的风险，应建立并保持控制程序，并将有关程序和要求通报供方，确保其遵守自由贸易港金融机构相关的控制要求。（E）对于产品、组织结构、流程、计算机系统的设计过程，应建立有效的控制程序。

②计算机系统环境下的控制

自由贸易港金融机构应考虑计算机系统环境下的业务运行特征，建立信息安全管理体系，对硬件、操作系统和应用程序、数据和操作环境，以及设计、采购、安全和使用实施控制，确保信息的完整性、安全性和可用性。明确计算机信息系统开发部门、管理部门与应用部门的职责，建立和健全计算机信息系统风险防范的制度，确保计算机信息系统设备、数据、系统运行和系统环境的安全。

③应急准备与处置

自由贸易港金融机构应建立并保持预案和程序，以识别可能发生的意外事件或紧急情况（包括计算机系统）。意外事件和紧急情况发生时，应及时做出应急处置，以避免或减少可能造成的损失，确保业务持续开展。

自由贸易港金融机构应定期检查、维护应急的设施、设备和系统，确保其处于适用状态。如可行，应定期测试应急预案。

自由贸易港金融机构应评审其应急预案，特别是意外事件或紧急情况发生之后。应急准备应与可能发生的意外事件或紧急情况（包括事故、险情）的性质相适应。

（4）监督评价与纠正

①内部控制绩效监测

自由贸易港金融机构应建立并保持书面程序，通过适宜的监测活动，对内部控制绩效进行持续监测。自由贸易港金融机构内部控制监测内容包括：（A）内部控制目标实现程度。（B）法律、法规及监管要求的遵循程度。（C）事故、险情和其他不良的内部控制绩效的历史情况。

②违规、险情、事故处置和纠正及预防措施

自由贸易港金融机构应建立并保持书面程序，对违规、险情、事故的发现、报告、处置和纠正及预防措施做出规定，包括：（A）发现违规、险情、事故及时报告，必要时，可越级报告。（B）及时处置违规、险情、事故。（C）制定纠正与预防措施，防止违规、险情、事故的发生和再发生，并与问题的大小和风险危害程度相一致。（D）纠正与预防措施在实施之前应进行风险评估。（E）实施并跟踪、验证纠正与预防措施。（F）险情和事故的责任追究。

③管理评审

董事会应采取措施保证定期对内部控制状况进行评审，确保体系得到持续、有效的改进。管理评审应包括以下方面的内容：（A）内部控制体系评价的结果。（B）内部控制政策执行情况和内部控制目标实现情况。（C）对内部控制体系有重要影响的外部信息，如法律、法规的重大变化。（D）组织结构的重大调整。（E）事故和险情以及重大纠正和预防措施的状况。（F）以往管理评审的跟踪情况。（G）内部控制体系改进的建议。

管理评审应就以下方面提出改进措施并落实：（A）内部控制体系及其过程的改进。（B）内部控制政策、目标的变更。（C）与内部控制有关资源的需求。

（5）信息交流与反馈

①交流与沟通

自由贸易港金融机构应建立并保持信息交流与沟通的程序，明确对财务、管理、业务、重大事件和市场信息等相关信息识别、收集、处理、交流、沟通、反馈、披露的渠道和方式。

自由贸易港金融机构应识别其内部和外部的风险相关方，考虑他们的要求和目标，建立与这些相关方进行信息交流的机制，确保：（A）董事会和高级管理层能够及时了解业务信息、管理信息以及其他重要风险信息。（B）所有员工充分了解相关信息、遵守涉及其责任和义务的政策和程序。（C）险情、事故发生时，相关信息能得到及时报告和有效沟通。（D）及时、真实、完整地向监管机构和外界报告、披露相关信息。（E）国内外经济、金融动态信息的取得和处理，并及时把与企业既定经营目标有关的信息提供给各级管理层。

信息交流与沟通应考虑信息的安全性和保密性要求。相关信息报告、发布、披露应经过授权。为保持信息交流沟通的可追溯性，必要时，应保持相关信息交流与沟通的记录。

②内部控制体系对文件体系的要求

建立和保持文件化体系是实现信息交流与反馈的重要途径。自由贸易港金融机构应建立并保持必要的内部控制体系文件，包括：（A）对内部控制体系要素及其相互作用的描述。（B）内部控制政策和目标。（C）关键岗位及其职责与权限。（D）不可接受的风险及其预防和控制措施。（E）控制程序、作业指导、方案和其他内部文件。

自由贸易港金融机构应建立并保持书面程序，以确保内部控制体系所要求的文件满足下列要求：（A）易于查询。（B）实施前得到授权人的批准。（C）定期评审，必要时予以修订并由授权人员确认其适宜性。（D）所有相关岗位都能得到有效版本。（E）失效时，及时从所有发放处和使用处收回，或采取其他措施防止误用。（F）及时识别、处置外来文件并进行标识，必要时转化为内部文件。（G）留存的档案性文件和资料应予以适当标识。

③记录控制

自由贸易港金融机构应建立并保持书面程序，以规定内部控制相关活动中所涉及记录的标识、生成、贮存、保护、检索、保存期限和处置。

自由贸易港金融机构的记录应保持清晰、易于识别和检索，以提供符合要求和内部控制体系有效运行的证据，并可追溯到相关的活动。

10.3.2 自由贸易港金融机构公司层面内部控制评价指标设置

本书为中国（海南）自由贸易港金融机构公司层面评价指标设计了近百个评价点，包括内部控制环境、风险识别与评估、监督评价与纠正、信息交流与反馈四个部分。其中，监督评价与纠正项目中突出了对一道防线履职尽责的考核。

自由贸易港金融机构公司层面内部控制评价指标分类表见表10-4。

表10-4　　自由贸易港金融机构公司层面内部控制评价指标分类与分值表

评价指标	标准分值
内部控制环境	30分
风险识别与评估	30分
信息交流与反馈	10分
监督评价与纠正（含互评价10分）	30分
小计	100分

1）内部控制环境指标

中国（海南）自由贸易港金融机构内部控制评价中，内部控制环境指标包括6个方面共24个评价点，6个方面评价大类分别为：高级管理层责任、内部控制政策、内部控制目标、组织结构、企业文化和人力资源。下面以表格的形式列示各指标设置与评价的具体方法。

（1）高级管理层责任

高级管理层责任指标的评价要点包括：高级管理层职责分工是否全面和明晰；高级管理层是否重视内部控制；高级管理层是否及时掌握和处理内外部监管检查发现的问题；高级管理层是否采取措施引导管理人员和全体员工参与到内部控制活动中，以保证内部控制的各项职责得到有效履行，见表10-5。

表10-5　　　　　　　　高级管理层责任指标设置与评价表

评价要点	评价方法
高级管理层职责分工是否全面和明晰	查阅高级管理层是否有职责分工文件，确认职责划分是否全面，是否存在重复或有歧义的情况。前台和后台、经营和监管职责是否分离
高级管理层是否重视内部控制	查阅年初、年中各项业务年度会议、评价期内被评价行制定出台的内部控制规章制度等有关资料，检查高级管理层是否强调内部控制、风险防范工作重要性、要求、措施等
高级管理层是否及时掌握和处理内外部监管检查发现的问题	查阅高级管理层针对内外部监管检查发现的问题审阅和批示情况，确认是否提出明确的处理意见，是否根据发现的问题及时做出处理决定，是否交办并督促有关部门认真落实整改
高级管理层是否采取措施引导管理人员和全体员工参与到内部控制活动中，以保证内部控制的各项职责得到有效履行	询问并查阅高级管理层采取的具体措施以及措施具体实施的佐证

（2）内部控制政策

内部控制政策指标的评价要点包括：是否建立较完善的、文件化的内部控制制度；内部控制制度内容是否体现出对重要业务操作环节的风险控制要求；内部控制制度是否为员工所了解和掌握；总部制定的员工轻微违规积分制度和违规处罚处理规定是否传达到员工，并为员工所熟识，见表10-6。

表 10-6　　　　　　　　　　**内部控制政策指标设置与评价表**

评价要点	评价方法
是否建立较完善的、文件化的内部控制制度	查阅分行内部控制制度。重点检查总行已制定的明确内部控制制度的，分行是否按要求制定相关的实施细则，或根据本行实际业务制定落实相关内部控制制度的办法和措施
内部控制制度内容是否体现出对重要业务操作环节的风险控制要求	查阅分行内部控制制度，确认是否制定了风险控制要求
内部控制制度是否为员工所了解和掌握	通过笔试进行测试。测试范围包括总行下发的各类禁止性规定和内部控制要求等
总部制定的员工轻微违规积分制度和违规处罚处理规定是否传达到员工，并为员工所熟识	通过谈话、笔试等方式，了解员工是否熟识职业道德标准和违规行为的界限及后果，了解员工是否明白其职权范围违规违纪行为的表现形式

（3）内部控制目标

内部控制目标指标的评价要点包括：是否建立明确、有效的内部控制目标；内部控制目标是否可测量或考核；内部控制目标是否落实到相关职能部门和营业网点，见表10-7。

表 10-7　　　　　　　　　　**内部控制目标指标设置与评价表**

评价要点	评价方法
是否建立明确、有效的内部控制目标	查阅评价期被评价行内部控制目标或规划文件等资料，检查是否提出明确的内部控制目标。目标是否考虑法律法规、监管部门等要求，以及技术、财务、经营和风险相关方等因素
内部控制目标是否可测量或考核	查阅职能部门管理办法和工作意见，检查内部控制目标是否能够测量，是否可以量化考核
内部控制目标是否落实到相关职能部门和营业网点	查阅有关部门工作意见和管理办法，检查内部控制目标是否全面落实，营业网点工作意见和考核办法是否体现内部控制目标

（4）组织结构

组织结构指标的评价要点包括：是否设立分工合理、职责明确、报告关系清晰的存款和柜台业务组织体系并形成书面文件；是否考虑职责分离，以及横向与纵向的相互监督制约关系；岗责规定是否全面、有可操作性，不流于形式。员工是否了解自身岗位职责，正确履行职责，见表10-8。

表10-8 **组织结构指标设置与评价表**

评价要点	评价方法
是否设立分工合理、职责明确、报告关系清晰的存款和柜台业务组织体系并形成书面文件	查阅分行职能部门设置和职能分工文件，检查各部门职责是否明确，符合监管要求
是否考虑职责分离，以及横向与纵向的相互监督制约关系	查阅分行各职能部门职能分工文件，检查分行是否建立职责分离、横向与纵向相互监督制约机制
岗责规定是否全面、有可操作性，不流于形式。员工是否了解自身岗位职责，正确履行职责	查阅岗位职责说明书或内部控制制度，检查岗位职责的设定是否合理

（5）企业文化

企业文化指标的评价要点包括：是否制定了内部控制合规文化建设方案，采取宣传、培训和研讨等形式传播内部控制合规理念；是否对内部控制先进的机构、部门或员工予以奖励，树立内部控制合规典型，见表10-9。

表10-9 **企业文化指标设置与评价表**

评价要点	评价方法
是否制定了内部控制合规文化建设方案，采取宣传、培训和研讨等形式传播内部控制合规理念	查阅内部控制合规文化相关文档，重点查看是否把内部控制原则、风险意识、风险控制、风险防范，以及出现险情或损失的对策等概念作为合规文化建设重点和对员工的教育内容。开展内部控制文化宣传活动的相关佐证，包括会议记录、照片等
是否对内部控制先进的机构、部门或员工予以奖励，树立内部控制合规典型	对优秀兼职合规员和合规先进员工进行激励（奖励或表彰）的相关佐证，包括会议记录，奖状、照片等

（6）人力资源

人力资源指标的评价要点包括：是否建立了重要岗位人员的准入、退出机制；重要岗位人员是否具备胜任能力并充分履职尽职；是否将合规执行情况纳入员工绩效考评体系；是否按规定进行重要岗位人员轮岗；是否实行强制休假制度；是否制订并完成年度或期间培训计划以保证员工不断提升履岗能力；开展业务培训的同时进行考核验收，考试内容、管理是否流于形式；是否专门开展员工职业道德教育或案例警示教育活动，见表10-10。

表 10-10　　　　　　　　人力资源指标设置与评价表

评价要点	评价方法
是否建立了重要岗位人员的准入、退出机制	查阅重要岗位人员准入时的录用手续，确认是否对其从业背景及经历进行审核，查阅专业人员资格证书等，审查其是否取得从业资格；是否实行严格的准入和退出制度；对掌握本行重要商业秘密的员工是否建立和执行离岗限制规定
重要岗位人员是否具备胜任能力并充分履职尽职	查阅重要岗位人员半年度及年度的考核评价结果，确认重要岗位人员是否胜任本职工作
是否将合规执行情况纳入员工绩效考评体系	查阅绩效考核方案，检查方案的科学性、合理性以及执行情况
是否按规定进行重要岗位人员轮岗	查阅重要岗位人员轮岗资料，了解重要岗位人员任职年限，确认是否按规定对重要岗位人员进行定期或不定期的岗位轮换
是否实行强制休假制度	查阅强制休假资料，检查强制休假制度执行情况
是否制订并完成年度或期间培训计划以保证员工不断提升履岗能力	查阅员工年度培训计划及完成情况
开展业务培训的同时进行考核验收，考试内容、管理是否流于形式	查阅相关考试档案，必要时通过口试再次核查
是否专门开展员工职业道德教育或案例警示教育活动	查阅相关记录、照片、录像等资料确认是否开展活动

2）风险识别与评估指标

自由贸易港金融机构内部控制评价风险识别与评估指标，包括3个方面共15个评价点。3个方面评价大类具体分为：经营管理活动的风险识别与评估；法律法规、监管要求和其他要求的识别；内部控制方案。下面仍以表格的形式列示各指标设置与评价的具体方法。

（1）经营管理活动的风险识别与评估

经营管理活动的风险识别与评估指标的评价要点包括：是否建立有效识别风险的机制；是否建立覆盖主要业务条线的风险点清单；风险识别与评估是否考虑经济形势波动、行业变动趋势等外部因素；风险识别与评估是否考虑组织结构、业务性质、机构变革以及员工流动等内部因素；当外部环境和条件发生变化时，是否及时对风险进行再识别和再评估，并能够及时传达和改进到位；是否对各类业务风险的后果及发生的可能性等进行了评估，评估的结果有无形成文件；在设计新的分支机构或开展新的业务时，是否事先制定各业务操作的制度和程序，是否对潜在风险提出防范措施；能否及时发现由于员工的思想道德及业务素质问题所产生的风险，并重视对员工的法治教育和职业道德教育；是否建立并保持应急预案及程序，应对已识别的重大违规、意外和紧急事件；对已识别或已发生的风险是否及时、明确地进行提示，上述评价点的具体指标设置与评价见表10-11。

（2）法律法规、监管要求和其他要求的识别

法律法规、监管要求和其他要求的识别指标的评价要点包括：是否已建立了相应的程序，已确保分支机构能够及时识别和获取适用的法律法规、监管要求和其他要求；是否及时更新法律法规、监管要求和其他要求的信息，并将这些信息及时传达给相关员工；是否在已制定的规章制度体系中充分体现应遵循的法律法规要求；内外部监管提示的风险是否得到及时处理和落实，见表10-12。

（3）内部控制方案

内部控制方案指标的评价要点包括：是否为实现内部控制目标制订了内部控制方案；确定了哪些控制要点和控制措施；内部控制方案是否包括了各项任务的职责权限和相应的控制策略、方法、资源要求并形成了文件；内部控制方案是否考虑了由方案自身带来的新的风险；方案是否涉及业务流程、管理活动等重大变化等，见表10-13。

表 10-11　　经营管理活动的风险识别与评估指标设置与评价表

评价要点	评价方法
是否建立有效识别风险的机制	查阅各主要业务部门风险识别的规章制度、风险报告等，检查各项业务是否建立识别市场风险、信用风险、操作风险、利率风险、流动性风险、法律风险、信誉风险等主要风险的程序、途径
是否建立覆盖主要业务条线的风险点清单	查阅相关风险清单
风险识别与评估是否考虑经济形势波动、行业变动趋势等外部因素；是否考虑组织结构、业务性质、机构变革以及员工流动等内部因素；当外部环境和条件发生变化时，是否及时对风险进行再识别和再评估，并能够及时传达和改进到位	查阅有关部门风险报告，报告内容是否包括宏观经济政策、产业政策及时调整风险监测重点领域、范围和内容；对经济形势、行业变动趋势和法律法规、监管要求、内部控制政策以及银行组织结构、业务性质、机构变革和员工流动等事项变化，是否进行风险的再识别和再评估，确保新的和以前未曾予以控制的风险得到识别和控制
是否对各类业务风险的后果及发生的可能性等进行了评估，评估的结果有无形成文件	查阅各类业务风险评估报告，确认报告内容是否涵盖了各类风险发生的后果及可能性
在设计新的分支机构或开办新的业务时，是否事先制定各业务操作的制度和程序，是否对潜在风险提出防范措施	查阅开办分支机构或新业务时的相关手续，确认是否包括了各业务操作的制度和程序
能否及时发现由于员工的思想道德及业务素质问题所产生的风险，并重视对员工的法治教育和职业道德教育	查阅对员工开展法治教育及职业道德教育的相关业务记录、照片等资料
是否建立并保持应急预案及程序，应对已识别的重大违规、意外和紧急事件	查阅被评价行应急预案，检查是否识别潜在的事故（风险）和紧急情况；是否明确意外、紧急情况发生时负责人；是否制订各类人员行动计划；是否明确紧急情况发生时特定作用人员职责、权限、义务；是否明确与外部应急机构接口；是否安排重要记录和重要设备的保护；是否明确紧急情况发生时可利用的必要设备和资料，如报警设备和电话号码；是否定期检查和更新应急预案
对已识别或已发生的风险是否及时、明确地进行提示	查阅有关部门资料，检查对产生和存在的风险是否明确揭示，并发出预警提示。如查阅贷后管理检查报告等，检查被评价行是否对信用风险及时提示

表10-12　**法律法规、监管要求和其他要求的识别指标设置与评价表**

评价要点	评价方法
是否已建立了相应的程序，已确保中心支行（分行）能够及时识别和获取适用的法律法规、监管要求和其他要求	查阅被评价行识别和获取法律法规、监管要求的操作流程，确认是否建立了相应程序
是否及时更新法律法规、监管要求和其他要求的信息，并将这些信息及时传达给相关员工	查阅传达法律法规、监管要求的相关通知、文件，确认是否及时传达给相关员工
是否在已制定的规章制度体系中充分体现应遵循的法律法规要求	抽查被评价行的规章制度
内外部监管提示的风险是否得到及时处理和落实	查阅监管部门、内审机构检查报告、整改意见书，职能部门专项检查报告、整改意见书，检查有关部门是否及时将内外部监督发现的各种风险向高级管理层报告，并落实有效整改措施，所提示的控制缺陷是否按要求整改

表10-13　　　　　　　**内部控制方案指标设置与评价表**

评价要点	评价方法
是否为实现内部控制目标制订了内部控制方案，确定了哪些控制要点和控制措施	查阅被评价行的内部控制方案，确认内部控制方案是否涵盖了控制要点和控制措施
内部控制方案是否包括了各项任务的职责权限和相应的控制策略、方法、资源要求并形成了文件	查阅被评价行的内部控制方案，确认内部控制方案是否包括了各项任务的职责权限和相应的控制策略、方法、资源要求并形成了文件
内部控制方案是否考虑了由方案自身带来的新的风险，方案是否涉及业务流程、管理活动等重大变化	查阅被评价行的内部控制方案，确认内部控制方案的内容是否涉及业务流程、管理活动等重大变化

3）监督评价与纠正指标

自由贸易港金融机构内部控制多维评价监督评价与纠正指标，包括3个方面共15个评价点。3个方面评价大类具体分为：内部控制绩效监测；违规的纠正及预防措施；持续改进。以下仍以表格的形式列示各指标设置与评价的具体方法。

（1）内部控制绩效监测

内部控制绩效监测指标的评价要点包括：是否建立了自律监管规章制度；是否制订了业务检查计划；业务检查计划是否按期完成，见表10-14。

表10-14　　　　内部控制绩效监测指标设置与评价表

评价要点	评价方法
是否建立了自律监管规章制度	查阅被评价行的自律监管制度
是否制订了业务检查计划，业务检查计划是否按期完成	查阅被评价行的业务检查计划，确认完成情况

（2）违规的纠正及预防措施

违规的纠正及预防措施指标的评价要点包括：业务管理部门是否定期对本条线的内部控制情况进行自评，并出具自评报告；自律监管检查的程序是否符合要求；是否对上次检查发现问题的整改情况进行检查；每次自律监管检查是否都形成书面检查报告；检查发现的重要问题在报告中是否如实予以反映；需要向上级行上报的自律监管材料是否按规定及时、真实、全面报送；业务管理部门是否监督被查单位按照要求及时反馈问题整改情况等，见表10-15。

（3）持续改进

持续改进指标的评价要点包括：是否根据工作计划，制定、落实整改措施，进一步整章建制，规范管理，改进工作；整改督办职能部门是否按规定对被检查单位的整改情况进行跟踪检查；是否按规定对外部监管和内部检查的结果进行报告、通报；被评价单位是否建立整改台账；被检查单位是否及时、完整、真实地向整改督办职能部门反馈整改结果，见表10-16。

表 10-15　　　　　　　违规的纠正及预防措施指标设置与评价表

评价要点	评价方法
业务管理部门是否定期对本条线的内部控制情况进行自评，并出具自评报告	查阅自评方案、工作记录及报告，重点查看评估的过程是否合理
自律监管检查的程序是否符合要求	重点检查自律监管的方案、记录、底稿、报告、反馈等资料，评价自律监管检查程序的合规性
是否对上次检查发现问题的整改情况进行检查	检查监管记录及上次的自律监管报告或问题底稿，确定本次监管时是否对上次的检查的问题整改情况进行检查
每次自律监管检查是否都形成书面检查报告	查阅自律监管检查报告
检查发现的重要问题在报告中是否如实予以反映	将业务管理部门留存的监管报告、报表与其上报的报告、报表进行核对，评价其及时性、真实性和全面性
需要向上级行上报的自律监管材料是否按规定及时、真实、全面报送	查阅检查监管资料，确认是否包括：自律监管年度工作计划、监管实施方案、监管检查记录、底稿、监管报告、问题整改通知书等
业务管理部门对自律监管检查发现的问题是否及时下发"整改通知书"	查阅监管记录、底稿、整改通知书或通报，确认下发是否及时，整改期限设置是否合理
业务管理部门是否监督被查单位按照要求及时反馈问题整改情况	查阅问题整改报告，确认是否在整改意见书规定的时间内反馈，同时，抽查整改支行反馈的整改情况是否真实

表 10-16　　　　　　　持续改进指标设置与评价表

评价要点	评价方法
是否根据工作计划，制定、落实整改措施，进一步整章建制，规范管理，改进工作	查阅整改台账及针对外部监管和内部检查结果制定的总体整改措施资料、会议记录
整改督办职能部门是否按规定对被检查单位的整改情况进行跟踪检查	查阅整改台账及整改督办职能部门的跟踪检查记录、报告等资料，确认是否及时进行跟踪检查，检查内容是否符合规定要求
是否按规定对外部监管和内部检查的结果进行报告、通报	查阅外部监管和内部检查报告收发文记录，查看外部监管、内部检查报告是否有行长或分管行长签批，并按规定进行通报，调阅内外部检查结果的报告、通报记录
被评价单位是否建立整改台账	查阅整改台账等资料
被检查单位是否及时、完整、真实地向整改督办职能部门反馈整改结果	查阅被检查单位的整改报告，查看是否在规定期限内真实、完整地向整改督办职能部门反馈整改结果

4) 信息交流与反馈指标

自由贸易港金融机构内部控制评价信息交流与反馈指标，包括两方面共4个评价点。2个方面评价大类分别为交流与沟通和反舞弊机制建设。下面仍以表格的形式列示各指标设置与评价的具体方法。

（1）交流与沟通

交流与沟通指标的评价要点包括：管理层能否获得内部控制状况信息；是否及时向监管机构及总部提交报告，披露内部控制信息等方式进行信息交流与沟通，见表10-17。

表10-17　　　　　　　**交流与沟通指标设置与评价表**

评价要点	评价方法
管理层能否获得内部控制状况信息	提交的合规总结、操作风险报告是否真实、完整、及时
是否及时向监管机构及总部提交报告，披露内部控制信息	提交的专兼职合规报告是否真实、完整、及时

（2）反舞弊机制建设

反舞弊机制建设指标的评价要点包括：是否建立反舞弊机制，坚持惩防并举、重在预防的原则；举报投诉制度和举报人保护制度是否及时准确传达至金融机构全体员工，具体见表10-18。

表10-18　　　　　　　**反舞弊机制建设指标设置与评价表**

评价要点	评价方法
是否建立反舞弊机制，坚持惩防并举、重在预防的原则	考查已建立的机制是否符合反舞弊机制的相关规章制度
举报投诉制度和举报人保护制度是否及时准确传达至金融机构全体员工	举报投诉制度和举报人保护制度是否及时准确传达至金融机构全体员工

10.3.3　自由贸易港金融机构业务流程层面内部控制评价指标设置

中国（海南）自由贸易港金融机构业务流程层面内部控制诉价指标类型众多，涉及具体金融机构众多业务的具体环节，因此，其业务流程层面内部控制评价指标设置各具特色。本书为中国（海南）自由贸易港金融机构业务流程层面设计的评价指标，包括授信业务、常规柜台业务、公章及合同管理、反洗钱评价、电子金融业务等。

1）授信业务内部控制指标

自由贸易港金融机构授信业务是大部分金融机构都需要开展的业务，覆盖面最广，其内部控制评价指标设置，包括授信流程管理、房屋按揭贷款管理和票据融资三部分。以下仍以表格的形式列示各指标设置与评价的具体方法。

（1）授信流程管理

授信流程管理的评价具体包括：客户调查和业务受理是否尽职；分析与评价是否尽职；授信决策与实施是否尽职；是否按规定进行贷款资金支付管理与控制；授信后管理和问题授信处理是否尽职五个小部分，见表10-19。

表 10-19　　　　　　　　　**授信流程管理指标设置与评价表**

评价内容	评价点
客户调查和业务受理是否尽职	是否对客户提供的身份证明、授信主体资格、财务状况等资料的合法性、真实性和有效性进行认真核实
	是否将核实过程和结果以书面形式进行有效记载
分析与评价是否尽职	是否根据不同授信品种的特点，对客户申请的授信业务进行分析评价
	是否认真评估客户的财务报表和对客户的非财务因素进行分析评价
	是否对客户的信用等级进行评定并予以记载
	是否对授信项目的技术、市场、财务等方面的可行性进行评审，并以书面形式予以记载
	是否对第二还款来源进行分析评价
	是否形成书面的分析评价报告
	在客户信用等级和客户评价报告的有效期内，对发生影响客户资信的重大事项，是否重新进行授信分析评价
	对发生变动或信用等级已失效的客户评价报告，是否随时进行审查，及时做出相应的评审意见

续表

评价内容	评价点
授信决策与实施是否尽职	授信决策是否在书面授权范围内进行，超越权限进行授信
	授信决策是否依据规定的程序进行，违反程序或减少程序进行授信
	是否对以下用途的业务进行授信：一是国家明令禁止的产品或项目；二是违反国家有关规定从事股本权益性投资，以授信作为注册资本金、注册验资和增资扩股；三是违反国家有关规定从事股票、期货、金融衍生产品等投资；四是其他违反国家法律法规和政策的项目
	客户是否按国家规定取得以下有效批准文件之一的，或虽然取得，但属于化整为零、越权或变相越权和超授权批准的，自由贸易港金融机构提供授信：一是项目批准文件；二是环保批准文件；三是土地批准文件；四是其他按国家规定需具备的批准文件
	授信决策做出后，授信条件发生变更的，是否依有关法律、法规或相应的合同条款重新决策或变更授信
	实施有条件授信是否遵循"先落实条件，后实施授信"的原则，授信条件是否落实或条件发生变更未重新决策的授信
是否按规定进行贷款资金支付管理与控制	在发放贷款前没有确认借款人是否满足合同约定的提款条件
	是否按照合同约定的支付方式对贷款资金的支付进行管理与控制
	固定资产贷款单笔金额超过项目总投资 5% 或超过 500 万元人民币的贷款资金支付，是否采用贷款人受托支付方式
	是否合理约定贷款资金支付方式及贷款人受托支付的金额标准
	与借款人新建立信贷业务关系且借款人信用状况一般、支付对象明确且单笔支付金额较大的流动资金贷款是否采用贷款人受托支付方式
	采用贷款人受托支付的，贷款发放前是否审核借款人提供的相关交易资料是否符合合同约定条件
	采用借款人自主支付的，是否要求借款人定期汇总报告贷款资金支付情况，并通过账户分析、凭证查验、现场调查等方式核查贷款支付是否符合约定用途
	固定资产贷款发放和支付过程中，是否确认与拟发放贷款同比例的项目资本金足额到位，并与贷款配套使用
	在贷款发放和支付过程中，借款人出现信用状况下降、主营业务盈利能力不强、贷款资金使用出现异常、项目进度落后于资金使用进度、违反合同约定情况的，贷款人是否与借款人协商补充贷款发放和支付条件，或根据合同约定变更贷款支付方式、停止贷款资金的发放和支付

161

评价内容	评价点
授信后管理和问题授信处理是否尽职	授信实施后，是否对所有可能影响还款的因素进行持续监测，并形成书面监测报告。是否重点监测以下内容：一是客户是否按约定用途使用授信，是否诚实地全面履行合同；二是授信项目是否正常进行；三是客户的法律地位是否发生变化；四是客户的财务状况是否发生变化；五是授信的偿还情况；六是抵押品可获得情况和质量、价值等情况
	是否严格按照风险管理的原则，对已实施授信进行准确分类，并建立客户情况变化报告制度
	是否通过非现场和现场检查，及时发现授信主体的潜在风险并发出预警风险提示

（2）房屋按揭贷款管理

房屋按揭贷款管理的评价具体包括个人住房贷款是否合规和商业用房贷款是否合规两个小部分，见表10-20。

表10-20 　　　　　　　　**房屋按揭贷款管理指标设置与评价表**

评价内容	评价点
个人住房贷款是否合规	是否发放居民家庭购买第3套及以上住房贷款
	是否对不能提供1年以上当地纳税证明或社会保险缴纳证明的非本地居民发放购房贷款
	对贷款购买商品住房，首付款比例是否调整到30%及以上
	对贷款购买第2套住房的家庭，首付款比例是否低于60%，贷款利率是否低于基准利率的1.1倍；消费性贷款是否用于购买住房
	是否发放贷款额度随房产评估价值浮动、不指明用途的住房抵押贷款
	是否有以借款人家庭（包括借款人、配偶及未成年子女）为单位认定房贷次数
	商业性个人住房贷款中居民家庭住房套数，是否依据拟购房家庭（包括借款人、配偶及未成年子女，下同）成员名下实际拥有的成套住房数量进行认定

续表

评价内容	评价点
个人住房贷款是否合规	因当地暂不具备查询条件而不能提供家庭住房登记查询结果的，借款人是否向贷款人提交家庭住房实有套数书面诚信保证
	有下列情形之一的，贷款人是否对借款人执行第 2 套（及以上）差别化住房信贷政策：一是借款人首次申请利用贷款购买住房，如在拟购房所在地房屋登记信息系统（含预售合同登记备案系统，下同）中其家庭已登记有 1 套（及以上）成套住房的；二是借款人已利用贷款购买过 1 套（及以上）住房，又申请贷款购买住房的；三是贷款人通过查询征信记录、面测、面谈（必要时居访）等形式的尽责调查，确信借款人家庭已有 1 套（及以上）住房的
	对能提供 1 年以上当地纳税证明或社会保险缴纳证明的非本地居民申请住房贷款的，贷款人是否执行差别化住房信贷政策
	是否做到"面测、面试、居访"
	是否存在假按揭贷款行为
商业用房贷款是否合规	利用贷款购买的商业用房是否为没有竣工验收的房屋
	商业用房购房贷款是否首付款比例低于 50%，期限超过 10 年，贷款利率低于中国人民银行公布的同期同档次利率的 1.1 倍
	对以"商住两用房"名义申请贷款的，首付款比例是否低于 45%，贷款期限和利率水平是否按照商业性用房贷款管理规定执行
	存在假按揭贷款行为的

163

（3）票据融资

票据融资的评价具体包括：是否违规办理伪贸易背景或贸易背景不清的承兑、贴现；是否违反程序和超权限办理承兑、贴现；承兑、贴现资金用途是否合规；保证金管理是否规范，见表 10-21。

2）常规柜台业务内部控制指标

自由贸易港金融机构常规柜台业务是基础业务，其内部控制评价指标设置包括：账户管理，印鉴管理，重空管理和印章管理，现金管理和对账管理，上门服务和代发代扣，事后监督、抵质押品和其他业务等内部控制指标共 6 个部分。以下仍以表格的形式列示各指标设置与评价的具体方法。

表 10-21 **票据融资指标设置与评价表**

评价内容	评价点
是否违规办理伪贸易背景或贸易背景不清的承兑、贴现	是否严格审查购销合同项下货物的运输单据、出入库单据、检验验收单据等
	企业提交的商品劳务交易合同是否要素不全，合同效力存在问题
	企业客户身份识别不清，身份证明无效，是否按规定年检；贷款证明是否存在缺陷
	是否贸易合同虚构或增值税发票虚假
	增值税发票与贸易合同显示的交易时间是否匹配，金额或产品是否相符
	承兑汇票所附交易凭证是否为收据而非发票
	贴现资金是否回流到贴现申请人前手或票据记载收款人等
是否违反程序和超权限办理承兑、贴现	与承兑申请人及保证人签订"银行承兑协议"和相关的担保合同是否早于审批时间
	是否经审批办理承兑或贴现
	是否超业务权限或审批权限办理承兑或贴现
	是否化整为零办理承兑或贴现等
承兑、贴现资金用途是否合规	承兑、贴现资金投向是否符合国家产业政策和信贷政策，用于国家明令禁止的产品购销或项目
	承兑、贴现资金是否用于股本权益性投资，如作为注册资本金、注册验资和增资扩股等
	承兑、贴现资金是否用于股票、期货、金融衍生产品等投资；承兑、贴现资金为证券、期货或衍生金融工具交易提供资金
	承兑、贴现资金是否用于非自用不动产、股权、实业等投资活动
	是否存在其他违反国家法律法规和政策的资金用途等
保证金管理是否规范	是否按照客户信用等级收取承兑保证金
	是否按规定比例收取承兑保证金
	免收或减收保证金是否符合规定
	承兑保证金来源是否合规，以信贷资金冲抵保证金
	是否存在串用、挪用或提前支取保证金
	保证金账户设置是否规范，是否实行"专户管理、专款专用"；保证金专户与客户结算户串用、各子账户之间是否存在相互挪用等

（1）账户管理

账户管理指标的评价具体包括：开立、变更、注销管理；账户使用管理；验资账户管理；支付密码器管理；挂失业务管理；查询、冻结、扣划业务管理；查询查复管理，具体见表10-22。

表10-22　　　　　　　　　账户管理指标设置与评价表

评价内容	评价点	主要评价点
开立、变更、注销管理	账户开立、变更、注销资料是否真实、完整、有效（包括个人结算账户）	账户资料是否真实、有效、完整； 营业机构或营销人员是否对客户资料进行核实； 岗位设置是否合规，核查岗是否审核原件； 是否对经办人进行拍照； 是否进行电话核实并录音； 代理人开立个人结算账户是否填写开户申请书
账户使用管理	是否对大额付款业务进行核实或存在未按规定为客户办理资金划转、套现等现象	是否保存录音记录； 大额资金划转是否建立与客户2个以上主管热线联系查证制度； 是否存在内部员工将本人身份证借用给客户开卡，帮助客户进行大额资金转账
验资账户管理	是否按规定办理验资账户	相关部门的批文是否合规、有效，户名是否与批文一致，证明文件是否齐全；注册验资账户在验资期间款项是否只收不付； 个人增资是否由本人亲自办理；是否执行3日付款制； 注册验资账户预留印鉴是否为各股东本人签名或出资单位预留印鉴，款项划转凭证上签章是否与预印鉴核对相符； 验资账户撤销手续是否齐全，款项是否划转到同名基本存款账户；验资户是否及时销户，相关资料是否齐全； 科目归属是否正确，账户性质是否选择为"临时存款账户"； 验资账户工商核准后，若继续使用该账户是否及时完善了相关手续； 是否按验资管理办法要求手续和流程进行开立和注销账户，账户资料及预留印鉴是否合规，验资款是否由出资人转入，资金转出（非本行基本户）是否完善基本户手续并本息转入该户，退资手续符合要求

评价内容	评价点	主要评价点
支付密码器管理	是否按规定办理支付密码器	企业签订支付密码协议时，提供手续是否齐全、完整； 如代办人来办理支付密码相关业务时柜员是否均同法人进行电话核实； 柜员办理支付密码相关业务时是否均按照操作要求及流程进行操作，是否出现逆流程现象
挂失业务管理	是否按规定办理挂失解挂业务	是否按规定办理储蓄挂失解挂业务，是否按规定核实客户身份信息
查询、冻结、扣划业务管理	是否存在无正当理由、手续不全或审核不严即办理存款的查询、冻结、扣划手续业务	对于对公、对私存款的查询、冻结、扣划手续是否合法、有效； 存款冻结期间，是否存在自行解冻，计划解冻日期是否正确
查询查复管理	是否按规定办理银承的查询查复业务	是否按照流程查询他行签发及本行签发的银行承兑汇票； 在进行票据查询时，是否将"有无他查"作为必查项； 对查复方回复"有他行查询"及审核过程中发现疑点的票据采用实地查询、传真查询等多种方式进行一步核查

（2）印鉴管理

印鉴管理的评价具体包括：预留印鉴的核验；预留印鉴变更管理；预留印鉴的建库、保管与使用等，见表10-23。

表10-23　　　　　　　　印鉴管理指标设置与评价表

评价内容	评价点	主要评价点
预留印鉴的核验	是否按业务发生流程对预留印鉴进行核验	是否所有印鉴审核业务均使用电子验印系统核验，大额支付及未自动通过的验印业务确认； 是否换人核印验印，时间是否滞后于业务发生时间

评价内容	评价点	主要评价点
预留印鉴变更管理	是否按规定办理预留印鉴的变更	对公账户申请变更预留印鉴，是否出具变更印鉴的书面申请、原预留印章等相关证明材料，证明资料完整有效。 对公账户因预留印鉴丢失无法提供原印章的，是否出具书面申请、开户许可证正本、营业执照正本及司法部门的证明等相关证明文件原件后，方申请办理印鉴挂失及印鉴变更。 对公账户申请变更或挂失预留印鉴，是否由法定代表人或单位负责人本人办理、授权他人办理。对于本人办理的，是否出具相应的证明文件、书面申请及法定代表人或单位负责人的身份证件原件；授权他人办理的，在备齐上述资料的基础上，是否审核法定代表人或单位负责人出具的授权书及被授权人的身份证件原件。 个人账户申请变更预留印鉴，是否由存款人本人亲自办理。因更换个人印章而申请变更预留印鉴的，是否出具加盖原预留印鉴的书面申请、原预留印章及本人有效身份证件原件；因遗失个人印章而申请变更预留印鉴的，是否出具经本人签字确认的书面申请以及本人有效身份证件原件。 受理印鉴变更（挂失）业务，临柜会计人员是否按规定实行双人审核变更资料。对于符合变更条件的，是否对存款人所提供的变更前的印鉴进行核验。对于符合挂失条件的，是否按照规定进行挂失和解挂处理。 办理印鉴变更（挂失）是否对经办人员进行拍照
预留印鉴的建库、保管与使用	印鉴卡实物的建库、保管流程是否规范	是否将本行开立的账户预留印鉴全部上报录入验印库。是否由审查岗或运营部人员保管，建库人员岗位是否合规。 新建、变更、销户是否及时做 713 科目账务处理，确保账实相符。 是否做到按规定对印鉴卡不定期进行查库，是否履行层级查库制度

167

（3）重空管理和印章管理

重空管理的评价具体包括：重空凭证的保管、出售、使用；重空凭证的作废、收回、销毁。印章管理的评价具体包括：印章的保管、使用；停用及销毁印章的管理，见表10-24。

表10-24　　　　　重空管理和印章管理指标设置与评价表

评价环节	评价内容	评价点	主要评价点
重空管理	重空凭证的保管、出售、使用	是否存在代客户保管卡、折等重要凭证及物品的现象	是否存在代客户保管卡、折、身份证、章等重要凭证及物品的现象
		重空凭证（银承）领取、保管、交接、结账、查库等环节是否合规（包括早、晚出入库情况）	分支营业机构是否按流程领取重空凭证；营业终了营业或往来钱箱重空凭证是否双人交叉核对，并由会计主管集中入库保管；重空凭证柜员的设置是否符合账账、账实、章证分管的要求；营业期间钱箱重空凭证是否专人使用并保管，交接时是否清点实物并登记"工作交接登记簿"；各级人员是否严格执行查库制度
		是否按流程出售重空凭证	重空管理是否规范，有无客户签字或行内人员代签字的现象；出售重空凭证时是否核对存款人预留印鉴后再出售（包括支付密码器）；是否存在跳号现象
	重空凭证的作废、收回、销毁	是否对作废重空凭证进行账务核对	作废及销户收回的重空凭证是否按要求登记、装订或保管、上缴
印章管理	印章的保管、使用	保管人与实际使用人是否一致	印章是否专属、有无串用现象；保管人与实际使用人是否一致，是否按规定进行交接
		印章保管、查库等环节是否合规（包括早、晚出入库情况）	是否集中出入库保管，入库时是否经有权人查看；各层级人员是否严格履行查库制度
	停用及销毁印章的管理	停用、作废印章管理是否符合要求	是否由管理部门集中管理，账实是否相符；交接记录中登记的保管人员是否为实际保管人；是否符合印章保管条件，重要空白凭证及印章是否相分离

（4）现金管理和对账管理

现金管理的评价具体包括：现金收付管理；款箱、尾箱管理；卡封锁管理。对账管理的评价具体包括银企对账，内部对账，见表 10-25。

表 10-25　　　　　　　　　现金管理和对账管理指标设置与评价表

评价环节	评价内容	评价点	主要评价点
现金管理	现金收付管理	是否严格执行现金收付业务管理原则	现金业务是否坚持收款时先收款后记账、付款时先记账后付款的原则或者存在逆流程操作现象； 柜员临时离岗是否将现金、章、证、凭条入箱加锁保管； 现金调剂是否有授权员签章，是否与现金收付同步进行； 大额现金支取时，授权员是否核实大额现金款项
	款箱、尾箱管理	款箱、金库尾箱的日常管理是否按规定执行	款箱交接是否符合规定； 营业前、护运车辆到达后，营业终了、护运车辆到达前款箱是否放在监控下妥善保管； 现金柜员是否坚持每日至少两次轧账，尾箱现金、凭证是否坚持交叉清点； 出纳柜员尾箱是否由授权员核点； 出纳库（柜）是否实行双人管库及"五同"原则，是否坚持"五同"原则，库钥匙与密码是否分离保管，有无代开库（柜）现象； 各层级人员是按规定严格执行查库制度
	卡封锁管理	是否按规定对卡封锁进行管理	款箱使用是否实行双人双锁、双锁双封、双人开启； 卡封锁、片的使用、交接、管理是否符合要求
对账管理	银企对账	对账率是否达到规定标准	对账期内对账率是否达标； 对账结束后未对账账户的自查比例是否达标； 分支机构对银企对账的检查比例是否达到10%
		对账、印鉴不符的是否按规定进行处理	是否逐笔勾挑未达款项； 调账是否经有权人审批； 对账及印鉴不符处理是否正确
	内部对账	内部往来、挂账科目对账与处理是否及时	是否进行内部账务的核对，挂账科目进行有效的监督，挂账处理是否及时、有效

（5）上门服务和代发代扣

上门服务的评价具体包括：服务流程；账务流程。代发代扣的评价具体包括申请开办，交接，账务核对，见表10-26。

表10-26　　　　　　　上门服务和代发代扣指标设置与评价表

评价环节	评价内容	评价点	主要评价点
上门服务	服务流程	是否按规定办理上门服务业务	是否认真落实上门服务业务管理规定，上门服务业务是否存在收款人员由单人上锁，保管环节其中一人离岗； 上门服务岗位是否与其他岗位兼容、人员是否在总行备案； 上门服务款箱由双人分别使用寄库柜员锁同时加锁、封签
	账务流程	是否按规定进行上门服务款项的账务处理	上门服务收取款项入账是否及时，当天来不及清点入账时，是否未经授权员签章同意将款包交出纳部门入库保管； 支行负责人是否按规定走访客户，是否指定非上门服务人员按月到企业进行上门对账； 交接手续是否合规、完整，是否存在逆流程交接
代发代扣	申请开办	客户提供的资料是否齐全有效	是否与代发企业签订"代发、代扣业务协议书"，协议是否在有效期内； 首次办理业务时所提供的资料是否齐全、有效并核查
	交接	单据、重空等的传递、交接过程是否有清晰的记录	客户与柜员间、柜员与柜员间的交接是否清晰； 批量开户的凭证处理是否规范； 领取批量客户凭证的客户是否是企业的被授权人
	账务核对	在批量业务完成前后是否对数据进行有效核对，批量业务失败时后处理程序是否正确	是否核对委托单位提交的电子和纸制清单数据； 是否指定专人负责对批量数据与原始数据进行抽检核对； 抽检比率是否达到30%； 批量业务失败时是否按规定进行处理

（6）事后监督、抵质押品和其他业务

事后监督的评价具体包括：监督时效；监督管理。抵质押品的评价具体为抵质押品出入库。其他业务的评价具体为其他业务管理，见表 10-27。

表 10-27　　**事后监督、抵质押品和其他业务指标设置与评价表**

评价环节	评价内容	评价点	主要评价点
事后监督	监督时效	是否在规定时间内完成业务的监督审核并对更正情况进行跟踪	业务传票是否在两日内完成业务监督审核； 监督范围是否全面、有效，是否将挂失业务、作废重空凭证、验印日志等纳入日常业务审核； 是否及时下发"差错查询通知单"并登记事后监督差错登记簿，事后监督人员是否对更正情况进行跟踪
	监督管理	业务管理部门是否对事后监督工作进行有效管理	是否建立事后监督工作日志，并根据工作日志定期对事后监督工作进行总结与分析，日志及分析报告是否流于形式； 主管部门对事后监督工作是否定期进行检查，并建立监督质量的考核规定
抵质押品	抵质押品出入库	抵质押品出入库、查库的流程是否正确	保险库管理及出入库、查库流程是否规范
		抵质押品及有价单证账实是否相符	抵质押品及有价单证的实物、登记簿、核心系统内的余额是否相符；贷款科目中是否有对应的贷款余额，比例是否对应
其他业务	其他业务管理	是否存在其他未按规定办理业务的现象	是否存在其他未按规定办理业务的现象

3）公章及合同管理内部控制指标

自由贸易港金融机构公章及合同管理的内部控制评价指标设置，具体包括合同管理内部控制指标和公章管理内部控制指标两部分。以下仍以表格的形式列示各指标设置与评价的具体方法。

171

（1）合同管理

合同管理指标的评价具体包括合同制度的建设、人员管理、签署、履行、登记与保管，见表10-28。

表10-28　　　　　　　　　**合同管理指标设置与评价表**

评价要点	评价方法
是否与总行同步对合同制度及时进行修订、完善	查阅分支行有无新修订的合同管理实施细则
是否配备具有合同审核能力的法律专业人员	询问法律人员配备情况，查阅相关人员资质材料
是否在合同签署前履行审核手续，是否落实了审核修改意见	查阅分支行协同及审批流，查阅合同原件及法律意见（如有需落实的法律意见没有落实及修改，则从合同管理检查项分值中直接扣分）
是否有完备的档案，是否有专人保管，是否有完整的工作交接记录	询问并查阅合同档案及合同登记簿

（2）公章管理

公章管理具体包括公章的使用及保管，见表10-29。

表10-29　　　　　　　　　**公章管理指标设置与评价表**

评价要点	评价方法
是否专人保管，是否有交接，是否在监控范围内的保险箱或密码柜内	查阅盖印流程及查看登记簿
是否有用印审批单，是否由有权人签字后对应盖章，用印事项与签章文件内容是否一致	检查用印明细与实际用印文件的对应性（如存在用印事项与用印文件内容不符，则本项公章管理分值直接扣分）

4）反洗钱评价内部控制指标

自由贸易港金融机构反洗钱评价指标设置，本身就是基于内部控制完整体系的评价序列，包括控制环境、政策法规执行、风险管理、监督评价与纠正、信息交流与反馈等五部分。本部分结合××市反洗钱机构洗钱风险评估相关文件分别列示和介绍各指标设置与评价的具体方法。

（1）反洗钱评价控制环境

反洗钱评价控制环境指标的评价具体包括风险管控、组织体系、培训宣传，见表 10-30。

表 10-30　　　　　反洗钱评价控制环境指标设置与评价表

评价内容	评价要点	评价方法	评价依据示例
风险管控	机构主要负责人是否对反洗钱工作有足够的重视并进行有效管控，切实履行反洗钱"一把手负责制"，确保足够人员从事反洗钱工作，并履职有效	查阅各项会议和工作记录，是否对反洗钱工作有明确的指示等。管理层讨论反洗钱事项会议年均少于 3 次的扣 0.05 分，少于 2 次的扣 0.1 分，少于 1 次的扣 0.15 分	××市反洗钱机构洗钱风险评估指标（试行）
组织体系	是否建立了反洗钱工作领导小组，设立反洗钱牵头部门，领导小组涵盖了各相关业务部门（或岗位），其职责明确、适当并得到有效履行，内部控制制度健全并执行有效	查阅领导小组设置及组织架构图，调阅柜员登记簿等。架构不清晰未涵盖相关部门的扣 0.05 分，业务条线人员参加反洗钱知识测试（按优秀、良好、及格、不及格分类）及格扣 0.05 分，不及格扣 0.1 分	××市反洗钱机构洗钱风险评估指标（试行）
培训宣传	是否制订反洗钱培训计划，培训对象、培训内容充分、适当、有针对性；人员相对稳定符合上岗要求，能够充分了解履职所需的反洗钱政策法规和相关反洗钱信息	查阅人员设置及变更档案、各项培训和考核记录，调阅参加中国人民银行及总行考试成绩等。缺失档案和考核记录的每少一项扣 0.05 分；柜员违规登录系统的扣 0.25 分；重要岗位人员培训次数少于制度和法规规定的每少一次扣 0.05 分；参加中国人民银行及总行各项考核成绩不合格每人次扣 0.25 分，扣完为止	××市反洗钱机构洗钱风险评估指标（试行）
	是否建立反洗钱宣传工作领导小组，每年至少开展 2 次宣传活动，并及时报送总结、计划等资料；建立宣传长效化机制和日常宣传常态化机制，并得到有效落实	查阅反洗钱宣传方案、宣传计划、宣传总结、宣传记录等上报是否超时限，缺失或报送不及时每项扣 0.1 分	××市反洗钱机构洗钱风险评估指标（试行）

173

（2）反洗钱评价政策法规执行

反洗钱评价政策法规执行指标的评价具体包括身份识别和资料保管、大额和可疑交易报告两个小部分，见表10-31。

表10-31　　　　反洗钱评价政策法规执行指标设置与评价表

评价内容	评价要点	评价方法	评价依据
身份识别和资料保管	是否做到客户身份识别勤勉尽责，相关登记表或业务凭证身份识别要素完整，相关档案信息完整、更新及时，便于反洗钱工作应用；客户识别和尽职调查有合理的复核、授权、审批流程安排	查阅客户档案、反洗钱各项工作记录、客户风险等级评定表，检查各项工作记录是否齐全，是否应用机构信用代码辅助开展客户身份识别和风险等级划分工作，通过非现场方式调取分支机构的客户信息录入情况，现场进行核实等。现场查看已建立业务关系客户是否存在未按规定留存身份证明文件、登记身份基本信息、联网核查、机构信用代码查询等，发现一例扣0.25分，扣完为止；系统信息录入有误的，发现一例扣0.25分，扣完为止；风险等级划分不及时、等级划分与报送案例情况不符的发现一例扣0.25分，扣完为止	××市反洗钱机构洗钱风险评估指标（试行）
	是否做到客户身份资料和交易记录保存完整，相关业务系统信息录入准确、完整		
	是否做到客户风险等级划分及时，对高风险等级的客户或账户的客户基本信息审核严格有效，并适时进行调整		
大额和可疑交易报告	大额和可疑交易报告是否存在迟报、错报、漏报、防卫性报告和补正不及时、不准确等问题	反洗钱监测系统每日核查是否有超时限处理的数据、交易补正是否正确、可疑交易分析记录、机构信用代码登记表、重点可疑交易报告记录等。存在迟报、漏报、补正不及时的发现一例扣0.5分；可疑交易报告未经人工有效分析甄别的，发现一例扣0.25分，扣完为止；重点可疑交易报送有误的，发现一例扣0.5分，扣完为止	××市反洗钱机构洗钱风险评估指标（试行）
	可疑交易报告是否经过必要的人工分析判断，银行机构是否结合机构信用代码信息进行了充分分析		
	重点可疑交易报告是否报送及时，资料齐全，分析合理		

（3）反洗钱评价风险管理、监督评价与纠正、信息交流与反馈

反洗钱评价风险管理、监督评价与纠正、信息交流与反馈指标的评价具体包括：风险管理中的风险识别；监督评价与纠正中的内部监督、信息交流与反馈中的统计报表与信息报送3个小部分，见表10-32。

表10-32　反洗钱评价风险管理、监管评价与纠正、信息交流与反馈指标设置与评价表

评价内容	评价要点	评价方法	评价依据
风险识别	对于可疑交易、案件协查等涉及的客户和账户是否采取了相应的风险处理和防控措施，即对可疑交易、案件协查涉及客户的风险等级是否予以调整，涉及的账户和交易是否进行持续监控；依托反洗钱监测分析系统所提取的各项数据妥善保管，符合保密要求	现场问询反洗钱从业人员、各业务条线人员对反洗钱客户风险分类的了解，可疑交易的分析是否与业务部门进行有效沟通并留有工作记录，是否根据总行要求对涉及反洗钱行政调查的客户进行有效的交易监测；对网银业务、大额现金交易、集中开立账户、代发工资等是否建立有效的监测。相关人员对本条线反洗钱风险点的了解和掌握不全面的扣0.25分，不知晓的扣0.5分；对高风险业务未建立排查机制的扣0.25分	××市反洗钱机构洗钱风险评估指标（试行）
内部监督	对辖内分支机构开展反洗钱专项检查或自查，并达到一定的覆盖面，涵盖合规性和洗钱风险防范措施的健全性、有效性并真正发现已显现的或潜在的合规问题和洗钱风险防范问题	查阅各项内外部检查报告、问题通报、检查整改报告，检查分支行是否及时向总行报告外部检查结果、是否及时开展内部检查，发现问题并及时整改。未建立内部检查机制或检查覆盖面不全的扣0.25分，未问题未解决处理或有效整改的扣0.25分，检查问题履查履犯的扣0.5分	××市反洗钱机构洗钱风险评估指标（试行）
	内、外部监督检查中发现的问题能否及时完整报告总行及相关领导、通报并进行责任追究，能够及时、有效地整改反洗钱内、外部监督检查中发现的问题或隐患		

评价内容	评价要点	评价方法	评价依据
统计报表与信息报送	反洗钱相关统计表报送是否及时、准确	报送不及时扣0.05分；数据不准确扣0.2分	《关于应用机构信用代码辅助开展客户身份识别的通知》；《××市反洗钱宣传工作方案》；《××市反洗钱信息工作管理暂行办法》；《××市关于开展2012年度反洗钱信息调研工作的通知》
	相关计划和总结报送是否及时，并按计划有效组织实施	报送不及时扣0.05分；未有效实施扣0.2分	
	反洗钱宣传类动态、工作动态、调研文章报送是否及时	每少报送1篇扣0.2分，扣完为止	

5）电子金融业务内部控制指标

自由贸易港金融机构电子金融业务的内部控制评价指标设置的原则是为切实履行网络及手机业务风险管理第一道防线的职责，加强业务风险管理，不断完善电子业务内部控制体系、优化内部控制环境，提高各项制度设计的严谨性及制度执行的有效性，强化合规管理，防控电子业务操作风险，确保电子业务安全、有效运行。

自由贸易港金融机构电子业务的内部控制评价指标包括网上金融（包含手机金融）和自助金融共14个评价点，下面以表格的形式列示各指标设置与评价的具体方法。

（1）网上金融（包含手机金融）

网上金融（包含手机金融）指标的评价要点包括：企业网银申请客户是否符合相关要求；网银及手机金融开户资料是否真实、完整、合规；网银开户是否验印；网银客户信息维护、变更、申请注销等业务是否按规定程序操作；密码信封与证书两码的发放；企业网银额度调整是否符合规定；是否存在其他未按规定办理业务的现象，见表10-33。

表 10-33　　　　　网上金融（包含手机金融）指标设置与评价表

评价内容	评价点
企业网银申请客户是否符合相关要求	是不是结算正常的单位结算账户或个人储蓄账户
	限制类账户开通网银是否有相关证明材料
网银及手机金融开户资料是否真实、完整、合规	客户提供资料是否真实、完整、有效
	申请书开通项目与系统开通是否一致
网银开户是否验印	是否验印
	验印时间是否滞后
网银客户信息维护、变更、申请注销等业务是否按规定程序操作	网银客户信息维护、变更、申请注销等业务是否按规定程序操作
密码信封与证书两码的发放	客户领取人是否具有领取资格
	是否核对企业预留印鉴
	客户是否签字确认
企业网银额度调整是否符合规定	有无企业网银业务申请表
	是否使用预留印鉴
	是否标明调整的额度
	是否经有权人审批
	系统处理流程是否合规
是否存在其他未按规定办理业务的现象	是或否

（2）自助金融

自助金融指标的评价要点包括：自动柜员机的钥匙、密码（含备用）管理流程是否合规；清机流程和频率是否符合要求；长短款挂账转出时账务处理是否准确；吞卡处理流程是否合规；是否严格执行查库制度；是否存在其他未按规定办理业务的现象，见表 10-34。

表 10-34　　　　　　　　自助金融指标设置与评价表

评价内容	评价点
自动柜员机的钥匙、密码（含备用）管理流程是否合规	钥匙密码是否分别保管，使用完毕是否及时入库
	备用钥匙密码是否在启用当天或次日密封后交由不同人员入保险库保管
	启用备用钥匙、密码是否经领导审批
	是否定期 3 个月更换密码
	人员变更是否更换密码

评价内容	评价点
清机流程和频率是否符合要求	清机、加钞时是否双人操作
	是否在录像监控下进行
	废钞是否由钱箱管理员取出，加钞完毕操作管理员是否进行试钞
	是否保证每周至少2次清机
	钞箱装钞是否分2人初点、复核
	打开在行式自动柜员机保险柜时，是否至少一名警卫人员在场。离行式自动柜员机，钱箱是否护运车双人双警押运
	回收钱是否进行清点
长短款挂账转出时账务处理是否准确	长短款挂账转出时账务处理是否准确
吞卡处理流程是否合规	是否本人领取吞卡并进行身份核实
	吞卡保管人员和销毁人员是否在总行备案
	上缴吞卡时，是否有2个经办人签字
	吞卡保管人员分类登记并放入保险柜员保管3个月后进行统一销毁
	吞卡销毁经负责人签字，在监控下由2人使用碎卡机进行统一销毁
	处理吞卡是否由2人执行
是否严格执行查库制度	管理行会计主管每月是否至少查库一次
	管理行负责人是否每季度至少查库一次
	自动柜员机运营中心负责人或业务管理人员是否定期对自动柜员机的运行、库存及登记簿管理情况进行检查
	更换流水纸是否按规定操作（记录设备号、日期、加盖公章）
	ATM保险库门密码是否打乱，放在开锁位置
	检查各个监控摄像头位置录像是否清晰，有无跳帧现象
	管理员是否固定，变更时是否备案
是否存在其他未按规定办理业务的现象	是或否

10.4 中国（海南）自由贸易港金融机构内部控制评价指标的计分方法与赋权方法

　　中国（海南）自由贸易港金融机构内部控制评价采取评分制，对内部控制的过程和结果分别设置一定的标准分值，并根据评价得分确定被评价机构的内部控制等级。因此，内部控制评价分值的认定、分类和计算，成为中国（海南）自由贸易港金融机构内部控制评价结果的重要组成部分。

　　指标赋权是内部控制评价和绩效考核中学术性较强的一个问题，中国（海南）自由贸易港金融机构内部控制评价的指标赋权中，不同的指标权重意味着不同的内部控制评价侧重，指标赋权是内部控制评价考核中不可或缺的重要组成部分。

10.4.1 自由贸易港金融机构内部控制评价指标的计分方法

　　内部控制评价指标设置是解决考核什么的问题，而内部控制评价指标的"计分方法"则是解决如何将评价指标达成情况转化为分数的问题。计分方法在评价考核标准中起着重要的作用，不同的计分方法可以解决不同的评价取向的导向性问题。中国（海南）自由贸易港金融机构开展内部控制评价过程中，应对内部控制的过程和结果分别设置一定的标准分值，并根据评价得分确定被评价机构的内部控制等级。

1）自由贸易港金融机构内部控制评价计分方法的原则

　　中国（海南）自由贸易港金融机构内部控制评价的评分制原则，应根据国内法律法规和我国自贸港（区）的具体优惠政策条款，在对内部控制过程评价时，按照内部控制评价内容的要求，结合充分性、合规性、有效性和适宜性等4个方面进行展开，具体包括：（1）过程和风险是否已被充分识别；（2）过程和风险的控制措施是否遵循相关要求、得到明确规定并得以实施和保持；（3）控制措施是否有效；（4）控制措施是否适宜。上述4个方面，转换为具体评价问题，并根据测试情况对被评价项目进行评分。

　　中国（海南）自由贸易港金融机构内部控制过程评价的具体评分标准

如下：（1）被评价对象的过程和风险已被充分识别的，可得该项分值的20%。（2）在满足前项的基础上，规定了被评价项目的过程和对风险的控制措施并遵循要求的，可得该项分值的30%。（3）在满足前两项的基础上，被评价项目的规定得到实施和保持，可再得该项分值的30%。（4）在满足前3项的基础上，被评价项目在实现风险控制的结果方面，控制措施有效且适宜的，可再得该项分值的20%。

在测试过程中遇有业务缺项或问题不适用上述评分办法时，应将涉及的分值在评价项目总分中扣减。为了保持可比性，在得出其余适用项的总分后，还应将该评价项目的总得分进行调整。

$$\frac{调整后评价}{项目总得分} = \frac{所有适用}{项目得分} / (\frac{评价项目}{总分} - \frac{不适用}{项目总分}) \times 100\% \qquad (10-1)$$

单项分值小计和总分分值有小数时四舍五入。

若涉及需要采取抽样测试确定评价结论的，应根据以下情况确定：

（1）如果在抽样范围内未发现违规，该项评价得满分；在抽样范围内，发现2项以上违规（含2项），该项评价不得分；仅发现1项违规的，应扩大一倍抽样，在扩大抽样范围内未发现新的违规的，可得该评价项目分值的50%，在扩大抽样范围内又发现新的违规的，该评价项目不得分。

（2）发现险情或事故的，直接扣除该评价项目的分值。

中国（海南）自由贸易港金融机构初次实施内部控制评价时，需对所有业务活动、管理活动和支持保障活动进行评价。再次评价时应包括但不限于：授信业务、资金业务、存款及柜台业务、主要中间业务、计划财务、会计管理、计算机信息系统等。其他活动在每3次再次评价周期内应至少覆盖1次。

自由贸易港金融机构内部控制评价包括过程评价和结果评价两部分。过程评价主要评价内部控制环境、风险识别与评估、内部控制措施、监督评价与纠正、信息交流与反馈等内部控制要素。结果评价主要评价内部控制目标的实现情况，对这些指标的量化评价可以通过非现场的方式进行。结果评价可以应用的指标包括资本利润率、资产利润率、成本收入比、大额风险集中度指标、关联方交易指标、资产质量指标、不良贷款拨备覆盖率、资本充足指标、流动性指标、案件指标等。

2）自由贸易港金融机构内部控制评价单项计分评价方法

本研究基于所设计的地区性自由贸易港金融机构内部控制指标设置，设计了多样化的单项计分评价方法，包括单项评分方法、正向激励与负向约束调整项、单项计分评价的计算公式和内部控制评价结果等级的认定。

（1）单项评分方法

本研究设计的中国（海南）自由贸易港金融机构内部控制评价的单项评分方法包括判断是否评分法、发现抽样评分法和控制成功率评分法等。

判断是否评分法按照实际测试情况确定"是"、"部分是"或"否"。其中：

① "是"得标准分值的 100%；

② "部分是"得标准分值的 50%；

③ "否"不得分。

发现抽样评分法采用"一票否决制"。其中：

①未发现问题，得标准分值的 100%；

②只要发现问题，不得分。

控制成功率评分法，按照样本中无缺陷样本所占比率（控制成功率）的区间和规定的对应得分比例评分。其中：

①控制成功率达到 100%，得标准分值的 100%；

②控制成功率为 95%（含）至 100%，得标准分值的 80%；

③控制成功率为 90%（含）至 95%，得标准分值的 50%；

④控制成功率为 90% 以下，不得分。

（2）正向激励与负向约束调整项

①正向激励调整项

正向激励调整项，是指内部控制评价期间存在某些规定列示的情况时，调增评价指标总得分。内部控制评价期间存在下列情况的，则在评价指标总得分的基础上适当加分，上不封顶。其中：

A.每成功堵截一起内外部欺诈案件，并获得总行相关部门认可的，加一定分数。

B.在内部控制、案防、操作风险管理等方面，每获得一次监管机构的书面（含电子邮件）表扬的，加一定分数；获得监管机构授予的相关先进集体荣誉称号的，加一定分数。

C.每识别出总行业务系统设计存在的一处重大或重要缺陷，并经对口业务管理部门认可的，加一定分数。

②负向约束调整项

负向约束调整项，是内控评价期间受到监管机构的通报批评或发生重大违规事件的，调减评价指标总得分或直接下调评定等级。其中：

A.内部控制评价期间在内部控制、案防、操作风险管理等方面每受到一次监管机构的书面或电子邮件通报批评的，则在评价指标总得分的基础上扣一定分数。

B.内部控制评价期间监管机构或总行认定发生包括但不限于如下重大违规事件的（因不可抗力导致的损失除外），则在内部控制评价最终得分确定的评价等级的基础上再下调评定等级。其具体事项包括但不限于：超越总部授权办理业务，不限于授信业务；因安全防范措施不当，发生金融诈骗、盗窃、抢劫、爆炸等案件，造成重大影响或损失；因经营管理不善发生挤提事件，或遭受国家有关部门（如银保监会、中国人民银行以及外事管理部门、市场监管部门、税务部门、公安部门等）的严重处罚，或被媒体负面报道，造成重大影响；业务系统故障，造成重大影响或损失；经查实的其他重大合规及操作风险事件等。

（3）单项计分评价的计算公式

本研究设计的中国（海南）自由贸易港金融机构内部控制评价单项计分评价的计算公式主要有：

①单项评价最终得分公式

$$单项评价最终得分 = 评价指标总得分 + （或-）正向激励得分（或负向约束得分） \quad (10-2)$$

②评价指标总得分公式

$$评价指标总得分 = 公司层面的评价得分 \div 100 \times 流程层面的评价得分 \quad (10-3)$$

③公司层面的评价得分公式

$$\begin{array}{l}\text{公司层面的} \\ \text{评价得分}\end{array} = \begin{array}{l}\text{内部控制} \\ \text{环境}\end{array} + \begin{array}{l}\text{风险识别} \\ \text{与评估}\end{array} + \begin{array}{l}\text{信息交} \\ \text{流与反馈}\end{array} + \begin{array}{l}\text{监督评价} \\ \text{与纠正}\end{array} \quad (10-4)$$

④业务流程层面的评价得分公式

$$\begin{array}{l}\text{业务流程层} \\ \text{面的评价得分}\end{array} = \begin{array}{l}\text{小企业} \\ \text{业务}\end{array} + \begin{array}{l}\text{个人} \\ \text{业务}\end{array} + \begin{array}{l}\text{电子银行} \\ \text{业务}\end{array} + \begin{array}{l}\text{金融同业} \\ \text{业务}\end{array} + \begin{array}{l}\text{运营} \\ \text{管理}\end{array} + \begin{array}{l}\text{反洗钱} \\ \text{管理}\end{array} + \begin{array}{l}\text{合同及} \\ \text{公章管理}\end{array} + \begin{array}{l}\text{风险专项} \\ \text{排查等}\end{array} \quad (10-5)$$

（4）内部控制评价结果等级的认定

中国（海南）自由贸易港金融机构内部控制评价结果可以认定为三个等级，各等级标准如下。

一级：被评价单位内部控制体系比较健全，在各个环节能够较好执行内部控制措施，能对主要风险进行识别和控制，无重大风险控制盲点，控制措施相对适宜、有效，经营效果较好。

二级：被评价单位内部控制体系一般，虽建立了大部分内部控制，但在部分重点环节、重要领域缺乏系统性和连续性，发现少量较大的风险隐患，经营效果一般。

三级：被评价单位内部控制体系较差，内部控制体系不健全或重要的内部控制措施没有贯彻执行或无效，或管理方面存在重大问题，或存在明显的管理漏洞或多环节重大风险隐患，业务经营安全性差，经营风险不可控，经营信息无法利用。

3）自由贸易港金融机构内部控制评价整体计分评价方法

本书认为，可应用于中国（海南）自由贸易港金融机构内部控制评价的整体评价计分方法有达标计分法、比率计分法、赛马计分法等。在现阶段中国（海南）自由贸易港业已存在的金融机构实践中，以达标计分法为整体评价的主要计分方法。然而，不同的计分方法能够产生不同的内部控制评价效果。

（1）达标计分法

"达标"即达到标准的意思。"达标"是一个偏向褒义的词语，是有一定要求的，是高于"及格""合格"一类的同类型词语。如果以百分制评价，普遍认为"合格"应该是高于 60 分，因而"合格"应该是一个中性词；"达标"，则是高于 60 分的等级评定。

达标计分法的等级一般分为四种，分别是：优秀、良好、及格、不及

183

格。每个等级都有达标。在百分制中，等级达标情况如下：①不及格，即低于60分的成绩；②及格，即60分以上的成绩；③良好，即75分以上的成绩；④优秀，即85分以上的成绩。

2004年8月20日银监会发布的《商业银行内部控制评价试行办法》（2004年第9号）使用达标计分法的等级分为五级评分。一级：综合评分90分以上（含90分）。二级：综合评分80~89分。三级：综合评分70~79分。四级：综合评分60~69分。五级：综合评分60分以下（不含60分）。

本书将上述方法进行精简，将内部控制评价整体计分评价结果分为三个等级，各等级标准如下。一级：综合评分120（含）~150分，为优。二级：综合评分90（含）~120分，为中。三级：综合评分90分以下，为差。

达标计分法虽然是现阶段中国（海南）自由贸易港金融机构内部控制整体评价的主要计分方法。然而，在具体的应用环节中，比率计分法、赛马计分法等也有着广泛的应用价值。

（2）比率计分法

比率计分法是绩效考核中最常用的计分方法，应用于中国（海南）自由贸易港金融机构内部控制整体评价主要是在各单项或组成部分的加总阶段。

中国（海南）自由贸易港金融机构内部控制使用比率计分法能够合理设置"达标"的目标值，适用于内部控制的连续年份考核或者单项重点指标达标考核。例如，A考核单位某项考核指标上一年度的单项等级可以评定为"一级"，本年可以将其考核目标定义为"一级"或"二级"以上。

比率计分法按照设置的目标值的个数，又可分为单目标比率法、双目标比率法和多目标比率法等。

①单目标比率法

单目标比率法在实际操作中比较多见，操作较为简单，考虑因素较少，由实际达成值S除以目标值M得出比率，再乘以权重分K直接得出该项指标得分，用公式表示为：

$$f(S) = S/M \times K \tag{10-6}$$

单目标比率法的优点是计算简单，操作方便，直观反映指标达成程度。如果从分数数值达成看，单目标比率法既有"正向激励"，也有"负向约束"的作用，不考虑责任底限和上限的情况。

②双目标比率法

双目标比率法就是在单目标比率法的基础上增加一个责任底限，如必须达到"二级"以上，即基本目标值（设为 B），实际达成若低于基本目标值则在赋权中不得分或超额减分；另设挑战目标值 T，若达到挑战目标值得分为 J，即指标权重为 J。考核得分计算公式为：

$$f(S) = (S - B)/(T - B) \times J \tag{10-7}$$

从分数数值达成看，双目标比率法有"不超过底限值在赋权中不得分或超额减分"的特点。高的越高，低的越低，如果低于底限值，还可能得负分，即不仅该项指标不得分，还要倒扣分。

双目标比率法一般适用于有底限值的情况，但得分结果可能出现的范围也比较难控制，我们可以根据实际需要结合说明法来约定是否上不封顶、是否超额减分的情况。

③多目标比率法

多目标比率法，也称为分段比率法，是指设定多个目标值，根据不同目标阶段达成难度的不同赋予不同的考核分，如图 10-1 所示。

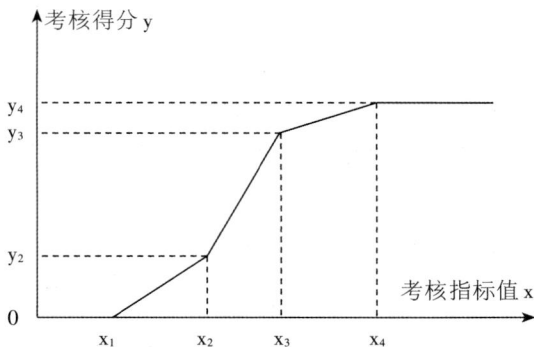

图 10-1　内部控制整体评价多目标比率法示意图

多目标比率法应用于内部控制评价，主要是根据分级评定进行不同分值的分段赋权来实现的。例如，本研究将自由贸易港金融机构内部控制评定等级分为三级，则在每一级分别设定赋权值，加总后产生等级差和累积效应，鼓励内部控制等级提升的努力。

因此，多目标比率法操作较为复杂，考虑的情形也比较周到，在内部控制评价中可以起到创新示范的作用。

③赛马计分法

赛马计分法在中国（海南）自由贸易港金融机构内部控制评价中，适用于内部控制评价考核结果的横向比较。由于考核年份和考核内容的变化，内部控制评价的分值可能在不同年份出现数据的接续性偏差。

赛马计分法的关键在于一个"赛"字，即通过引入竞争机制引导被考核者挣脱内部控制评价计划的心理束缚，紧紧把握本部门本年度实际情况，最大限度地发挥潜能，自动实现内部控制有效性的最大化。

使用赛马计分法既可以对被考核者事先设定内部控制评价计划值，也可以事先不设定计划值、单纯依靠名次来考核计分。是否事先设定内部控制评价计划值，一般取决于考核者对被考核者环境信息的掌握程度，若考核者掌握信息较多较及时、能较准确地预测被考核者的内部控制评价结果，往往事先设定内部控制评价计划值；若考核者掌握的信息有限、难以预测被考核者的内部控制评价结果，往往事先不为被考核者设定内部控制评价计划值，而单纯依靠相互间的名次来计分。

赛马法的主要优势在于引导被考核者充分发挥潜力、充分利用各种机会，自动实现内部控制有效性的最大化。可谓"没有最好，只有更好"。事先设定计划值的赛马法虽然有计划值，但仅达到计划值并不能得满分，要得满分需要比其他被考核者"更"优秀。也就是说，事先设定计划值的赛马法就是"鼓励超计划"的计分方法，所以可称为"超计划赛马法"。

总之，达标计分法虽然是现阶段中国（海南）自由贸易港大部分金融机构内部控制整体评价的主要计分方法，然而，比率计分法、赛马计分法等不同的计分方法的引入，能够产生不同的内部控制评价效果，为中国（海南）自由贸易港金融机构内部控制评价带来新的方法工具。

10.4.2　自由贸易港金融机构内部控制评价指标的赋权方法

指标赋权是内部控制评价和绩效考核中学术性较强的一个问题，相关著述很多，内容体系多有不同。本书将中国（海南）自由贸易港金融机构

186

内部控制评价指标的赋权方法，归纳为主观赋权法、客观赋权法与组合赋权法三种。具体见表10-35。

表10-35　自由贸易港金融机构内部控制评价指标赋权方法归纳

赋权方法	原理	细分方法	特点
主观赋权法	功能驱动	直推型主观赋权法	直接表达评价者主观信息，指标偏好
		反推型主观赋权法	突出评价者直觉判断能力，方案偏好
客观赋权法	差异驱动	突出整体差异的赋权法	突出方案可辨识性或方案的自由竞争性原则
		突出局部差异的赋权法	突出指标可辨识性原则
组合赋权法	组合主客观信息	加法与乘法集成法	对主客观法赋权的结果再次进行数学组合，融合主客观信息
		改进型"拉开档次"法	先主观加权，后客观加权，融合主客观信息

各类赋权方法都有一定的优势，也有一定的劣势。比如，客观赋值法虽然利用比较完善的数学理论与方法，但却忽视了决策者的主观信息，而此信息对于经济管理中的评价或决策问题来说，有时是非常重要的。

1）主观赋权法

中国（海南）自由贸易港金融机构内部控制评价系统在客观现实的运行过程中，或受环境的影响，或受评价者主观愿望的影响而呈现出不同方面的特征，这就给确定权重系数带来了困难。因此在很多情境下，往往是通过主观途径来确定权重系数的，即根据人们主观上对各评价指标的重视程度来确定权重系数的一类方法。主观赋权法又包括两类方法，即直推型主观赋权法和反推型主观赋权法。

（1）直推型主观赋权法

直推型主观赋权法又称为指标偏好型主观赋权法，是指评价者（或决策者）直接对各指标的重要程度进行比较以获取权重系数的方法。

直推型主观赋权法的共同特征如下。

其一，含有主观色彩，即赋权结果与评价者（或决策者）的知识结构、工作经验及偏好等有关。

其二，评价过程的透明性、再现性差。

其三，在一定时间区间内，权重系数 w_j（j=1，2，…，n）具有可继承性和保序性。

比较复杂的直推型主观赋权法有集值迭代法、特征值法、G1法和G2法。其中 G1 赋权法受到很多计量经济学者的推崇，能够反映专家学者丰富的经验知识不受样本选择的影响，但是不能反映指标数据的实际特征。

中国（海南）自由贸易港金融机构内部控制评价还应遵循实用的原则，根据过程评价和结果评价综合确定内部控制体系的总分。其中，过程评价的权重为70％，结果评价的权重为30％，两项得分加总得出综合评价总分。这也可以认为是一种过程评价与结果评价的直推型主观赋权法的权重分配方案。

然而，中国（海南）自由贸易港金融机构内部控制评价，既需要从实际出发稳扎稳打，又需要积极探索应用多种赋权方法的途径。

（2）反推型主观赋权法

反推型主观赋权法又称方案偏好型主观赋权法，是指评价者（或决策者）先对评价对象（或方案）的优劣进行比较判断，再根据比较信息逆向求取指标权重系数的方法。

反推型主观赋权法的共同特征如下。

其一，突出评价者的直觉判断能力；

其二，评价过程的透明性、再现性较差；

其三，权重系数 w_j（j=1，2，…，n）依赖于模型，不具有保序性和可继承性。

较有代表性的反推型主观赋权法有基于部分方案序偏好的赋权法及基于部分方案偏好强度的赋权法。主观赋权法主要是基于"功能驱动"的原理，其实质是根据评价指标的相对重要性程度来确定权重系数。主观赋权法虽然反映了评价者（或决策者）的主观判断或直觉，但在综合评价结果或排序中可能产生一定的主观随意性，即可能受到评价者（或决策者）的知识或经验缺乏的影响。

2）客观赋权法

客观赋权法能够避免在确定权重系数时受人为的干扰，其主要依据是差异驱动原理，基本思想是：权重系数应当是各个指标在指标总体中的变异程度和对其他指标影响程度的度量，赋权的原始信息应当直接来源于客观环境，可根据各指标所提供的信息量的大小来决定相应指标的权重系数。客观赋权法主要包括突出整体差异的赋权法和突出局部差异的赋权法。

（1）突出整体差异的赋权法

突出整体差异的赋权法确定权重系数 w_j 的原则是：从整体上尽可能体现出各评价对象之间的差异，以利于对其排序。突出整体差异的赋权法主要有拉开档次法和逼近理想点法两种情形。

①拉开档次法

从几何角度来看，n 个被评价对象可以看做是由 m 个评价指标构成的 m 维评价空间中的 n 个点（或向量）。求 n 个被评价对象的评价值（标量）就相当于把这 n 个点向某一维空间做投影。选择指标系数，使得各被评价对象之间的差异尽量拉大，也就是根据 m 维空间构造一个最佳的一维空间，使得各点在此一维空间上的投影点最为分散，即分散程度最大。

若取极大型评价指标 x_1，x_2，$\cdots$，x_m 的线性函数如下：

$$y = w_1x_1 + w_2x_2 + w_mx_m = w^Tx \tag{10-8}$$

其中，$w = (w_1, w_2, \cdots, w_m)^T$ 是 m 维待定正向量（其作用相当于权系数向量），$x = (x_1, x_2, \cdots, x_m)^T$ 为被评价对象的状态向量。如将第 i 个被评价对象 s_i 的 m 个标准观测值 x_{i1}，x_{i2}，$\cdots$，x_{im}，代入式中，即得：

$$y = w_1x_{i1} + w_2x_{i2} + w_mx_{im} \quad (i=1,2,\cdots,n) \tag{10-9}$$

如果，

$$y = \begin{bmatrix} y_1 \\ y_2 \\ \vdots \\ y_n \end{bmatrix}, \quad A = \begin{bmatrix} x_{11} & x_{12} & \cdots & x_{1m} \\ x_{21} & x_{22} & \cdots & x_{2m} \\ \vdots & \vdots & & \vdots \\ x_{n1} & x_{n2} & \cdots & x_{nm} \end{bmatrix}$$

则上式可写成 $y = Aw$。

确定权系数向量 w 的准则是能使最大限度地体现出"质量"不同的被评价对象之间的差异。如用数学语言来说，就是求指标向量 x 的线性函数 w^Tx，使此函数对 n 个被评价对象取值的分散程度或方差尽可能地大。

而变量 $y=w^T x$ 按 n 个评价对象取值构成样本的方差为：

$$s^2 = \frac{1}{n}\sum_{i=1}^{n}(y_i - \bar{y})^2 = \frac{y^T y}{n} - \bar{y}^2 \qquad (10\text{-}10)$$

将 $y=Aw$ 代入式中，若将原始数据事先进行标准化处理，则有 $\bar{y}=0$，于是有：

$$ns^2 = w^T A^T Aw = w^T Hw \qquad (10\text{-}11)$$

式中，$H=A^T A$ 为实对称矩阵。

显然，对 w 不加限制时，公式（10-11）可取任意大的值。这里限定 $w^T w=1$，求得最大值。也就是选择 w，使得：

$$\begin{cases} \max\ w^T Hw \\ s.t.\ w^T w = 1 \\ w > 0 \end{cases} \qquad (10\text{-}12)$$

根据有关数学知识，可以得出以下结论。

结论1：若取 w 为 H 的最大特征值所对应的标准特征向量时，公式（10-12）取得最大值。

结论2：若 H 为正方阵（即 H 的元素皆大于 0）时，则有唯一一个正的最大特征值 λ_{max} 及存在唯一一个与 λ_{max} 相对应的正的特征向量（如果不计正常数倍的话）。

结论3：将矩阵 A 中的任意两列（或任两行）元素对换时，综合评价函数 y 值不变。这意味着，任意安排评价指标 $\{x_j\}$ 的顺序及任意安排被评价对象采样的顺序，都不影响综合评价结果。

由拉开档次法给出的权重系数，是通过指标观测值最大限度地体现出各评价对象之间的整体差异的原则计算出来的，具有"再现性"和过程"透明性"。拉开档次法，从理论上讲是成立的，从技术上讲是可行的，从应用上讲是合乎情理的。

拉开档次法具有如下特点：（A）综合评价过程透明；（B）评价结果与 s_i 和 x_j 的采样顺序无关；（C）评价结果毫无主观色彩；（D）评价结果客观、可比；（E）w_j 不具有"可继承性"，即随着 $\{s_i\}$、$\{x_j\}$ 的变化而变化；（F）w_j 已不再体现评价指标 x_j 的相对重要性了，而是从整体上体现 $\{x_{ij}\}$ 的最大离散程度的投影因子，因此，可以有某个 $w_j < 0$。

应用拉开档次法，是在评价指标 x_j 以同等"地位"参与评价过程这个条件为前提的，而事实上x_j之间的相对重要程度是不同的。长期使用"拉开档次"法容易诱导被考核者过度追求"特色"而忽略那些重要的基础性指标。

②逼近理想点法

设理想系统为$s^* = (x_1^*, x_2^*, \cdots, x_m^*)^T$，任一系统（即任一被评价对象）$s_i = (x_{i1}, x_{i2}, \cdots, x_{im})^T$与$s^*$间的加权距离平方和最小时的权重即为所求。

$$\omega_j = \frac{\dfrac{1}{\sum\limits_{i=1}^{n}(x_{ij} + x_j^*)^2}}{\sum\limits_{j=1}^{m}\dfrac{1}{\sum\limits_{i=1}^{n}(x_{ij} - x_j^*)^2}} \qquad j = 1, 2, \cdots, m \tag{10-13}$$

以上是在各项指标x_j相对于评价目标的重要程度都相等的前提下，讨论权重系数向量w的求法及有关问题。值得注意的是：如此求出的w值是反映各系统（被评价对象）之间整体"差异"，是通过指标观测值最大限度地体现出各被评价对象之间的差别的原则计算出来的，并不反映其相应指标的重要程度。

（2）突出局部差异的赋权法

突出局部差异的赋权法中，均方差法、极差法和熵值法是比较典型的，其基本原理和计算方法如下。

①均方差法

从对评价结果的影响力角度考虑，评价对象指标值的偏差程度决定指标应该被赋予的权重。该方法能够根据指标实际数据的特点反映评价对象间的差异，但是如果选择样本数据不具有代表性则会导致权重不合理。

取权重系数为：

$$\omega_j = \frac{s_j}{\sum\limits_{k=1}^{m} s_k}, \quad j = 1, 2, \cdots, m \tag{10-14}$$

上式中，

$$s_j^2 = \frac{1}{n}\sum_{i=1}^{n}(x_{ij} - \overline{x_j})^2, \quad j = 1, 2, \cdots, m \tag{10-15}$$

然而，

$$\overline{x}_j = \frac{1}{n}\sum_{i=1}^{n} x_{ij}, \quad j = 1, \ 2, \ \cdots, \ m \tag{10-16}$$

②极差法

取权重系数为：

$$\omega_j = \frac{r_j}{\sum_{k=1}^{m} r_k}, \quad j = 1, \ 2, \ \cdots, \ m \tag{10-17}$$

上式中，

$$r_j = \max_{\substack{i,k=1,\cdots,n \\ i \neq k}} \{|x_{ij} - x_{k,j}|\}, \quad j = 1, \ 2, \ \cdots, m \tag{10-18}$$

③熵值法

熵值法（Entropy Method）也是一种根据各项指标观测值所提供的信息量的大小来确定指标权数的方法。"熵"是热力学中的一个名词，在信息论中又称为平均信息量，它是信息的一个度量，仍称为"熵"。根据信息论的定义，在一个信息通道中传输的第 i 个信号的信息量 I_i 是 $I_i = -\ln p_i$。式中，p_i 是这个信号出现的概率。因此，如果有 n 个信号，其出现的概率分别为 p_1, p_2, $\cdots$, p_n，则这 n 个信号的平均信息量，即熵为 $-\sum_{i=1}^{n} p_i \ln p_i$。下面，利用"熵"的概念，给出确定指标权系数的熵值法。

设 x_{ij}（$i=1$, 2, $\cdots$, n; $j=1$, 2, $\cdots$, m）为第 i 个系统（被评价对象）中第 j 项指标的观测数据。对于给定的 j，x_{ij} 的差异越大，该项指标对被评价对象的比较作用就越大，即该项包含和传输的信息越多。信息的增加意味着熵的减少，熵可以用来度量这种信息量的大小。

用熵值法确定指数权数的步骤如下：

（a）计算第 j 项指标下，第 i 个被评价对象的特征比重 $P_{ij}=x_{ij}/\sum_{i=1}^{n} x_{ij}$。这里假定 $x_{ij}\geq0$，且 $\sum_{i=1}^{n} x_{ij} > 0$。

（b）计算第 j 项指标的熵值：

$$e_j = -k \sum_{i=1}^{n} p_{ij} \ln(p_{ij}) \tag{10-19}$$

式中，$k>0$，$e_j>0$。如果 x_{ij} 对于给定 j 全部相等，那么 $p_{ij}=\frac{1}{n}$，此时 $e_j=$

klnn。

（c）计算指标 xj 的差异系数。对于给定的 j，x_{ij} 的差异越小，则 e_j 越大，当 x_{ij} 全都相等时，$e_j = e_{max} = 1$（k=1/lnn），此时对于被评价对象间的比较，指标 xj 毫无作用；当 x_{ij} 的差异越大，e_j 越小，指标对于被评价对象的比较作用越大。因此，定义差异系数 $g_j = 1 - e_j$，g_j 越大，越应重视该指标的作用。

（d）确定权数，即取：

$$w_j = \frac{g_j}{\sum_{i=1}^{m} g_i} , \quad j = 1, 2, \cdots, m \tag{10-20}$$

w_j 为归一化了的权重系数。

用拉开档次法与用均方差法、极差法及熵值法所确定的权重系数有一定的区别，这是由两类方法的出发点不同所造成的。用拉开档次法确定权系数，主要是从整体上尽量体现出各个被评价对象之间的差异；而用熵值法确定权重系数时，其出发点是根据某同一指标观测值之间的差异程度来反映其重要程度，如果各被评价对象的某项指标的数据差异不大，则反映该指标对评价系统所起的作用不大，用均方差、极差法及熵值法计算出来的权重系数也不大。

基于"差异驱动"原理的赋权法，主要是利用观测数据所提供的信息来确定权系数的，它虽然避免了主观赋权法的弊病，但也有不足之处：如对同一指标体系的两组不同的样本，即使用同一种方法来确定各指标的权重系数，结果也可能会有差异；再则，有时用客观赋权法得出的评价结果或排序结果可能与决策者的主观愿望相反，而使决策者感到困惑。

基于"差异驱动"原理的客观赋权法（如拉开档次法、均方差、极差法和熵值法等），是一类"求大异存小同"的方法。其共同特征是：其一，不具有任何主观色彩；其二，具有评价过程的透明性、再现性；其三，确定的 w_j（j=1，2，…，m）将不具有继承性、保序性。

3）组合赋权法

组合赋权法对于中国（海南）自由贸易港金融机构内部控制的综合评价问题来说，现实中往往需要能同时体现主、客观信息的权重系数。于是，从逻辑上将主观赋权法和客观赋权法有机地结合起来，使所确定的权重系数同时体现主观信息和客观信息，这就是组合赋权法（又称综合集成赋权法）。可应用于中国（海南）自由贸易港金融机构内部控制评价的组合赋权法有加法集成法、乘法集成法和改进型拉开档次法。

（1）加法集成法

设 p_j，q_j 分别是由基于"差异驱动"原理和"功能驱动"原理产生的指标 x_j 的权重系数，则称：

$$w_j = k_1 p_j + k_2 q_j, j = 1, 2, \cdots, m \tag{10-21}$$

其是具有同时体现主客观信息集成特征的权重系数。式中，k_1，k_2 为待定常数（$k_1 > 0$，$k_2 > 0$，$k_1 + k_2 = 1$）。

显然，综合集成赋权法的关键问题是待定系数 k_1，k_2 的确定。下面给出由数学模型生成 k_1，k_2 的方法。

这时，被评价对象 s_i 的综合评价值为：

$$y_i = \sum_{j=1}^{m} w_j x_{ij} = \sum_{j=1}^{m} (k_1 p_j + k_2 q_j) x_{ij}, \ i = 1, 2, \cdots, n \tag{10-22}$$

确定 k_1，k_2，使公式（9-23）取值最大。

$$\sum_{i=1}^{n} y_i = \sum_{i=1}^{n} \sum_{j=1}^{m} (k_1 p_j + k_2 q_j) x_{ij} \tag{10-23}$$

满足条件公式（9-24）：

$$k_1^2 + k_2^2 = 1, k_1 > 0, \ k_2 > 0 \tag{10-24}$$

应用 Lagrange 条件极值原理，可得：

$$k_1 = \frac{\sum\limits_{i=1}^{n} \sum\limits_{j=1}^{m} p_j x_{ij}}{\sqrt{(\sum\limits_{i=1}^{n} \sum\limits_{j=1}^{m} p_j x_{ij})^2 + (\sum\limits_{i=1}^{n} \sum\limits_{j=1}^{m} q_j x_{ij})^2}} \tag{10-25}$$

$$k_2 = \frac{\sum\limits_{i=1}^{n} \sum\limits_{j=1}^{m} q_j x_{ij}}{\sqrt{(\sum\limits_{i=1}^{n} \sum\limits_{j=1}^{m} p_j x_{ij})^2 + (\sum\limits_{i=1}^{n} \sum\limits_{j=1}^{m} q_j x_{ij})^2}} \tag{10-26}$$

这也是体现被评价对象之间（整体）最大差异的一种主客观信息综合集成的赋权方法。当然，k_1，k_2 也可由体现决策者（或评价者）的偏好信息来确定。

特别地，当取 $k_1 = k_2$ 时，也可以用下面的公式确定 w_j：

$$w_j = \frac{p_j + q_j}{\sum_{i=1}^{m} (p_j + q_j)}, \quad j = 1, 2, \cdots, m \tag{10-27}$$

当然，如果要"平滑"因主客观赋权法而产生（对各评价对象）的"差异"，也可在满足条件 $k_1 + k_2 = 1$，$k_1 > 0$，$k_2 > 0$ 下，确定 k_1，k_2，使：

$$\sum_{i=1}^{n} y_i^2 = \sum_{i=1}^{n} (\sum_{j=1}^{m} (k_1 p_j + k_2 q_j) x_{ij})^2 \tag{10-28}$$

取值最小。

（2）乘法集成法

使用乘法集成法即由上述公式取，

$$w_j = \frac{p_j q_j}{\sum_{j=1}^{m} p_j q_j}, \quad j = 1, 2, \cdots, m \tag{10-29}$$

这一思路也可推广至群组评价的情形。

（3）改进型的拉开档次法

拉开档次法强调的是从整体上突出各被评价对象之间的差异，它是在各项指标相对于评价目标的重要性都相同的前提下进行的。事实上，各项评价指标相对于评价目标的重要性程度，一般来说是不相等的。因此，必须对拉开档次法进行改进。

首先根据各项评价指标相对于评价目标的重要性程度，由"功能驱动"原理给出各项指标 x_j 的权重系数 r_j（$j = 1$，2，$\cdots$，m），在此基础上，对各项评价指标进行"权化处理"，即令：

$$x_{ij}^* = r_j x_{ij}, \quad j = 1, 2, \cdots, n \tag{10-30}$$

式中，x_{ij} 为标准观测数据。显然 x_{ij}^* 的（样本）平均值和（样本）均方差分别为 0 和 r_j^2。这时，再针对权化数据 $\{x_{ij}^*\}$ 应用拉开档次法确定出各项评价指标 x_j 的权重系数 w_j。

这种改进的拉开档次法，从本质上讲是对观测数据都分别进行了两次加权的"综合"。前一次加权，是针对各评价指标相对于评价目标的重要程度而进行的；后一次加权，是在尽量"拉开"各被评价对象之间的（整体）差异而进行的。这两次加权的背景是截然不同的，前者的系数是由"功能驱动"原理生成的，后者是由"差异驱动"原理生成的，用综合集成赋权法确定的评价指标的权重系数，弥补了主客观赋权法的不足。当然，结合主客观因素综合赋权的方法，并不局限于以上介绍的三种，比如可以利用线性组合进行赋权等。

总之，结合中国（海南）自由贸易港金融机构实践，在对自由贸易港金融机构内部控制评价指标赋权的现实基础和未来发展方向的探讨中发现：自由贸易港金融机构内部控制评价现行指标赋权主要采用主观赋权法，然而，中国（海南）自由贸易港未来的发展要求金融机构内部控制评价充分重视和利用客观赋权法。为了避免机械的套用客观赋权法，内部控制多维评价还要根据商业银行应用实践采用结合了主观赋权法和客观赋权法优点的组合赋权法。

10.5 　中国（海南）自由贸易港金融机构内部审计与风险管理

中国（海南）自由贸易港金融机构内部审计应以风险为导向，检查和评价金融机构经营活动、风险管理、内部控制和公司治理过程的真实性、合法性和有效性。

10.5.1　自由贸易港金融机构内部审计的宗旨和原则

内部审计，是承担审计职责的机构和人员在金融机构内部进行的一种独立、客观的确认和咨询活动。自由贸易港金融机构应以国家法律、法规和全行规章制度为依据，以风险为导向，应用系统的、规范的方法，检查和评价全行经营活动、风险管理、内部控制和公司治理过程的真实性、合法性和有效性，促进金融机构稳健发展和战略目标的实现。

中国（海南）自由贸易港金融机构内部审计的宗旨可以包括但不限于：（1）保证国家有关经济金融法律法规、方针政策、监管部门规章和全行各项规章制度的贯彻执行；（2）对内部控制的健全性和有效性的检查、监督、评价；（3）在金融机构的风险框架内，对内部控制、风险管理和公司治理效果提出意见和建议，健全内控管理体系，揭示与防范经营风险，促使风险控制在可接受水平；（4）增加价值和改善组织运营。

中国（海南）自由贸易港金融机构内部审计活动可以普遍遵循以下

原则。

第一，独立性原则。（1）各级内审机构在人员、工作和经费等方面应独立于审计对象；（2）内部审计工作应独立于经营管理活动，以风险为导向，确保审计工作的客观公正；（3）各级内审机构在实施审计活动过程中，自主履行其职责并对审计事项独立地进行分析、评价和报告，不受任何单位和个人的干涉。

第二，客观性原则。（1）审计人员应当以事实为依据，对审计对象进行客观、公正的监督、评价；（2）审计人员应如实披露审计过程中所发现的问题，不得隐瞒。（3）审计人员应主动回避与个人存在利害冲突而有损职业判断的审计项目，以确保内部审计的客观性和公正性。

第三，审慎性原则。（1）审计人员应当具备职业的审慎态度，在审计过程中进行合理的专业判断，对审计对象出现重大风险事项的可能性保持警惕和关注，但不对审计对象是否存在重大风险事项给予绝对保证；（2）当审计人员有证据怀疑审计对象存在不正当行为时，必须及时向内审机构负责人或审计委员会或董事会报告，并根据上级决定对可疑领域进行必要的审计。

第四，效益性原则。（1）审计人员应该密切关注审计对象的财务活动、经营活动、管理活动以及经济责任履行活动中的经济性、效果性和效率性等重要事项；（2）审计人员应当充分考虑审计成本和效率，合理配置审计资源，以增加价值为主要目标进行审计监督。

10.5.2　自由贸易港金融机构内部审计与监管指引

2006年6月27日，中国银行业监督管理委员会颁布的《银行业金融机构内部审计指引》中阐述了如下内容。

其一，"内部审计是独立、客观的监督、评价和咨询活动，是金融机构内部控制的重要组成部分"。内部审计可以通过系统化和规范化的方法，审查评价并改善中国（海南）自由贸易港金融机构经营活动、风险状况、内部控制和公司治理效果，促进自由贸易港金融机构稳健发展。

其二，"内部审计事项主要包括：经营管理的合规性及合规部门工作情况、内部控制的健全性和有效性、风险状况及风险识别、计量、监控程序的适用性和有效性、信息系统规划设计、开发运行和管理维护的情况、会计记录和财务报告的准确性和可靠性、与风险相关的资本评估系统情况、机构运营绩效和管理人员履职情况等"。这些职能与中国（海南）自由贸易港金融机构内部控制本身的职能具备重复性和覆盖性。

其三，"内部审计部门应在年度风险评估的基础上确定审计重点，审计频率和程度应与金融机构业务性质、复杂程度、风险状况和管理水平相一致。对每一营业机构的风险评估每年至少一次，审计每两年至少一次"。中国（海南）自由贸易港金融机构内部控制同样需要风险评估，这些评估结果可以应用于自由贸易港金融机构的内部审计，提高审计效率。内部审计可以看做是自由贸易港金融机构内部控制的一种延伸，是不可分割的组成部分。因此，将内部控制评价和风险评估及其结果应用于内部审计之中，能够降低中国（海南）自由贸易港金融机构成本、提高审计效率，最终能够提升自由贸易港金融机构内部控制体系的完善性。

10.5.3 自由贸易港金融机构内部审计的事项

中国（海南）自由贸易港金融机构各级内审机构应该负责对自身经营管理行为进行内部审计。其一，审计对象包括金融机构总部、所有分支机构及其人员；其二，审计内容包括审计对象的财务活动、经营活动、管理活动和经济责任。

中国（海南）自由贸易港金融机构具体审计事项可以包括但不限于：（1）经营管理的合规性及合规部门工作情况；（2）内部控制的健全性和有效性；（3）风险状况及风险识别、计量、监控程序的适用性和有效性；（4）信息系统规划设计、开发运行和管理维护的情况；（5）会计记录和财务报告的准确性和可靠性；（6）与风险相关的银行资本实施、验证、评估程序情况；（7）机构运营绩效和管理人员履职情况；（8）咨询服务等。

自由贸易港金融机构各级内审机构应着力就风险管理、内部控制、增加价值、改善业务运营等有关方面提供咨询服务的能力，但不应直接参与或负责内部控制设计和经营管理决策与执行。自由贸易港金融机构各级内审机构可以针对审计对象经营管理中的特定事项，对有关单位和部门进行专项审计，并按照规定程序及时报告审计结果。

10.5.4 自由贸易港金融机构内部审计的组织体系与职能

中国（海南）自由贸易港金融机构可以实行董事会领导下的全公司内部审计垂直管理体制。董事会下设审计委员会，根据董事会授权组织指导内部审计工作。审计部门统一组织、管理和报告金融机构整体的内部审计工作，对董事会和审计委员会负责。

中国（海南）自由贸易港金融机构可以实施总、分机构两级内审体制，在主要经营机构派驻审计专员，向金融机构总部的审计部门负责并报告工作。具体的内部审计组织架构如图 10-2 所示。

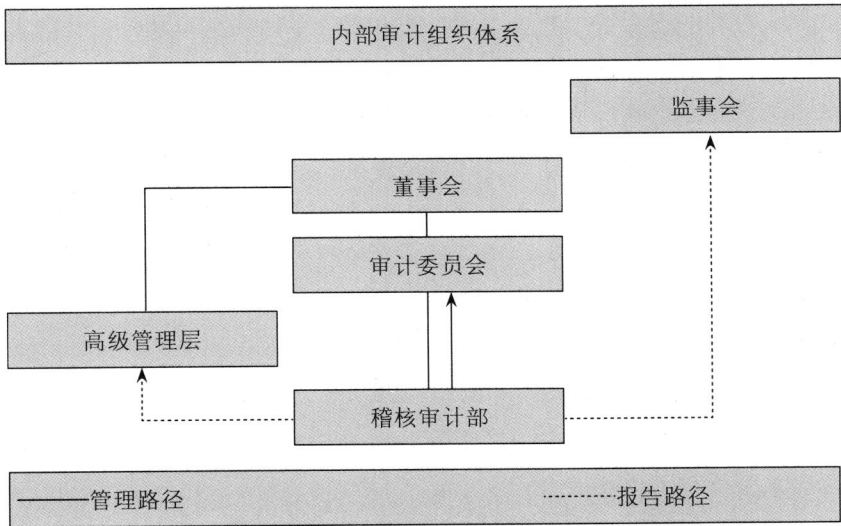

图 10-2 自由贸易港金融机构内部审计的组织体系图

金融机构的董事会对内部审计的适当性和有效性承担最终责任，负责批准内部审计章程、内部审计组织体系、中长期审计规划、年度审计计划及预算，负责批准内审机构主要负责人的任免、总行稽核审计部的业绩评估、审计人员薪酬体系，为内部审计独立、客观地开展工作提供必要保障，并对审计工作情况进行考核监督。

金融机构董事会审计委员会根据董事会授权，负责组织指导金融机构内部审计工作，按季度向董事会报告审计工作情况，并通报高级管理层和

199

监事会。其与内部审计相关的主要职责包括但不限于：（1）审议公司内部审计组织体系；（2）审核中长期审计规划、年度审计计划及预算；（3）提名并考核内审机构主要负责人；（4）决定审计人员薪酬水平；（5）审定重要的内部审计制度；（6）监督内部审计规章制度的实施；（7）审阅审计报告及年度工作总结；（8）指导、监督内部审计工作，考核和评价审计部门；（9）督促管理层对内外部审计及监管发现问题的整改；（10）经董事会授权须履行的其他职责。

自由贸易港金融机构审计委员会的运作机制为：（1）审计委员会每年定期召开会议，以保证对年度审计工作的计划与开展、审计项目的重大发现等议题进行充分讨论和审议。（2）审计委员会应听取经营层关于经营情况、风险管理、内部控制和重大项目的汇报，进而全面、及时地掌握金融机构的改革发展、经营情况、业务进展和风险状况。

自由贸易港金融机构的审计部门应履行以下职责：（1）在董事会审计委员会的领导下，独立行使审计监督权，并对其负责；（2）统一组织、管理和推动内部审计工作；（3）负责制订中长期审计规划和年度审计计划，并组织实施；（4）负责制定、完善内部审计制度，并组织实施；（5）组织实施审计项目，评价内部控制、合规经营情况及风险状况；（6）向有关单位和责任人就经营管理、内部控制或风险防范等提出整改或咨询建议；（7）实施审计质量控制，跟踪审计对象落实整改，及时向董事会报告工作情况，并对审计工作的结果和整体质量负责；（8）落实各级内审机构的内部管理，包括对审计人员的工作管理、考核、培训等。

总之，中国（海南）自由贸易港金融机构的内部审计以风险为导向，检查和评价金融机构整体经营活动、风险管理、内部控制和公司治理过程的真实性、合法性和有效性。内部审计过程中，注重内部控制的健全性和有效性审查，注重风险状况评估、风险识别、计量、监控程序的适用性和有效性。自由贸易港金融机构内部审计的重点环节之一，即是内部控制风险管理。

第 11 章

研究结论与启示

11.1 ——————————— 研究结论 ———————————

　　中国（海南）自由贸易港金融机构全面风险管理，根植于改革开放以来数十年的实践经验，针对自贸港（区）金融机构风险管理的实际需要，归纳和分析中国（海南）自由贸易港金融机构现有和预期入驻金融机构面临的主要风险，包括重要（重大）风险、其他风险和经营风险，并且，一并探讨了各类风险的应对与风险管理。同时，深入探讨中国（海南）自由贸易港金融机构的全面风险管理体系的治理架构、风险管理策略、风险管理政策和程序、内部控制和审计体系等具体内容，还包含其他涉及中国（海南）自由贸易港金融机构全面风险管理的外延性研究。上述内容共同形成中国（海南）自由贸易港金融机构全面风险管理的内涵。

　　本书的研究，首先立论于中国（海南）自由贸易港金融机构的成长历程、现状和全面风险管理理论的基本内涵；其次，归纳和分析中国（海南）自由贸易港金融机构现有和预期入驻金融机构面临的主要风险，明晰主要风险的风险识别、风险分析和风险应对方法和策略；最后，深入探讨中国（海南）自由贸易港金融机构的全面风险管理体系的治理架构、风险管理策略、风险管理政策和程序、内部控制和审计体系等具体内容，同时包含其他涉及中国（海南）自由贸易港金融机构全面风险管理的外延性研究。

中国（海南）自由贸易港金融机构面临的重要（重大）风险，包括信用风险、流动性风险和操作风险。其具体风险、风险防范和管理方法如下。

其一，信用风险是各类金融机构普遍面临的主要风险，也是中国（海南）自由贸易港金融机构面临的首要风险。中国（海南）自由贸易港金融机构的主体是银行业金融机构，包括商业银行、村镇银行、农信社以及意向入驻的外资银行等，同时，还存在及意向入驻金融资产管理公司、财务公司等形式的金融机构，其开展的业务也大都与信用风险相关。因此，信用风险无疑是上述自贸港（区）内各类金融机构普遍面临的主要风险。中国（海南）自由贸易港金融机构信用风险管理，可以采用如下方法：（1）信用风险评级，分别基于金融机构的客户开展信用风险评级、基于金融机构自身资产开展风险评级；（2）信用风险压力测试；（3）建立完备的信用风险管理体系和治理机制等。

其二，流动性风险也是中国（海南）自由贸易港金融机构面临的一项重要（重大）风险。中国（海南）自由贸易港金融机构的主体具备多样性的特征，各类金融机构在各个市场中均存在流动性风险。因此，无论是从金融机构类别还是多样性和业务特征上看，流动性风险无法避免地成为自贸港（区）内各类金融机构普遍面临的主要风险。中国（海南）自由贸易港金融机构流动性风险管理，可以采用如下方法：（1）流动性风险个体可观测（预警）指标的设置与管理；（2）流动性风险压力测试及管理；（3）设置流动性风险管理的管理政策、职能分工和应急处置方式等。

其三，中国（海南）自由贸易港金融机构自主的"操作"空间大，有更大的自主权和经营权，增加了"操作"的方式、种类和职能权限。此外，自由贸易港金融机构主体多样性的特征，"操作"的形式也必然多样化。于是，中国（海南）自由贸易港金融机构内部操作过程、人员、系统或外部事件而导致的直接或间接损失的可能性增大，操作风险会相应增大。因此，操作风险亦是中国（海南）自由贸易港金融机构面临的重要（重大）风险。中国（海南）自由贸易港金融机构操作风险管理，可以采用如下方法：（1）操作风险关键指标（KRI）设置及管理；（2）操作风险损失数据收集与管理；（3）操作风险与控制自我评估；（4）建立有效的操作风险管理流程；（5）开展操作风险文化建设等。

特别的，在中国（海南）自由贸易港金融机构全面风险管理中，某些风险在特定金融机构或分支机构虽然可能形成重要（重大）风险，但在自由贸易港金融机构的多样性、复杂性和时效性的整体背景下，暂时不具有普遍意义或广泛影响。这些风险被划定为中国（海南）自由贸易港金融机构面临的其他风险，主要包括战略风险、合规风险、法律风险、利率风险、信息科技风险、反洗钱风险等。

上述其他风险的管理方法如下。第一，战略风险管理的方法包括但不限于：（1）建立完善的战略风险管理组织体系；（2）通过战略传导、战略绩效考核、战略性变革管理、战略调整四个方面措施进行战略风险控制；（3）做好战略风险报告工作等。第二，合规风险管理的方法包括但不限于：（1）设置有效的合规风险管理岗位及职责分工；（2）合规管理报告等。第三，法律风险管理的方法包括但不限于：（1）贯彻法律风险的管理原则；（2）配置合适的岗位及职责分工等。第四，利率风险管理的方法包括但不限于：（1）设置合理的利率风险治理结构；（2）贯彻利率风险的管理原则；（3）建立管理信息系统，准确、及时、持续、充分地识别、计量、监测、管理、控制和报告风险状况等。第五，信息科技风险管理的方法包括但不限于：（1）开展信息科技风险识别、计量、监测、评估和全面管理；（2）建立完整的信息科技风险管理组织架构；（3）建立信息科技风险数据系统，并制订风险应对方案等。第六，反洗钱风险管理的方法包括但不限于：（1）开展金融机构客户反洗钱风险等级评定的实施与确认；（2）实施金融机构反洗钱风险自我评估等。

此外，中国（海南）自由贸易港金融机构还面临着运营风险。运营风险并不是特指某一种具体特定的风险，而是包含一系列具体的风险，是中国（海南）自由贸易港金融机构全面风险管理的重要组成部分。运营风险管理中，需要设立运营管理监测系统风险监测模块（简称风险监测模块）；该模块根据自由贸易港金融机构的"规则模型"自动开展非现场监测，将识别结果以"预警"或"查询"模式展现。并且，根据风险识别和预警体系的结果，经金融机构风险监测岗人员分析调查，评估出存在的业务操作问题或管理问题，并最终从落实整改、流程优化、引进新的管理工具等方面提出有针对性的管理措施。

内部控制和审计体系，是中国（海南）自由贸易港金融机构全面风险管理的重要组成部分，也是自由贸易港金融机构风险防范的重要防线。中国（海南）自由贸易港金融机构，可以通过内部控制的组织结构和风险防范职能、内部控制评价、内部控制审计等制度安排，实现各类风险防范、管理和有效控制。

11.2 ———————— 研究启示 ————————

海南建设中国特色自由贸易港（区），需要在金融市场开放、跨境投融资、国际结算、外汇交易、金融监管等金融制度安排上有重大突破。

中国（海南）自由贸易港现有的主要金融机构业态和类型包括：政策性银行、商业银行总行、商业银行（一级分行）、商业银行（二级分行）、农信社、金融资产管理公司、财务公司、村镇银行等。

中国（海南）自由贸易港现有的金融机构多集中于海口市和三亚市。海口市是中国（海南）自由贸易港的金融中心，政策性银行的海南分行较为集中于海口市，且商业银行总行、商业银行（一级分行）的数量在中国（海南）自由贸易港具有压倒性优势，金融资产管理公司也全部集中于海口市；三亚市是中国（海南）自由贸易港的金融次中心，商业银行总行、商业银行（二级分行）较多地集中于三亚市。未来，随着中国（海南）自由贸易港金融机构的放开，随着金融创新和业态的发展，还将出现外资、侨资、中外合资金融机构、第三方理财公司、以金融功能为主的保险公司、信托金融机构、各类证券公司（投资银行）等。中国（海南）自由贸易港金融机构的形式会更加丰富。然而，上述金融扩张和金融创新不可避免地会产生金融风险，亟待有效的全面风险管理和内部控制予以约束。

我国金融机构在全面风险管理体系建设上已取得一定的成果，但实践中仍然存在一些问题有待完善：第一，全面风险管理的统筹性和有效性有待提升。第二，中小金融机构全面风险管理体系建设起步相对较晚，精细化程度有待提高。第三，金融机构全面风险管理成果的应用较多基于银保监会的监管要求，深度和广度仍有很大的拓展空间。

中国（海南）自由贸易港金融机构进行全面风险管理，不仅需要对海南本地原有金融机构进行全面风险管理，还需要对创新金融业态和方式进行全面风险管理，更需要引入全球金融机构和形态各异的运行模式。因此，探讨中国（海南）自由贸易港金融机构全面风险管理，既要积极适应社会主义经济自贸区的改革要求，又要适应国际监管改革的新要求，提升我国金融机构全面风险管理水平。

参考文献

[1] ACHARYA V. Credit risk: pricing, measurement, and management [J]. Economica, 2005, 72 (285): 181-182.

[2] ADRIAN T, ROSENBERG J. Stock returns and volatility: pricing the short-run and long-run components of market risk [J]. The Journal of Finance, 2008, 63 (6): 2997-3030.

[3] AHMED S, ELSHOLKAMI M, ELKAMEL A, et al. Financial risk management for new technology integration in energy planning under uncertainty [J]. Applied Energy, 2014, 128: 75-81.

[4] AIT-SAHALIA Y, LO A W. Nonparametric risk management and implied risk aversion [J]. Journal of Econometrics, 2000, 94.

[5] ALEXANDER C. The present and future of financial risk management [J]. Journal of Financial Econometrics, 2005, 3 (1): 3-25.

[6] ALLEN. Financial risk management: a practitioner's guide to managing market and credit risk (+Website) [M]. 2nd Edition. Cadernos De Saúde Pública, 2013, 3 (1): 28-39.

[7] ALTAMURO J, BEATTY A. How does internal control regulation affect financial reporting? [J]. Journal of accounting and Economics, 2010, 49 (1-2): 58-74.

［8］ALTMAN E I，SABATO G . Modeling credit risk for smes： evidence from the us market ［J］. SSRN Electronic Journal，2002，19（6）：1-48.

［9］ANDERSON G F，WELLER W E . Methods of reducing the financial risk of physicians under capitation ［J］. Archives of Family Medicine，1999，8（2）：149-155.

［10］ANGELUCCI F， CONFORTI P . Risk management and finance along value chains of Small Island Developing States. evidence from the Caribbean and the Pacific ［J］. Food Policy，2010，35（6）：565-575.

［11］AHMED A S，MCANALLY M L，RASMUSSEN S，et al. How costly is the Sarbanes Oxley Act? Evidence on the effects of the Act on corporate profitability ［J］. Journal of Corporate Finance，2010，6：352-369.

［12］APICELLA C L，DREBER A，CAMPBELL B，et al. Testosterone and financial risk preferences ［J］. Evolution and Human Behavior，2008，29（6）：384-390.

［13］ARDIA D . Financial risk management with Bayesian estimation of Garch models ［M］. Springer Berlin Heidelberg，2008.

［14］ATIYA A F. Bankruptcy prediction for credit risk using neural networks： A survey and new results. ［J］. IEEE Transactions on Neural Networks，2001，12（4）：929-35.

［15］ATWOOD J A， WATTS M J， HELMERS G A . Chance-constrained financing as a response to financial risk ［J］. American Journal of Agricultural Economics，1988，70（1）：79.

［16］BAESENS B，SETIONO R，VANTHIENEN M J . Using neural network rule extraction and decision tables for credit-risk evaluation ［J］. Management Science，2003，49（3）：312-329.

［17］BALI T G. A generalized extreme value approach to financial risk measurement ［J］. Journal of Money， Credit and Banking，2007，39（7）：1613-1649.

［18］BARAKAT A， HUSSAINEY K . Bank governance， regulation， supervision， and risk reporting： Evidence from operational risk disclosures in

European banks [J]. International Review of Financial Analysis, 2013, 30: 254-273.

[19] BARBARO A, BAGAJEWICZ M J. Managing financial risk in planning under uncertainty [J]. AIChE Journal, 2004, 50 (5).

[20] BASAK S, SHAPIRO A. Value-at-risk based risk management: Optimal policies and asset prices [J]. Rodney L. White Center for Financial Research Working Papers, 2001, 14 (2): 371-405.

[21] BATABYAL A A, BELADI H. Aspects of the theory of financial risk management for natural disasters [J]. Applied Mathematics Letters, 2001, 14 (7): 875-880.

[22] BCBS B. Sound practices for the management and supervision of operational risk [J]. Finance & Trade, 2003, 8 (4): 306-319.

[23] BEJA A. On systematic and unsystematic components of financial risk [J]. The Journal of Finance, 1972, 27 (1): 37-45.

[24] BELLO A U, HARVEY J. From a risk-based to an uncertainty-based approach to anti-money laundering compliance [J]. Security Journal, 2017, 30 (1): 24-38.

[25] BERKOWITZ J. Testing density forecasts, with applications to risk management [J]. Journal of Business & Economic Statistics, 2001, 19 (4): 465-474.

[26] BEST J. The limits of financial risk management: Or what we didn't learn from the asian crisis [J]. New Political Economy, 2010, 15 (1): 29-49.

[27] BIRINDELLI G, FERRETTI P. Compliance risk in Italian banks: The results of a survey [J]. Journal of Financial Regulation and Compliance, 2008, 16 (4): 335-351.

[28] BJORGAN R, LIU C C, LAWARREE J. Financial risk management in a competitive electricity market [J]. IEEE Transactions on Power Systems, 1999, 14 (4): 1285-1291.

[29] BONDT W P M D. Betting on trends: Intuitive forecasts of financial risk and return [J]. International Journal of Forecasting, 1993, 9 (3):

355-371.

[30] BOUCHAUD J P, POTTERS M. Theory of financial risk: Basic notions in probability [J]. Social Science Electronic Publishing, 1999, 285 (1): 18-28 (11).

[31] BOYLE P. Options and the management of financial risk [J]. Biological Journal of the Linnean Society, 1992, 78 (78): 51-83.

[32] BRAUN D, CLAPPROOD E, GUILBERT D R, et al. Financial risk management system [P]. 2009.

[33] BROWN S J, GOETZMANN W N, LIANG B, et al. Estimating operational risk for hedge funds: The ω - score [J]. Financial Analysts Journal, 2009, 65 (1): 43-53.

[34] CABALLERO R J, KRISHNAMURTHY A. Collective risk management in a flight to quality episode [J]. The Journal of Finance, 2008, 63 (5): 2195-2230.

[35] CAMPBELL J, COCCO J F. Household risk management and optimal mortgage choice [J]. Computing in Economics and Finance 2002, 118 (4): 1449-1494.

[36] CAMPBELL K, JOHNSTON D, SEFCIK S E, et al. Executive compensation and non-financial risk: An empirical examination [J]. Journal of Accounting and Public Policy, 2007, 26 (4): 436-462.

[37] CARON F, VANTHIENEN J, BAESENS B. Comprehensive rule-based compliance checking and risk management with process mining [J]. Decision Support Systems, 2013, 54 (3): 1357-1369.

[38] CEBENOYAN A S, STRAHAN P E. Risk management, capital structure and lending at banks q [J]. Journal of Banking & Finance, 2004, 28 (1): 19-43.

[39] CECH C. Copula-based top-down approaches in financial risk aggregation [J]. SSRN Electronic Journal, 2006.

[40] CHARLIER C, RAINELLI M. Hormones, risk management, precaution and protectionism: An analysis of the dispute on hormone-treated

beef between the European Union and the United States ［J］. European Journal of Law and Economics, 2002, 14（2）: 83-97.

［41］ CHAVEZ-DEMOULIN V, EMBRECHTS P, J. Nešlehová. Quantitative models for operational risk: Extremes, dependence and aggregation ［J］. Journal of Banking & Finance, 2006, 30（10）: 2635-2658.

［42］ CHEN C W S, GERLACH R, LIN E, et al. Bayesian forecasting for financial risk management, pre and post the global financial crisis ［J］. Journal of Forecasting, 2012, 31（aop）: 661-687.

［43］ CHIU W C, PENA J I, WANG C W. Industry characteristics and financial risk contagion ［J］. Journal of Banking & Finance, 2015, 50: 411-427.

［44］ Christoffersen P, Diebold F X, Schuermann T . Horizon Problems and Extreme Events in Financial Risk Management ［J］. Social Science Electronic Publishing.

［45］ CHRISTOFFERSEN P, GONÇALVES S. Estimation risk in financial risk management ［J］. Social Science Electronic Publishing, 2005, 7（3）: 1-28.

［46］ CHRISTOFFERSEN P F, DIEBOLD F X . How relevant is volatility forecasting for financial risk management? ［J］. The Review of Economics and Statistics, 2000, 82.

［47］ CHRISTOFFERSEN P. Elements of financial risk management ［J］. Elsevier Monographs, 2003, 82（1）: 121-151.

［48］ CICERO T J, DART R C, INCIARDI J A, et al. The development of a comprehensive risk-management program for prescription opioid analgesics: researched abuse, diversion and addiction-related surveillance ［J］. Pain Medicine（Malden, Mass.）, 2007, 8（2）: 157-170.

［49］ CLAYTON E W, MCGUIRE A L . The legal risks of returning results of genomics research ［J］. Genetics in Medicine, 2012, 14（4）: 473-477.

［50］ COATES J M, GURNELL M, SARNYAI Z. From molecule to market: steroid hormones and financial risk-taking ［J］. Philosophical Transactions of the Royal Society B: Biological Sciences, 2010, 365 （1538）: 331-343.

［51］ CODD G A, MORRISON L F, METCALF J S. Cyanobacterial toxins: risk management for health protection ［J］. Toxicol Appl Pharmacol, 2005, 203 （3）: 264-272.

［52］ COLE S, GINÉ, XAVIER, TOBACMAN J, et al. Barriers to household risk management: evidence from india ［J］. American Economic Journal: Applied Economics, 2013, 5 （1）: 104-135.

［53］ COLEMAN T S, LITTERMAN B. Quantitative risk management + website: a practical guide to financial risk ［J］. Wiley, 2012.

［54］ COOPER W W, KINGYENS A T, PARADI J C. Two-stage financial risk tolerance assessment using data envelopment analysis ［J］. European Journal of Operational Research, 2014, 233 （1）: 273-280.

［55］ CORNETT M M, MCNUTT J J, STRAHAN P E, et al. Liquidity risk management and credit supply in the financial crisis ［J］. Journal of Financial Economics, 2011, 101 （2）: 297-312.

［56］ DALLA PELLEGRINA L, MASCIANDARO D. The risk-based approach in the new european anti-money laundering legislation: a law and economics view ［J］. Review of Law & Economics, 2009, 5 （2）.

［57］ DAS T K, TENG B S, DAS K . Resource and risk management in the strategic alliance making process ［J］. Journal of Management, 1998, 24 （1）: 21-42.

［58］ DEWAN S, SHI C, GURBAXANI V . Investigating the risk return relationship of information technology investment: firm-level empirical analysis ［J］. Management Science, 2007, 53 （12）: 1829-1842.

［59］ DIACON S, ENNEW C . Consumer perceptions of financial risk ［J］. The Geneva Papers on Risk and Insurance - Issues and Practice, 2001, 26 （3）: 389-409.

［60］ DIAMOND D W . Debt maturity structure and liquidity risk ［J］. The Quarterly Journal of Economics，1991，106（3）：709-737.

［61］ DIEBOLD F X，TAY G A S . Symposium on Forecasting and Empirical Methods in Macroeconomics and Finance ‖ Evaluating Density Forecasts with Applications to Financial Risk Management ［J］. International Economic Review，1998，39（4）：863-883.

［62］ DOLAR B，WILL F S. Enforcement of the USA Patriot Act's anti-money laundering provisions：Have regulators followed a risk-based approach? ［J］. Global Finance Journal，2011，22（1）：19-31.

［63］ DOLDE，WALTER. The trajectory of corporate financial risk management ［J］. Journal of Applied Corporate Finance，1993，6（3）：33-41.

［64］ DONKOR E A，DUFFEY M. Optimal capital structure and financial risk of project finance investments：a simulation optimization model with chance constraints ［J］. The Engineering Economist，2013，58（1）：19-34.

［65］ DONKOR E A . Optimal capital structure and financial risk of project finance investments ［J］. Dissertations & Theses - Gradworks，2014，192（6）：783-784.

［66］ DOWD K，CAIRNS A J G，BLAKE D . Mortality-dependent financial risk measures ［J］. Insurance Mathematics and Economics，2006，38（3）：427-440.

［67］ DOYLE J，GE W，MCVAY S. Determinants of weaknesses in internal control over financial reporting ［J］. Journal of Accounting & Economics，2007，44（1-2）：193-223.

［68］ DRAKOS K . Terrorism-induced structural shifts in financial risk：airline stocks in the aftermath of the September 11th terror attacks ［J］. European Journal of Political Economy，2004，20（2）：435-446.

［69］ DUTTA K，PERRY J. A tale of tails：an empirical analysis of loss distribution models for estimating operational risk capital ［J］. Social Science Electronic Publishing，2006，5（3）：194.

[70] DUXBURY D, SUMMERS B. Financial risk perception: Are individuals variance averse or loss averse? [J]. Economics Letters, 2004, 84 (1): 21-28.

[71] E MUÑOZ, SOLDANO R, LAUGHLIN A, ET AL. Source of admission and cost: Public hospitals face financial risk [J]. American Journal of Public Health, 1986, 76 (6): 696-697.

[72] ECKEL C C, GROSSMAN P J. Sex differences and statistical stereotyping in attitudes toward financial risk [J]. Evolution and Human Behavior, 2002, 23 (4): 281-295.

[73] ECKSTEIN Z, SETTY O, WEISS D. Financial risk and unemployment [J]. Social Science Electronic Publishing, 2014.

[74] EFTEKHARI B, PEDERSEN C S, SATCHELL S E. On the volatility of measures of financial risk: an investigation using returns from European markets [J]. The European Journal of Finance, 2000, 6 (1): 18-38.

[75] ERB C B, HARVEY C R, VISKANTA T E. Political risk, economic risk, and financial risk [J]. Financial Analysts Journal, 1996, 52 (6): 29-46.

[76] ERIC MUÑOZ, ROSNER F, FRIEDMAN R, ET AL. Financial risk, hospital cost, and complications and comorbidities in medical non-complications and comorbidity-stratified diagnosis-related groups [J]. The American Journal of Medicine, 1988, 84 (5): 933-939.

[77] ERICSSON J, RENAULT O. Liquidity and credit risk [J]. The Journal of Finance, 2006, 61 (5): 2219-2250.

[78] FACCHINI, G, WILLMANN G. The gains from duty free zones [J]. Journal of International Economics, 1999, 49 (2), 403-412.

[79] FAFF R, HALLAHAN T, MCKENZIE M. Nonlinear linkages between financial risk tolerance and demographic characteristics [J]. Applied Economics Letters, 2009, 16 (13): 1329-1332.

[80] FAFF R W, MULINO D, CHAI D. On the linkage between

financial risk tolerance and risk aversion: evidence from a psychometrically-validated survey versus an online lottery choice experiment [J]. Social Science Electronic Publishing, 2006.

[81] FEHR-DUDA H, GENNARO M D, SCHUBERT R . Gender, financial risk, and probability weights [J]. Theory and Decision, 2006, 60 (2-3): 283-313.

[82] FÖLLMER, HANS. Probabilistic aspects of financial risk [M]. European Congress of Mathematics. Birkhäuser Basel, 2001.

[83] FRANÇOIS-SERGE L, TINGUELY O . Financial risk management: an introduction [J]. Thunderbird International Business Review, 2001, 43 (3): 343-363.

[84] FRASER D R . Sources of bank interest rate risk [J]. Financial Review, 2002, 37 (3): 351-367.

[85] FROOT K A, SCHARFSTEIN D S, STEIN J C . Risk management: coordinating corporate investment and financing policies [J]. The Journal of Finance, 1993, 48 (5): 1629-1658.

[86] GRISSE C, NITSCHKA T . On financial risk and the safe haven characteristics of Swiss franc exchange rates [J]. Journal of Empirical Finance, 2015, 32: 153-164.

[87] GUNARATHNA V . Degree of financial leverage as a determinant of financial risk: an empirical study in sri lanka [J]. Social Science Electronic Publishing, 2013.

[88] HODDER L, KOONCE L, MCANALLY M L . SEC market risk disclosures: implications for judgment and decision making [J]. Accounting Horizons, 2001, 15 (1): 49-70.

[89] HOLZMANN R, STEEN J. Social risk management: a new conceptual framework for social protection [J]. International Tax and Public Finance, 2001, 8 (4): 529-556.

[90] JARROW R A, LANDO D, TURNBULL S M . A markov model for the term structure of credit risk spreads [J]. Review of Financial Studies,

1997, 10 （2）: 481-523.

[91] JIA-PENG L, YUAN-RUI Z, RUI L. Management system of bank operational risk based on bayesian network ［J］. Computer Engineering, 2008, 34 （18）: 266-268.

[92] JOHNSON, LEIGH. Catastrophe bonds and financial risk: Securing capital and rule through contingency ［J］. Geoforum, 2013, 45: 30-40.

[93] KIM Y S, GIACOMETTI R, RACHEV S T, ET AL. Measuring financial risk and portfolio optimization with a non-Gaussian multivariate model ［J］. Annals of Operations Research, 2012, 201 （1）: 325-343.

[94] KLAPPER L F, ALLAYANNIS G, BROWN G W . Capital structure and financial risk: evidence from foreign debt use in east asia ［J］. The Journal of Finance, 2003, 58 （6）: 2667-2710.

[95] LAI Y J, HWANG C L . Possibilistic linear programming for managing interest rate risk ［J］. Fuzzy Sets and Systems, 1993, 54 （2）: 135-146.

[96] LELAND H E . Agency costs, risk management, and capital structure ［J］. Journal of Finance （Wiley-Blackwell）, 1998.

[97] LHABITANT F . Financial risk management : An introduction ［J］. Thunderbird International Business Review, 2010, 43 （3）: 343-363.

[98] LI, STEVEN. Future trends and challenges of financial risk management in the digital economy ［J］. Managerial Finance, 2003, 29 （5-6）: 111-125.

[99] LU Z. Measuring the capital charge for operational risk of a bank with the large deviation approach ［J］. Mathematical & Computer Modelling, 2013, 58 （9-10）: 1634-1647.

[100] MITEV N N, MARCH A E . Small businesses and information technology: risk, planning and change ［J］. Journal of Small Business and Enterprise Development, 1998, 5 （3）: 228-245.

[101] MUOZ E, STERMAN H, COHEN J, ET AL. Financial risk,

hospital cost, complications, and comorbidities in surgical noncomplication-and noncomorbidity-stratified diagnostic related groups [J]. Annals of Surgery, 1988, 207 (3): 305-309.

[102] NICOLO G D, ZEPHIRIN M G, BARTHOLOMEW P F, ET AL. Bank consolidation, internationalization, and conglomeration; trends and implications for financial risk [J]. IMF Working Papers, 2003, 13 (4): 173-217.

[103] POLEDNA S, MOLINABORBOA J L, MARTÍNEZJARAMILLO S. The multi-layer network nature of systemic risk and its implications for the costs of financial crises [J]. Journal of Financial Stability, 2015, 20: 70-81.

[104] PONGSAKDI A, RANGSUNVIGIT P, SIEMANOND K, ET AL. Financial risk management in the planning of refinery operations [J]. International Journal of Production Economics, 2006, 103 (1): 64-86.

[105] POWER, MICHAEL. The invention of operational risk [J]. Review of International Political Economy, 2005, 12 (4): 577-599.

[106] RASMUSSEN J. Risk management in a dynamic society: a modelling problem [J]. Safety Science, 1997, 27 (2): 183-213.

[107] SAKSENA P, HSU J, EVANS D B. Financial risk protection and universal health coverage: evidence and measurement challenges [J]. Plos Medicine, 2014, 11 (9): e1001701.

[108] SHAHIDEHPOUR M, YAMIN H. Market operations in electric power systems : forecasting, scheduling, and risk management [M]. IEEE Xplore, 2002.

[109] SHI K, YAO B. function s-rough sets and recognition of financial risk laws [J]. Lecture Notes in Computer Science, 2006, 4062: 247-253.

[110] SIMA Z Q, CAI C, LI J P. Bank operational risk measurement based on g-h distribution [J]. Xitong Gongcheng Lilun yu Shijian/System Engineering Theory and Practice, 2011, 31 (12): 2321-2327.

[111] TAYLOR G, TOWER G, NEILSON J. Corporate communication of financial risk [J]. Accounting & Finance, 2010, 50 (2): 417-446.

216

［112］ TERAMOTO T, SASAKI J, ISHIBASHI S, ET AL. Comprehensive risk management for the prevention of cardiovascular disease: executive summary of the Japan Atherosclerosis Society （JAS） guidelines for the diagnosis and prevention of atherosclerotic cardiovascular diseases in Japan ——2012 ［J］. Journal of Atherosclerosis & Thrombosis, 2013, 20 （7）: 603.

［113］ THOMAS J. LOPEZ, SCOTT D. VANDERVELDE, YI-JING WU. Investor perceptions of an auditor's adverse internal control opinion ［J］. Journal of Accounting and Public Policy, 2009, 3: 231-250.

［114］ TORNERO-VELEZ R, SYMANSKI E, KROMHOUT H, ET AL. Compliance versus risk in assessing occupational exposures ［J］. Risk Analysis, 1997, 17 （3）: 279-292.

［115］ VLAEV I, KUSEV P, STEWART N, ET AL. Domain effects and financial risk attitudes ［J］. Risk Analysis An Official Publication of the Society for Risk Analysis, 2010, 30 （9）: 1374-1386.

［116］ WAGSTAFF A, LINDELOW M . Can insurance increase financial risk?: The curious case of health insurance in China ［J］. Journal of Health Economics, 2008, 27 （4）: 0-1005.

［117］ Wanda Wallace, Thomas Wright. Internal control evaluation ［J］. Traffic Accounting, 1995 （11）: 61-63.

［118］ WANG H, MYLOPOULOS J, LIAO S . Intelligent agents and financial risk monitoring systems ［J］. Communications of the ACM, 2002, 45 （3）: 83-88.

［119］ WANG Y, WANG S, LAI K K . A new fuzzy support vector machine to evaluate credit risk ［J］. IEEE Transactions on Fuzzy Systems, 2006, 13 （6）: 820-831.

［120］ Zhang C. Review of managing the risks of offshore banking and its implications for the China （Shanghai） Pilot Free Trade Zone ［J］. Journal of Shanghai Jiaotong University （Science）, 2016, 21 （1）: 33-43.

［121］ Zhou C . A jump-diffusion approach to modeling credit risk and valuing defaultable securities [J]. Finance and Economics Discussion Series, 1997.

[122] 白雪梅，石大龙. 中国金融体系的系统性风险度量 [J]. 国际金融研究，2014（06）：75-85.

[123] 艾金娣. 金融稳定视角下的统筹监管改革 [J]. 银行家，2016（02）：57-59.

[124] 巴曙松，王思奇，金玲玲. 巴塞尔Ⅲ下的银行操作风险计量及监管框架 [J]. 大连理工大学学报（社会科学版），2017，38（01）：36-42.

[125] 白战涛. 改革点评 [J]. 改革与理论，1999（Z3）：42-43.

[126] 步平，荣维木，徐勇，等. 笔谈"抗日战争与中日关系史研究"[J]. 抗日战争研究，2009（01）：4-19.

[127] 蔡道成. 农村金融改革新探索——以海南省琼中县小额贷款为例 [J]. 特区经济，2010（04）：188-189.

[128] 曹晓路，王崇敏. 中国特色自由贸易港离岸金融的创新路径与立法保障——以海南自由贸易港离岸金融创新为视角 [J]. 暨南学报（哲学社会科学版），2019，41（04）：65-75.

[129] 曹协和，黄革，何雁明. 资产证券化业务对利率市场化影响研究——基于海南业务发展的视角 [J]. 银行家，2015（10）：103-105.

[130] 曹协和. 金融改革开放支持自贸区（港）建设 [J]. 中国金融，2018（23）：157-159.

[131] 陈海波. 海南财政改革发展探讨 [J]. 财政研究，2000（05）：63，64-67.

[132] 陈海波. 走科学化精细化的财政预算管理之路 [J]. 中国财政，2009（19）：42-43.

[133] 陈和平，李良廷. 海南琼中发展农村小额信贷的探索与启示 [J]. 中国财政，2013（01）：52-53.

[134] 陈杰文，陈捷，王雪芬. 21世纪海上丝绸之路之金融服务探讨——以农行海南省分行为例 [J]. 农村金融研究，2015（06）：23-27.

[135] 陈金林，申红光. 海南农村小额贷款实践与创新 [J]. 银行

家，2014（02）：106-109.

[136] 陈经伟. 海南自由贸易区（港）建设中的产业与金融 [J]. 银行家，2018（10）：60-63+6.

[137] 陈亮，王溪若，周睿. 前海自贸区与上海自贸区金融创新比较研究 [J]. 上海金融，2017（09）：78，83-86.

[138] 陈林. 自由贸易区建设中的经验、误区与对策 [J]. 经济学家，2016（05）：87-95.

[139] 陈自力，李尊卫. 离差最大化法在商业银行内部控制评价中的应用 [J]. 重庆大学学报（自然科学版），2005（10）：154-157.

[140] 成秋英. 香港经验于海南自由贸易区（港）建设之三个借鉴意义 [J]. 新东方，2018（05）：13，15-18.

[141] 戴新华，张强. 我国上市银行内部控制信息披露的国际借鉴与路径选择 [J]. 金融论坛，2006（08）：53-58.

[142] 邓传明. 扎实推进金融领域改革开放 助力海南自贸试验区和中国特色自贸港建设 [J]. 今日海南，2018（12）：28-30.

[143] 邓昕，卢米. 基于风险管理的人民银行分支行内部控制评价 [J]. 审计月刊，2008（07）：37-38.

[144] 邓杨丰，麦仲山. 探析"泛珠三角"区域经济金融合作机制 [J]. 投资研究，2007（09）：34-37.

[145] 丁晖. 金融危机助推广电传媒经济报道转型求变 [J]. 中国广播电视学刊，2009（05）：14-15.

[146] 董望，陈汉文. 内部控制、应计质量与盈余反应——基于中国2009年A股上市公司的经验证据 [J]. 审计研究，2011（04）：68-78.

[147] 杜海东，张同健. 商业银行内部控制绩效测度体系及实证检验 [J]. 统计与决策，2008（14）：127-129.

[148] 杜金富，徐洁勤，徐晓飞. 如何有效防范化解信贷市场风险？——研究综述与展望 [J]. 金融监管研究，2019（08）：1-15.

[149] 樊燕，蔡亮. 海南伴随金融体系运行效率评价 [J]. 海南大学学报（人文社会科学版），2013，31（04）：115-123.

[150] 方红星，金玉娜. 高质量内部控制能抑制盈余管理吗?——基

于自愿性内部控制鉴证报告的经验研究 [J]. 会计研究，2011（08）：53-60，96.

[151] 高晋康，唐清利，黄贤福. 外资准入条件下中国商业银行内部风险控制法律制度的建构 [J]. 法学家，2007（06）：83-89.

[152] 高玉美. 国内自贸区金融开放经验对河南自贸区的启示 [J]. 金融经济，2018（14）：27-29.

[153] 郭凯平，匡贤明. 金融集聚释放自贸港建设新动力 [J]. 中国金融，2019（14）：85-86.

[154] 郭明明. 我国商业银行内部控制评价模型研究 [D]. 东北林业大学，2011.

[155] 郭亚军. 综合评价理论、方法及应用 [M]. 科学出版社，2007：31-78.

[156] 海南省农村信用社联合社. 海南省农村信用社联合社2018年度财务报告 [S]. 2018.

[157] 海南银行. 海南银行2018年度财务报告 [Z]. 2018.

[158] 海南银行. 海南银行2018年度内部控制评价报告 [Z]. 2018.

[159] 韩芳，朱米均. 银行业非面对面业务客户身份识别困境与路径选择——以海南省为例 [J]. 南方金融，2010（12）：79-81.

[160] 韩宁. 金融支持海南循环经济发展探析 [J]. 特区经济，2010（06）：268-269.

[161] 韩亚南，成培渊. 加快河北沿海地区发展的财政政策研究 [J]. 经济研究参考，2017（62）：18-23.

[162] 郝传萍. 地方财政制度创新问题研究——关于海南省近期财政工作重点和政策取向问题的思考 [J]. 财政研究，2003（07）：63-65.

[163] 郝日有. 内部控制评价对商业银行内控管理的作用 [J]. 经济研究导刊，2010（34）：71-72.

[164] 何德旭，史晓琳. 互联网时代的金融风险及其防范措施研究 [J]. 中国社会科学院研究生院学报，2018（02）：39-45.

[165] 何雁明. 海南房地产市场变化及其影响 [J]. 中国金融，2012（03）：66-68.

[166] 何毅君. 站在新的历史起点上 推进海南财政监督工作跨越式发展——访海南省财政厅副厅长、省财政监察特派员办公室主任麦正华 [J]. 财政监督, 2011 (13): 20-23.

[167] 胡彩娟, 倪建伟. 海南文明生态村经济社会协调发展问题探析 [J]. 开发研究, 2012 (06): 62-65.

[168] 胡加祥. 我国建设自由贸易港若干重大问题研究 [J]. 太平洋学报, 2019, 27 (01): 72-83.

[169] 花旗银行. 花旗银行2018年度财务报告 [Z]. 2018.

[170] 花旗银行. 花旗银行2018年度内部控制评价报告 [Z]. 2018.

[171] 黄惠平, 宋晓静. 内控报告与会计信息质量及企业价值——基于沪市A股的经验研究 [J]. 经济管理, 2012 (01): 122-128.

[172] 黄一洺. 海南自由贸易区 (港) 建设背景下总部经济的发展方向研究 [J]. 中国商论, 2018 (31): 141-142.

[173] 吉猛. 商业银行信息系统内部控制研究 [D]. 上海: 同济大学, 2006.

[174] 贾晓峰. 海南银行业步入和谐发展的轨道 [J]. 中国金融, 2007 (05): 27-28.

[175] 江天伦. 为了心中的那个梦想——记工行海南分行营业部银行卡中心经理范雪敏 [J]. 银行家, 2004 (05): 104-106.

[176] 蒋秦蜀, 罗琳. 新兴商业银行发展历程及改革深化 [J]. 上海金融, 1999 (11): 14-16.

[177] 金鹏辉. 推进上海国际金融中心建设 [J]. 中国金融, 2017 (24): 22-25.

[178] 孔蕊. 我国自由贸易试验区金融创新与风险防控浅析 [J]. 天津经济, 2016 (09): 40-42.

[179] 蓝庆新, 韩萌, 马蕊. 从国际自由贸易港发展经验看我国自由贸易港建设 [J]. 管理现代化, 2019, 39 (02): 35-39.

[180] 李德胜. 内部审计开展企业内部控制评价业务探讨 [J]. 中国内部审计, 2010 (04): 38-41.

[181] 李定安, 周娜. 商业银行内部控制状况的模糊综合评价方法

221

[J]. 金融论坛，2007（01）：48-51.

[182] 李锋森. 海南省内村镇银行实现本岛 18 个市县全覆盖 [J].
南方金融，2017（04）：99.

[183] 李锋森. 海南银行儋州分行开业 [J]. 南方金融，2017（01）：
104.

[184] 李航，樊西为. 新常态下商业银行危机管理研究 [J]. 金融发
展研究，2017（06）：78-82.

[185] 李卉，付文林. 区域金融市场风险及影响机制——基于财政视
角的分析 [J]. 经济与管理评论，2019，35（01）：148-161.

[186] 李莉，杨文友. 内部治理、内部控制与内部审计的优化：提升
商业银行自我监管效率的根本途径 [J]. 上海金融，2006（10）：44-46.

[187] 李卢霞，黄旭. 海南新政策与商业银行的机遇及策略研究 [J].
新金融，2010（05）：23-27.

[188] 李树娟. 开放环境下的区域性国际金融中心建设研究——以广
西南宁为例 [J]. 区域金融研究，2017（10）：65-69.

[189] 李煜辉，张同建. 基于 PDCA 循环的股份制商业银行内部控制
体系研究 [J]. 财会通讯，2011（23）.

[190] 李志芳. 基于内部审计视角构建内部控制绩效评价指标体系
[J]. 审计月刊，2009（06）：10-12.

[191] 梁雷. 基于内部控制评价的商业银行经济资本管理研究 [D].
青岛：中国海洋大学，2012.

[192] 梁卫雄. 完善商业银行内部控制评价标准的思考与实践 [C]. /
中国内部审计协会 2009 年度全国"内部审计与内部控制体系建设"理
论研讨暨经验交流会三等奖论文汇编. 北京：中国内部审计协会，
2009：16.

[193] 林丽娟. 农村土地经营权抵押贷款意愿影响因素分析——基于
海南省海口市的调查数据 [J]. 改革与战略，2016，32（07）：102-104.

[194] 刘柏，张艾莲，潘梦梦. 机构异质性风险对宏观经济稳定的
阶段影响研究——基于股票市场的视角 [J]. 经济学家，2019（08）：
90-101.

［195］刘冲，杜通，刘莉亚，李明辉. 资本计量方法改革、商业银行风险偏好与信贷配置［J］. 金融研究，2019（07）：38-56.

［196］刘华. 金融支持地方节能减排中存在的问题——以海南省为例［J］. 中国金融，2011（02）：93.

［197］刘家诚，陈玉洁，林涛. 粤桂琼金融发展极化——扩散效应的实证研究［J］. 海南大学学报（人文社会科学版），2017，35（06）：62-69.

［198］刘俊. 我国中央银行内部控制研究［D］. 西南财经大学，2009.

［199］刘青. 海南经济发展的困境及资本市场战略［J］. 海南大学学报（社会科学版），1998（02）：12-17.

［200］刘仁伍. 重构海南农村金融体系的思考［J］. 南方金融，2006（12）：44-45.

［201］刘思培. 南海自由贸易区的功能创新与法律保障［J］. 南京大学学报（哲学. 人文科学. 社会科学版），2014，51（01）：82-90，158-159.

［202］刘志中. "新丝绸之路"背景下中国中亚自由贸易区建设研究［J］. 东北亚论坛，2014，23（01）：113-118，127.

［203］卢孔标. 海南自由贸易区（港）金融开放的逻辑、挑战与建议［J］. 银行家，2018（06）：6，56-59.

［204］陆星蕾. 金融危机下海南省旅游业转型分析［J］. 特区经济，2009（09）：143-144.

［205］罗书章. 金融监管制度演变与金融机构风险管理［J］. 金融经济学研究，2013，28（03）：78-87.

［206］罗文丽. 农产品流通获财政"重金"支持［J］. 中国物流与采购，2011（18）：22-24.

［207］吕江林，张蕊. 商业银行操作性风险与信用风险：理论框架和经验数据［J］. 广东社会科学，2019（02）：17-27.

［208］吕远霞，潘峰，吴雪香，王建科. 银行委托资产处置管理现状及对策分析［J］. 财政监督，2011（13）：43-47.

［209］马国强，赵晓彤．建设中国特色海南自由贸易港的金融环境分析［J］．海南大学学报（人文社会科学版），2018，36（04）：26-32．

［210］马鹏飞．对人民银行开展内部控制评价的思考——基于内部控制审计实践的分析［J］．山东财政学院学报，2011（04）：44-47．

［211］马瑛．从花旗、旅行者两大巨头联合看全球银行业［J］．湖北社会科学，1998（11）：37-38．

［212］马勇，李振．资金流动性与银行风险承担——来自中国银行业的经验证据［J］．财贸经济，2019，40（07）：67-81．

［213］孟广文，杨开忠，朱福林，等．中国海南：从经济特区到综合复合型自由贸易港的嬗变［J］．地理研究，2018，37（12）：2363-2382．

［214］孟广文．建立中国自由贸易区的政治地理学理论基础及模式选择［J］．地理科学，2015，35（01）：19-29．

［215］摩根士丹利国际银行．摩根士丹利国际银行2018年度财务报告［Z］．2018．

［216］摩根士丹利国际银行．摩根士丹利国际银行2018年度内部控制评价报告［Z］．2018．

［217］牟盛辰．浙江自贸试验区金融制度创新研究［J］．浙江金融，2017（11）：66-72．

［218］年猛，李爱民．我国自由贸易港建设构想初探——以海南为例［J］．城市，2018（05）：58-63．

［219］欧阳卿．全球自由贸易港金融创新实践［J］．中国金融，2018（12）：87-89．

［220］欧阳卿．我国自贸试验区金融风险管理研究［J］．金融与经济，2017（06）：58-62．

［221］潘建国，王惠．基于非直接损失性的商业银行操作风险度量研究［J］．金融论坛，2009（01）：37-42．

［222］潘建国，王惠．商业银行操作风险度量及其经济资本分配［J］．科技进步与对策，2006（08）：169-172．

［223］潘建国，王惠．我国商业银行操作风险度量模型的选择［J］．金融论坛，2006（04）：43-48．

[224] 潘英丽. 论金融中心形成的微观基础——金融机构的空间聚集 [J]. 上海财经大学学报，2003（01）：50-57.

[225] 潘自立. 关于建立我国商业银行内部控制评价模式的思考 [J]. 上海金融，1997（07）：25-26.

[226] 彭洁流，黄荷暑. 企业社会责任、内部控制与银行债务契约关系的实证检验 [J]. 统计与决策，2017（11）：177-181.

[227] 彭威，杨炳，付晨曦，等. 海口国际金融中心项目地下工程防水技术 [J]. 施工技术，2015，44（21）：96-100.

[228] 彭小准. 论基层商业银行的内部控制评价方法 [J]. 中国乡镇企业会计，2009（10）：144-145.

[229] 钱弘道. 中国金融法律体系如何适应 WTO 规则 [J]. 现代法学，2000（06）：131-135.

[230] 瞿旭，李明，杨丹，等. 上市银行内部控制实质性漏洞披露现状研究——基于民生银行的案例分析 [J]. 会计研究，2009（04）.

[231] 瞿旭，瞿彦卿，杨丹. 上市银行内部控制实质性漏洞问卷调查与分析 [J]. 投资研究，2011（09）.

[232] 曲爱群，邵雪峰. 浅谈我国银行内部审计的发展 [J]. 石家庄经济学院学报，2002（04）：372-374.

[233] 睿凡. 危机时代的小额信贷：印度模式的反思与借鉴——兼论海南农村小额信贷模式的适用性 [J]. 对外经贸实务，2012（10）：33-35.

[234] 上海市公安局自由贸易试验区分局课题组. 自由贸易试验区建设背景下公安部门面临的机遇、挑战及应对工作路径 [J]. 上海公安高等专科学校学报，2017，27（04）：5-12.

[235] 沈炳熙. 非国有金融机构发展前景与对策 [J]. 财贸经济，2000（02）：33-39.

[236] 沈琳，张丰伟，李佶. 海南省文明生态村建设的财政支持现状调查——以海口市为例 [J]. 特区经济，2010（02）：181-182.

[237] 沈伟. 自贸区金融创新：实践、障碍及前景——以上海自贸区金融创新立法为切入点 [J]. 厦门大学学报（哲学社会科学版），2017

（05）：39-47.

[238] 施华强，彭兴韵. 商业银行预算软约束与中国银行业改革 [J]. 金融研究，2003（10）.

[239] 施青军. 我国应适时建立区域性场外交易资本市场 [J]. 财政研究，2001（10）：58-60+71.

[240] 水颜. 本刊在海南召开"当前经济形势与税法宣传、税收科研选题策划"座谈会 [J]. 税务研究，2009（02）：95.

[241] 苏虹，胡亚会，张同健. 基于COSO模式的国有商业银行内部控制评价模型研究 [J]. 福建金融管理干部学院学报，2009（06）：3-10.

[242] 苏基溶. 金融动态 [J]. 南方金融，2016（12）：102.

[243] 孙犇，胥爱欢. 邮储银行海南省分行推出保管箱业务 [J]. 南方金融，2016（09）：98.

[244] 孙犇. 海南省政府与中国邮政储蓄银行签署战略合作协议 [J]. 南方金融，2016（08）：98.

[245] 童士清. 自由贸易区离岸金融风险监管研究 [J]. 科学发展，2019（08）：37-46.

[246] 万杰，苗文龙. 国内外商业银行操作风险现状比较及成因分析 [J]. 国际金融研究，2005（07）：10-15.

[247] 王朝阳，王文汇. 中国系统性金融风险表现与防范：一个文献综述的视角 [J]. 金融评论，2018，10（05）：100-113+125-126.

[248] 王方宏，杨海龙. 国际自贸港金融发展特点及海南自贸区（港）金融发展研究 [J]. 海南金融，2019（07）：24-32.

[249] 王会金，王璨. 强化商业银行内部控制与内部审计的现实思考——从内部控制与内部审计的互动关系谈起 [J]. 中国内部审计，2011（06）：45-47.

[250] 王金涛，逯进. 技术创新、市场化改革与金融风险防范的协同效应研究——基于耦合机制的实证分析 [J]. 金融监管研究，2019（08）：65-83.

[251] 王瑾玲. 上市商业银行内部控制评价报告分析——以工商银行内部控制缺陷披露为例 [J]. 时代金融，2013（20）：98.

［252］王俊岭. 海南构建全面开放新格局［J］. 中国外资，2019（03）：58-60.

［253］王霖，阎二鹏. 海南自贸区建设对刑法适用之影响及罪刑规则建构［J］. 海南大学学报（人文社会科学版），2018，36（06）：17-24.

［254］王留根. 商业银行内部控制评价综合模型构建［J］. 财会通讯，2010（14）.

［255］王明. 试论内部审计在企业内部控制及风险管理中的作用［J］. 财经界（学术版），2013（06）：212~214.

［256］王珊君. 用户感知的手机银行风险因素分析和度量研究［J］. 宁夏社会科学，2014（05）：47-49.

［257］王淑敏，李忠操. 海南自由贸易港拟建国际商事法庭应重点聚焦国际化改革［J］. 政法论丛，2019（03）：133-147.

［258］王希全. 商业银行价值创造导向型内部控制评价体系研究［J］. 中央财经大学学报，2009（04）：86-91.

［259］王翔. 日本侵占海南期间推行"军票"的过程及其后果［J］. 抗日战争研究，2007（01）：157-177.

［260］王欣. 自由贸易区金融制度创新的风险控制研究［J］. 太原城市职业技术学院学报，2018（08）：172-175.

［261］王旭. 风险导向审计在商业银行内部控制评价中的应用［C］//全国内部审计理论研讨优秀论文集三等奖论文汇编. 北京：中国内部审计协会，2011：15.

［262］王妍慧. 基于灰色关联法的我国上市商业银行内部控制评价研究［D］. 成都：西南财经大学，2011.

［263］王勇，王亮，余升国. 自贸区离岸金融制度创新理论分析框架［J］. 上海经济研究，2018（05）：93-104.

［264］王元贵. 国有商业银行内部控制评价及其改进方法［J］. 时代经贸（中旬刊），2008（S2）：199-200.

［265］魏革军. 重振海南金融繁荣时代——访海南省省长蒋定之［J］. 中国金融，2012（06）：21-24.

［266］文于佳. 荷兰金融监管模式对海南自由贸易区（港）金融监管

的启示［J］．海南金融，2019（03）：52-56，63.

［267］吴承霖，赵建红．金融支持厦门自贸片区发展研究［J］．甘肃金融，2018（11）：39-41.

［268］吴飞鸣，王敬华，吴东立．海南省农业科技与金融结合的实践模式探讨［J］．农业经济，2013（08）：31-32.

［269］吴敏艳．中小企业内部控制问题探讨——基于会计岗位轮换制度的缺失［J］．财政监督，2010（16）：56-57.

［270］吴沐暄，王隽帆，邱涵，朱晓蕾．海南自由贸易港建设的金融开放创新探析［J］．改革与开放，2019（10）：6-8，41.

［271］吴盼文，黄革，占云生．宏观审慎监测指标体系的构建——基于海南建省初期房地产/金融危机的视角［J］．银行家，2016（12）：128-130.

［272］吴盼文．加快构建符合国际旅游岛建设要求的金融服务体系［J］．中国金融，2010（10）：52-54.

［273］武安华，袁涛．CAFTA 进程中我国周边省区金融支撑体系的构建［J］．国际经贸探索，2008（05）：68-73.

［274］夏凡．海南省金融学会自贸区（港）金融专题研讨会观点综述［J］．海南金融，2018（11）：84-88.

［275］肖华，张国清．内部控制质量、盈余持续性与公司价值［J］．会计研究，2013（05）：73-80，96.

［276］谢赤，凌毓秀．银行信贷资产证券化信用风险度量及传染研究——基于修正 KMV 模型和 MST 算法的实证［J］．财经理论与实践，2018，39（03）：2-8.

［277］谢合亮，范嘉毅，朱平安．商业银行内部控制评价模型设计——基于中国农业银行总行的案例研究［J］．湖北社会科学，2013（01）：96-98.

［278］谢妍．海南省农村信用社贷款定价机制研究［J］．海南大学学报（人文社会科学版），2011，29（02）：1-7.

［279］徐吉明，丁保利．构建适用于国家审计的商业银行分支行风险评价模型［J］．审计研究，2012（01）.

[280] 徐新华, 陈辉."生态文明·低碳经济·自由贸易"论坛观点综述 [J]. 经济学动态, 2010 (06): 149-151.

[281] 徐永华, 詹琳琳, 安彦彦, 等. 海南自由贸易港建设及安全问题研究 [J]. 智库时代, 2018 (29): 165-166.

[282] 许思茂, 段安林. 海南: 非税收入全面实行电子化收缴 [J]. 中国财政, 2010 (11): 60.

[283] 羊壮波. 论金融创新服务于海南自由贸易区、自由贸易港建设的对策 [J]. 知识经济, 2019 (24): 55-56.

[284] 阳建勋. 论自贸区金融创新与金融监管的互动及其法治保障——以福建自贸区为例 [J]. 经济体制改革, 2017 (01): 50-56.

[285] 杨鸿运. PDCA 循环理论: 商业银行内部控制评价质量管理模式应用研究 [J]. 中国注册会计师, 2013 (05): 53-57.

[286] 杨淼, 雷家骕. 基于风险防范的中国宏观金融安全指数测度与分析 [J]. 经济纵横, 2019 (08): 89-107+2.

[287] 杨瑞平. 论内部审计在企业内部控制中的作用 [J]. 管理现代化, 2010 (03): 27-29.

[288] 杨翾, 彭迪云, 谢菲. 基于 TAM/TPB 的感知风险认知对用户信任及其行为的影响研究——以支付增值产品余额宝为例 [J]. 管理评论, 2016, 28 (06): 229-240.

[289] 杨枝煌. 海南应建设自由港而非仅自由贸易港 [J]. 陕西行政学院学报, 2018, 32 (03): 21-28.

[290] 叶静. 分散性权威与政策跨国扩散——自由贸易区在中国的设立 [J]. 世界经济与政治, 2014 (07): 139-155, 160.

[291] 殷孟波, 张桥云. 我国商业银行风险管理缺陷与创新 [J]. 财经科学, 1998 (05): 60-63.

[292] 应展宇, 黄春妍. 金融演进中的金融风险管理: 回顾与反思 [J]. 中央财经大学学报, 2019 (09): 24-34.

[293] 于海静, 夏鹤, 沈滨. 海南省服务业结构变动与经济增长——基于灰色关联分析 [J]. 商业经济研究, 2017 (08): 208-211.

[294] 虞伟健, 蒋玲. 基于定量数学模型的商业银行内部控制评价研

究［J］．财会通讯，2011（02）：117-119.

［295］虞伟健．基于定量数学模型的商业银行内部控制评价应用［J］．金融经济，2010（06）：91-93.

［296］袁俊景，汤齐．物流金融风险分析［J］．东南大学学报（哲学社会科学版），2014，16（S2）：58-60.

［297］岳爱东．信用风险定量指标选取的实证研究［J］．山东大学学报（哲学社会科学版），2019（03）：151-160.

［298］张春宇，叶芊林．中国扩大对外开放新举措——海南全岛建设中国特色自由贸易港［J］．中国远洋海运，2018（04）：9，50-51.

［299］张尔升，林泽宇，李卓琳．中国特色自由贸易港建设的区域经济一体化效应——以海南自由贸易港为例［J］．山东财经大学学报，2019，31（01）：5-13.

［300］张凤玲，吴雪香，盛永亮．当前海南区域金融风险及财政风险传导机制研究分析［J］．财政监督，2016（17）：5-11.

［301］张淮清．新时期城商行信息风险挑战与应对［J］．银行家，2013（03）：113-115.

［302］张欢，李滨彬，李晓渝，苏小坡．全球三大自由贸易港为海南提供经验［J］．中国外资，2018（09）：38-40.

［303］张杰．中国金融改革的"市场化悖论"——基于海南案例的分析［J］．金融研究，2007（08）：64-75.

［304］张洁．内部审计对内部控制有效性评价研究［D］．兰州：兰州理工大学，2007.

［305］张锦盛，康立新，杜兴启．内部审计在农业银行开展内部控制评价的现状与创新思路［J］．中国农业银行武汉培训学院学报，2009（06）：30-33.

［306］张瑾．扩区后上海自贸区系统性金融风险分析［J］．上海经济研究，2015（04）：108-112.

［307］张瑾．中国（上海）自由贸易试验区金融宏观审慎评估框架的构建［J］．上海金融，2015（03）：75-77.

［308］张开平．从"琼民源公司案"谈民事赔偿优先原则［J］．经济

管理，1999（03）：20-23.

[309] 张雷超. 金融创新服务于海南自由贸易区、自由贸易港建设 [J]. 时代金融，2018（29）：67-68.

[310] 张龙平，王军只，张军. 内部控制鉴证对会计盈余质量的影响研究——基于沪市 A 股公司的经验证据 [J]. 审计研究，2010（02）：83-90.

[311] 张敏锋. 福建自贸试验区宏观审慎政策治理实证研究 [J]. 福建金融，2019（01）：46-51.

[312] 张同健，张成虎. 国有商业银行内部控制与操作风险控制研究 [J]. 山西财经大学学报，2008（06）：77-82.

[313] 张武. 论商业银行内部控制、内部审计与舞弊 [J]. 全国商情（经济理论研究），2008（04）：92-94.

[314] 张昕. 人民银行分支机构内部控制评价研究文献述评 [J]. 湖南财政经济学院学报，2011（06）：70-75.

[315] 张新. 学习贯彻李克强总理视察人民银行上海总部指示当好金融改革创新破冰船的前哨 [J]. 上海金融，2016（01）：3-6.

[316] 张新福，康东. 我国商业银行内部控制问题梳理与体系构建设想 [J]. 现代财经（天津财经大学学报），2007（12）.

[317] 张泽. 船舶融资租赁业税收政策对海南自由贸易区（港）的启示 [J]. 海南金融，2019（02）：49-54.

[318] 赵勇，邹积亮. 基于 COSO 报告构建商业银行内部控制体系 [J]. 生产力研究，2008（09）.

[319] 赵宇龙. 会计盈余披露的信息含量——来自上海股市的经验数据 [J]. 经济研究，1998（07）：42-50.

[320] 赵语，黄建山. 开放环境下的金融风险防控 [J]. 中国金融，2017（15）：97-98.

[321] 者贵昌. "一带一路"建设背景下中国与泰国金融合作的机遇与挑战 [J]. 东南亚纵横，2017（01）：36-42.

[322] 郑军，林钟高，彭琳. 货币政策、内部控制质量与债务融资成本 [J]. 当代财经，2013（09）：118-129.

[323] 郑联盛，胡滨，王波. 我国引发系统性金融风险的潜在因素与

化解之策——基于时间和空间维度的分析 [J]. 经济纵横，2018（04）：87-93.

[324] 郑杨. 上海自贸区金融改革的维度 [J]. 中国金融，2017（12）：85-86.

[325] 郑耀东. 建立避险机制——我国转轨过程中的银行风险 [J]. 国际贸易，1999（05）：55-57.

[326] 郑艺. 现代商业银行内控综合评价体系探析 [J]. 金融与经济，2005（2）.

[327] 郑有利，姚荣. 大连自贸区金融创新与风险防范 [J]. 金融博览，2018（10）：61.

[328] 中国（海南）改革发展研究院课题组，迟福林. 海南探索建设中国特色自由贸易港的初步设想 [J]. 改革，2019（04）：27-38.

[329] 中国财政部. 企业内部控制评价指引 [S]. 2010.

[330] 中国财政部. 企业内部控制配套指引 [S]. 2010.

[331] 中国人民银行. 商业银行内部控制指引 [S]. 2007.

[332] 中国人民银行成都分行办公室课题组，别凌. 我国中央银行内部控制评价研究 [J]. 金融研究，2008（07）：105-113.

[333] 中国人民银行海口中心支行课题组，曹协和. 中国特色自由贸易港金融体制机制研究 [J]. 海南金融，2019（05）：23-30.

[334] 中国人民银行海口中心支行课题组，覃道爱. 营造绿色金融生态环境 促进区域经济金融稳健发展——海南省金融生态环境演变与启示 [J]. 南方金融，2006（04）：23-25，29.

[335] 中国银行. 中国银行2018年度财务报告 [Z]. 2018.

[336] 中国银行. 中国银行2018年度内部控制评价报告 [Z]. 2018.

[337] 中国银行业监督管理委员会. 商业银行内部控制评价试行办法 [S]. 2004.

[338] 周爱军. 自贸区金融制度创新的经验与路径研究 [J]. 知识经济，2017（24）：48-49.

[339] 周诚君. 关于我国银行账户体系的若干思考——兼论FT账户和海南自贸区（港）账户选择问题 [J]. 上海金融，2018（11）：1-6.

［340］周小川. 金融政策对金融危机的响应——宏观审慎政策框架的形成背景、内在逻辑和主要内容［J］. 金融研究，2011（01）：1-14.

［341］周星旺. 地方金融管理的规范性［J］. 中国金融，2015（23）：91-92.

［342］周玉渊. 从东盟自由贸易区到东盟经济共同体：东盟经济一体化再认识［J］. 当代亚太，2015（03）：92-112，158-159.

［343］周正兵.《商业银行内部控制评价试行办法》出台始末——访《商业银行内控体系标准》编写组组长汪健豪先生［J］. 银行家，2005（07）：122-125.

［344］朱崇实，贺绍奇. 商业银行股份化过程中的若干法律问题——兼论海南发展银行的关闭原因［J］. 厦门大学学报（哲学社会科学版），1999（03）：75-80，126.

［345］朱坤琛. 内部控制评价在商业银行内部审计中的应用［J］. 福建金融，2007（07）：36-38.

［346］朱莎，裴沛. 新时期中国金融市场风险状态甄别和政策冲击研究［J］. 中央财经大学学报，2018（11）：24-37.

［347］庄伟卿. 福建省自由贸易试验区的金融审计制度构建与创新［J］. 经济问题，2018（05）：94-98，104.

附录1 ———— **银行业金融机构全面风险管理指引** ————

中国银监会关于印发银行业金融机构全面风险管理指引的通知
（银监发〔2016〕44号）

第一章　总则

第一条　为提高银行业金融机构全面风险管理水平，促进银行业体系安全稳健运行，根据《中华人民共和国银行业监督管理法》、《中华人民共和国商业银行法》等法律法规，制定本指引。

第二条　本指引适用于在中华人民共和国境内依法设立的银行业金融机构。

本指引所称银行业金融机构，是指在中华人民共和国境内设立的商业银行、农村信用合作社等吸收公众存款的金融机构、政策性银行以及国家开发银行。

第三条　银行业金融机构应当建立全面风险管理体系，采取定性和定量相结合的方法，识别、计量、评估、监测、报告、控制或缓释所承担的各类风险。

附　录

各类风险包括信用风险、市场风险、流动性风险、操作风险、国别风险、银行账户利率风险、声誉风险、战略风险、信息科技风险以及其他风险。

银行业金融机构的全面风险管理体系应当考虑风险之间的关联性，审慎评估各类风险之间的相互影响，防范跨境、跨业风险。

第四条　银行业金融机构全面风险管理应当遵循以下基本原则：

（一）匹配性原则。全面风险管理体系应当与风险状况和系统重要性等相适应，并根据环境变化进行调整。

（二）全覆盖原则。全面风险管理应当覆盖各个业务条线，包括本外币、表内外、境内外业务；覆盖所有分支机构、附属机构，部门、岗位和人员；覆盖所有风险种类和不同风险之间的相互影响；贯穿决策、执行和监督全部管理环节。

（三）独立性原则。银行业金融机构应当建立独立的全面风险管理组织架构，赋予风险管理条线足够的授权、人力资源及其他资源配置，建立科学合理的报告渠道，与业务条线之间形成相互制衡的运行机制。

235

（四）有效性原则。银行业金融机构应当将全面风险管理的结果应用于经营管理，根据风险状况、市场和宏观经济情况评估资本和流动性的充足性，有效抵御所承担的总体风险和各类风险。

第五条　银行业金融机构全面风险管理体系应当包括但不限于以下要素：

（一）风险治理架构；

（二）风险管理策略、风险偏好和风险限额；

（三）风险管理政策和程序；

（四）管理信息系统和数据质量控制机制；

（五）内部控制和审计体系。

第六条　银行业金融机构应当推行稳健的风险文化，形成与本机构相适应的风险管理理念、价值准则、职业操守，建立培训、传达和监督机制，推动全体工作人员理解和执行。

第七条　银行业金融机构应当承担全面风险管理的主体责任，建立全面风险管理制度，保障制度执行，对全面风险管理体系进行自我评估，健全自我约束机制。

第八条　银行业监督管理机构依法对银行业金融机构全面风险管理实施监管。

第九条　银行业金融机构应当按照银行业监督管理机构的规定，向公众披露全面风险管理情况。

第二章　风险治理架构

第十条　银行业金融机构应当建立组织架构健全、职责边界清晰的风险治理架构，明确董事会、监事会、高级管理层、业务部门、风险管理部门和内审部门在风险管理中的职责分工，建立多层次、相互衔接、有效制衡的运行机制。

第十一条　银行业金融机构董事会承担全面风险管理的最终责任，履行以下职责：

（一）建立风险文化；

（二）制定风险管理策略；

（三）设定风险偏好和确保风险限额的设立；

（四）审批重大风险管理政策和程序；

（五）监督高级管理层开展全面风险管理；

（六）审议全面风险管理报告；

（七）审批全面风险和各类重要风险的信息披露；

（八）聘任风险总监（首席风险官）或其他高级管理人员，牵头负责全面风险管理；

（九）其他与风险管理有关的职责。

董事会可以授权其下设的风险管理委员会履行其全面风险管理的部分职责。

第十二条　银行业金融机构应当建立风险管理委员会与董事会下设的战略委员会、审计委员会、提名委员会等其他专门委员会的沟通机制，确保信息充分共享并能够支持风险管理相关决策。

第十三条　银行业金融机构监事会承担全面风险管理的监督责任，负责监督检查董事会和高级管理层在风险管理方面的履职尽责情况并督促整改。相关监督检查情况应当纳入监事会工作报告。

附　录

第十四条　银行业金融机构高级管理层承担全面风险管理的实施责任，执行董事会的决议，履行以下职责：

（一）建立适应全面风险管理的经营管理架构，明确全面风险管理职能部门、业务部门以及其他部门在风险管理中的职责分工，建立部门之间相互协调、有效制衡的运行机制；

（二）制定清晰的执行和问责机制，确保风险管理策略、风险偏好和风险限额得到充分传达和有效实施；

（三）根据董事会设定的风险偏好，制定风险限额，包括但不限于行业、区域、客户、产品等维度；

（四）制定风险管理政策和程序，定期评估，必要时予以调整；

（五）评估全面风险和各类重要风险管理状况并向董事会报告；

（六）建立完备的管理信息系统和数据质量控制机制；

（七）对突破风险偏好、风险限额以及违反风险管理政策和程序的情况进行监督，根据董事会的授权进行处理；

（八）风险管理的其他职责。

第十五条　规模较大或业务复杂的银行业金融机构应当设立风险总监（首席风险官）。董事会应当将风险总监（首席风险官）纳入高级管理人员。风险总监（首席风险官）或其他牵头负责全面风险管理的高级管理人员应当保持充分的独立性，独立于操作和经营条线，可以直接向董事会报告全面风险管理情况。

调整风险总监（首席风险官）应当事先得到董事会批准，并公开披露。银行业金融机构应当向银行业监督管理机构报告调整风险总监（首席风险官）的原因。

第十六条　银行业金融机构应当确定业务条线承担风险管理的直接责任；风险管理条线承担制定政策和流程，监测和管理风险的责任；内审部门承担业务部门和风险管理部门履职情况的审计责任。

第十七条　银行业金融机构应当设立或者指定部门负责全面风险管理，牵头履行全面风险的日常管理，包括但不限于以下职责：

（一）实施全面风险管理体系建设；

（二）牵头协调识别、计量、评估、监测、控制或缓释全面风险和各类重要风险，及时向高级管理人员报告；

（三）持续监控风险管理策略、风险偏好、风险限额及风险管理政策和程序的执行情况，对突破风险偏好、风险限额以及违反风险管理政策和程序的情况及时预警、报告并提出处理建议；

（四）组织开展风险评估，及时发现风险隐患和管理漏洞，持续提高风险管理的有效性。

第十八条　银行业金融机构应当采取必要措施，保证全面风险管理的政策流程在基层分支机构得到理解与执行，建立与基层分支机构风险状况相匹配的风险管理架构。

在境外设有机构的银行业金融机构应当建立适当的境外风险管理框架、政策和流程。

第十九条　银行业金融机构应当赋予全面风险管理职能部门和各类风险管理部门充足的资源、独立性、授权，保证其能够及时获得风险管理所需的数据和信息，满足履行风险管理职责的需要。

第三章　风险管理策略、风险偏好和风险限额

第二十条　银行业金融机构应当制定清晰的风险管理策略，至少每年评估一次其有效性。风险管理策略应当反映风险偏好、风险状况以及市场和宏观经济变化，并在银行内部得到充分传导。

第二十一条　银行业金融机构应当制定书面的风险偏好，做到定性指标和定量指标并重。风险偏好的设定应当与战略目标、经营计划、资本规划、绩效考评和薪酬机制衔接，在机构内传达并执行。

银行业金融机构应当每年对风险偏好至少进行一次评估。

第二十二条　银行业金融机构制定的风险偏好，应当包括但不限于以下内容：

（一）战略目标和经营计划的制定依据，风险偏好与战略目标、经营计划的关联性；

（二）为实现战略目标和经营计划愿意承担的风险总量；

（三）愿意承担的各类风险的最大水平；

（四）风险偏好的定量指标，包括利润、风险、资本、流动性以及其他相关指标的目标值或目标区间。上述定量指标通过风险限额、经营计

划、绩效考评等方式传导至业务条线、分支机构、附属机构的安排；

（五）对不能定量的风险偏好的定性描述，包括承担此类风险的原因、采取的管理措施；

（六）资本、流动性抵御总体风险和各类风险的水平；

（七）可能导致偏离风险偏好目标的情形和处置方法。

银行业金融机构应当在书面的风险偏好中明确董事会、高级管理层和首席风险官、业务条线、风险部门在制定和实施风险偏好过程中的职责。

第二十三条　银行业金融机构应当建立监测分析各业务条线、分支机构、附属机构执行风险偏好的机制。

当风险偏好目标被突破时，应当及时分析原因，制定解决方案并实施。

第二十四条　银行业金融机构应当建立风险偏好的调整制度。根据业务规模、复杂程度、风险状况的变化，对风险偏好进行调整。

第二十五条　银行业金融机构应当制定风险限额管理的政策和程序，建立风险限额设定、限额调整、超限额报告和处理制度。

银行业金融机构应当根据风险偏好，按照客户、行业、区域、产品等维度设定风险限额。风险限额应当综合考虑资本、风险集中度、流动性、交易目的等。

全面风险管理职能部门应当对风险限额进行监控，并向董事会或高级管理层报送风险限额使用情况。

风险限额临近监管指标限额时，银行业金融机构应当启动相应的纠正措施和报告程序，采取必要的风险分散措施，并向银行业监督管理机构报告。

第四章　风险管理政策和程序

第二十六条　银行业金融机构应当制定风险管理政策和程序，包括但不限于以下内容：

（一）全面风险管理的方法，包括各类风险的识别、计量、评估、监测、报告、控制或缓释，风险加总的方法和程序；

（二）风险定性管理和定量管理的方法；

（三）风险管理报告；

（四）压力测试安排；

（五）新产品、重大业务和机构变更的风险评估；

（六）资本和流动性充足情况评估；

（七）应急计划和恢复计划。

第二十七条　银行业金融机构应当在集团和法人层面对各附属机构、分支机构、业务条线，对表内和表外、境内和境外、本币和外币业务涉及的各类风险，进行识别、计量、评估、监测、报告、控制或缓释。

银行业金融机构应当制定每项业务对应的风险管理政策和程序。未制定的，不得开展该项业务。

银行业金融机构应当有效评估和管理各类风险。对能够量化的风险，应当通过风险计量技术，加强对相关风险的计量、控制、缓释；对难以量化的风险，应当建立风险识别、评估、控制和报告机制，确保相关风险得到有效管理。

第二十八条　银行业金融机构应当建立风险统一集中管理的制度，确保全面风险管理对各类风险管理的统领性、各类风险管理与全面风险管理政策和程序的一致性。

第二十九条　银行业金融机构应当建立风险加总的政策、程序，选取合理可行的加总方法，充分考虑集中度风险及风险之间的相互影响和相互传染，确保在不同层次上和总体上及时识别风险。

第三十条　银行业金融机构采用内部模型计量风险的，应当遵守相关监管要求，确保风险计量的一致性、客观性和准确性。董事会和高级管理层应当理解模型结果的局限性、不确定性和模型使用的固有风险。

第三十一条　银行业金融机构应当建立全面风险管理报告制度，明确报告的内容、频率和路线。

报告内容至少包括总体风险和各类风险的整体状况；风险管理策略、风险偏好和风险限额的执行情况；风险在行业、地区、客户、产品等维度的分布；资本和流动性抵御风险的能力。

第三十二条　银行业金融机构应当建立压力测试体系，明确压力测试的治理结构、政策文档、方法流程、情景设计、保障支持、验证评估以及压力测试结果运用。

240

　　银行业金融机构应当定期开展压力测试。压力测试的开展应当覆盖各类风险和表内外主要业务领域，并考虑各类风险之间的相互影响。

　　压力测试结果应当运用于银行业金融机构的风险管理和各项经营管理决策中。

　　第三十三条　银行业金融机构应当建立专门的政策和流程，评估开发新产品、对现有产品进行重大改动、拓展新的业务领域、设立新机构、从事重大收购和投资等可能带来的风险，并建立内部审批流程和退出安排。银行业金融机构开展上述活动时，应当经风险管理部门审查同意，并经董事会或董事会指定的专门委员会批准。

　　第三十四条　银行业金融机构应当根据风险偏好和风险状况及时评估资本和流动性的充足情况，确保资本、流动性能够抵御风险。

　　第三十五条　银行业金融机构应当制定应急计划，确保能够及时应对和处理紧急或危机情况。应急计划应当说明可能出现的风险以及在压力情况（包括会严重威胁银行生存能力的压力情景）下应当采取的措施。银行业金融机构的应急计划应当涵盖对境外分支机构和附属机构的应急安排。银行业金融机构应当定期更新、演练或测试上述计划，确保其充分性和可行性。

　　第三十六条　银行业金融机构应当按照相关监管要求，根据风险状况和系统重要性，制定并定期更新完善本机构的恢复计划，明确本机构在压力情况下能够继续提供持续稳定运营的各项关键性金融服务并恢复正常运营的行动方案。

　　第三十七条　银行业金融机构应当制定覆盖其附属机构的风险管理政策和程序，保持风险管理的一致性、有效性。银行业金融机构应当要求并确保各附属机构在整体风险偏好和风险管理政策框架下，建立自身的风险管理组织架构、政策流程，促进全面风险管理的一致性和有效性。

　　银行业金融机构应当建立健全风险隔离制度，规范内部交易，防止风险传染。

　　第三十八条　银行业金融机构应当制定外包风险管理制度，确定与其风险管理水平相适应的外包活动范围。

　　第三十九条　银行业金融机构应当将风险管理策略、风险偏好、风限额、风险管理政策和程序等要素与资本管理、业务管理相结合，在战略和经营计划制定、新产品审批、内部定价、绩效考评和薪酬激励等日常经营管理中充分应用并有效实施。

第四十条　银行业金融机构应当对风险管理策略、风险偏好、风险限额、风险管理政策和程序建立规范的文档记录。

第五章　管理信息系统和数据质量

第四十一条　银行业金融机构应当具备完善的风险管理信息系统，能够在集团和法人层面计量、评估、展示、报告所有风险类别、产品和交易对手风险暴露的规模和构成。

第四十二条　银行业金融机构相关风险管理信息系统应当具备以下主要功能，支持风险报告和管理决策的需要：

（一）支持识别、计量、评估、监测和报告所有类别的重要风险；

（二）支持风险限额管理，对超出风险限额的情况进行实时监测、预警和控制；

（三）能够计量、评估和报告所有风险类别、产品和交易对手的风险状况，满足全面风险管理需要；

（四）支持按照业务条线、机构、资产类型、行业、地区、集中度等多个维度展示和报告风险暴露情况；

（五）支持不同频率的定期报告和压力情况下的数据加工和风险加总需求；

（六）支持压力测试工作，评估各种不利情景对银行业金融机构及主要业务条线的影响。

第四十三条　银行业金融机构应当建立与业务规模、风险状况等相匹配的信息科技基础设施。

第四十四条　银行业金融机构应当建立健全数据质量控制机制，积累真实、准确、连续、完整的内部和外部数据，用于风险识别、计量、评估、监测、报告，以及资本和流动性充足情况的评估。

第六章　内部控制和审计

第四十五条　银行业金融机构应当合理确定各项业务活动和管理活动的风险控制点，采取适当的控制措施，执行标准统一的业务流程和管理流

242

程，确保规范运作。

第四十六条　银行业金融机构应当将全面风险管理纳入内部审计范畴，定期审查和评价全面风险管理的充分性和有效性。

银行业金融机构内部审计活动应独立于业务经营、风险管理和合规管理，遵循独立性、客观性原则，不断提升内部审计人员的专业能力和职业操守。

全面风险管理的内部审计报告应当直接提交董事会和监事会。董事会应当针对内部审计发现的问题，督促高级管理层及时采取整改措施。内部审计部门应当跟踪检查整改措施的实施情况，并及时向董事会提交有关报告。

第七章　监督管理

第四十七条　银行业金融机构应当将风险管理策略、风险偏好、重大风险管理政策和程序等报送银行业监督管理机构，并至少按年度报送全面风险管理报告。

第四十八条　银行业监督管理机构应当将银行业金融机构全面风险管理纳入法人监管体系中，并根据本指引全面评估银行业金融机构风险管理体系的健全性和有效性，提出监管意见，督促银行业金融机构持续加以完善。

第四十九条　银行业监督管理机构通过非现场监管和现场检查等实施对银行业金融机构全面风险管理的持续监管，具体方式包括但不限于监管评级、风险提示、现场检查、监管通报、监管会谈、与内外部审计师会谈等。

第五十条　银行业监督管理机构应当就全面风险管理情况与银行业金融机构董事会、监事会、高级管理层等进行充分沟通，并视情况在银行业金融机构董事会、监事会会议上通报。

第五十一条　对不能满足本指引及其他规范性文件中关于全面风险管理要求的银行业金融机构，银行业监督管理机构可以要求其制定整改方案，责令限期改正，并视情况采取相应的监管措施。

第八章　附则

第五十二条　各类具体风险的监管要求按照银行业监督管理机构的有

关规定执行。

第五十三条　经银行业监督管理机构批准设立的其他金融机构参照本指引执行。

第五十四条　本指引自 2016 年 11 月 1 日起施行。本指引实施前已有规范性文件如与本指引不一致的，按照本指引执行。

附录2──────── **商业银行内部控制指引** ────────

中国银监会关于印发商业银行内部控制指引的通知
（银监发〔2014〕40号）

第一章　总　则

第一条　为促进商业银行建立和健全内部控制，有效防范风险，保障银行体系安全稳健运行，依据《中华人民共和国银行业监督管理法》、《中华人民共和国商业银行法》等法律法规，制定本指引。

第二条　中华人民共和国境内依法设立的商业银行适用本指引。

第三条　内部控制是商业银行董事会、监事会、高级管理层和全体员工参与的，通过制定和实施系统化的制度、流程和方法，实现控制目标的动态过程和机制。

第四条　商业银行内部控制的目标：

（一）保证国家有关法律法规及规章的贯彻执行。

（二）保证商业银行发展战略和经营目标的实现。

（三）保证商业银行风险管理的有效性。

（四）保证商业银行业务记录、会计信息、财务信息和其他管理信息的真实、准确、完整和及时。

第五条　商业银行内部控制应当遵循以下基本原则：

（一）全覆盖原则。商业银行内部控制应当贯穿决策、执行和监督全过程，覆盖各项业务流程和管理活动，覆盖所有的部门、岗位和人员。

（二）制衡性原则。商业银行内部控制应当在治理结构、机构设置及权责分配、业务流程等方面形成相互制约、相互监督的机制。

（三）审慎性原则。商业银行内部控制应当坚持风险为本、审慎经营的理念，设立机构或开办业务均应坚持内控优先。

（四）相匹配原则。商业银行内部控制应当与管理模式、业务规模、产品复杂程度、风险状况等相适应，并根据情况变化及时进行调整。

第六条　商业银行应当建立健全内部控制体系，明确内部控制职责，完善内部控制措施，强化内部控制保障，持续开展内部控制评价和监督。

第二章　内部控制职责

第七条　商业银行应当建立由董事会、监事会、高级管理层、内控管理职能部门、内部审计部门、业务部门组成的分工合理、职责明确、报告关系清晰的内部控制治理和组织架构。

第八条　董事会负责保证商业银行建立并实施充分有效的内部控制体系，保证商业银行在法律和政策框架内审慎经营；负责明确设定可接受的风险水平，保证高级管理层采取必要的风险控制措施；负责监督高级管理层对内部控制体系的充分性与有效性进行监测和评估。

第九条　监事会负责监督董事会、高级管理层完善内部控制体系；负责监督董事会、高级管理层及其成员履行内部控制职责。

第十条　高级管理层负责执行董事会决策；负责根据董事会确定的可接受的风险水平，制定系统化的制度、流程和方法，采取相应的风险控制措施；负责建立和完善内部组织机构，保证内部控制的各项职责得到有效履行；负责组织对内部控制体系的充分性与有效性进行监测和评估。

第十一条　商业银行应当指定专门部门作为内控管理职能部门，牵头内部控制体系的统筹规划、组织落实和检查评估。

第十二条　商业银行内部审计部门履行内部控制的监督职能，负责对商业银行内部控制的充分性和有效性进行审计，及时报告审计发现的问题，并监督整改。

第十三条　商业银行的业务部门负责参与制定与自身职责相关的业务制度和操作流程；负责严格执行相关制度规定；负责组织开展监督检查；负责按照规定时限和路径报告内部控制存在的缺陷，并组织落实整改。

本指引所称商业银行业务部门是指除内部审计部门和内控管理职能部

门外的其他部门。

第三章　内部控制措施

第十四条　商业银行应当建立健全内部控制制度体系，对各项业务活动和管理活动制定全面、系统、规范的业务制度和管理制度，并定期进行评估。

第十五条　商业银行应当合理确定各项业务活动和管理活动的风险控制点，采取适当的控制措施，执行标准统一的业务流程和管理流程，确保规范运作。

商业银行应当采用科学的风险管理技术和方法，充分识别和评估经营中面临的风险，对各类主要风险进行持续监控。

第十六条　商业银行应当建立健全信息系统控制，通过内部控制流程与业务操作系统和管理信息系统的有效结合，加强对业务和管理活动的系统自动控制。

第十七条　商业银行应当根据经营管理需要，合理确定部门、岗位的职责及权限，形成规范的部门、岗位职责说明，明确相应的报告路线。

第十八条　商业银行应当全面系统地分析、梳理业务流程和管理活动中所涉及的不相容岗位，实施相应的分离措施，形成相互制约的岗位安排。

第十九条　商业银行应当明确重要岗位，并制定重要岗位的内部控制要求，对重要岗位人员实行轮岗或强制休假制度，原则上不相容岗位人员之间不得轮岗。

第二十条　商业银行应当制定规范员工行为的相关制度，明确对员工的禁止性规定，加强对员工行为的监督和排查，建立员工异常行为举报、查处机制。

第二十一条　商业银行应当根据各分支机构和各部门的经营能力、管理水平、风险状况和业务发展需要，建立相应的授权体系，明确各级机构、部门、岗位、人员办理业务和事项的权限，并实施动态调整。

第二十二条　商业银行应当严格执行会计准则与制度，及时准确地反映各项业务交易，确保财务会计信息真实、可靠、完整。

第二十三条　商业银行应当建立有效的核对、监控制度，对各种账证、报表定期进行核对，对现金、有价证券等有形资产和重要凭证及时进行盘点。

第二十四条　商业银行设立新机构、开办新业务、提供新产品和服务，应当对潜在的风险进行评估，并制定相应的管理制度和业务流程。

第二十五条　商业银行应当建立健全外包管理制度，明确外包管理组织架构和管理职责，并至少每年开展一次全面的外包业务风险评估。涉及战略管理、风险管理、内部审计及其他有关核心竞争力的职能不得外包。

第二十六条　商业银行应当建立健全客户投诉处理机制，制定投诉处理工作流程，定期汇总分析投诉反映事项，查找问题，有效改进服务和管理。

第四章　内部控制保障

第二十七条　商业银行应当建立贯穿各级机构、覆盖所有业务和全部流程的管理信息系统和业务操作系统，及时、准确记录经营管理信息，确保信息的完整、连续、准确和可追溯。

第二十八条　商业银行应当加强对信息的安全控制和保密管理，对各类信息实施分等级安全管理，对信息系统访问实施权限管理，确保信息安全。

第二十九条　商业银行应当建立有效的信息沟通机制，确保董事会、监事会、高级管理层及时了解本行的经营和风险状况，确保相关部门和员工及时了解与其职责相关的制度和信息。

第三十条　商业银行应当建立与其战略目标相一致的业务连续性管理体系，明确组织结构和管理职能，制定业务连续性计划，组织开展演练和定期的业务连续性管理评估，有效应对运营中断事件，保证业务持续运营。

第三十一条　商业银行应当制定有利于可持续发展的人力资源政策，将职业道德修养和专业胜任能力作为选拔和聘用员工的重要标准，保证从业人员具备必要的专业资格和从业经验，加强员工培训。

第三十二条　商业银行应当建立科学的绩效考评体系、合理设定内部控制考评标准，对考评对象在特定期间的内部控制管理活动进行评价，并根据考评结果改进内部控制管理。

商业银行应当对内控管理职能部门和内部审计部门建立区别于业务部门的绩效考评方式，以利于其有效履行内部控制管理和监督职能。

第三十三条　商业银行应当培育良好的企业内控文化，引导员工树立合规意识、风险意识，提高员工的职业道德水准，规范员工行为。

第五章　内部控制评价

第三十四条　商业银行内部控制评价是对商业银行内部控制体系建设、实施和运行结果开展的调查、测试、分析和评估等系统性活动。

第三十五条　商业银行应当建立内部控制评价制度，规定内部控制评价的实施主体、频率、内容、程序、方法和标准等，确保内部控制评价工作规范进行。

第三十六条　商业银行内部控制评价应当由董事会指定的部门组织实施。

第三十七条　商业银行应当对纳入并表管理的机构进行内部控制评价，包括商业银行及其附属机构。

第三十八条　商业银行应当根据业务经营情况和风险状况确定内部控制评价的频率，至少每年开展一次。当商业银行发生重大的并购或处置事项、营运模式发生重大改变、外部经营环境发生重大变化，或其他有重大实质影响的事项发生时，应当及时组织开展内部控制评价。

第三十九条　商业银行应当制定内部控制缺陷认定标准，根据内部控制缺陷的影响程度和发生的可能性划分内部控制缺陷等级，并明确相应的纠正措施和方案。

第四十条　商业银行应当建立内部控制评价质量控制机制，对评价工作实施全流程质量控制，确保内部控制评价客观公正。

第四十一条　商业银行应当强化内部控制评价结果运用，可将评价结果与被评价机构的绩效考评和授权等挂钩，并作为被评价机构领导班子考评的重要依据。

第四十二条　商业银行年度内部控制评价报告经董事会审议批准后，于每年4月30日前报送银监会或对其履行法人监管职责的属地银行业监督管理机构。商业银行分支机构应将其内部控制评价情况，按上述时限要求，报送属地银行业监督管理机构。

第六章　内部控制监督

第四十三条　商业银行内部审计部门、内控管理职能部门和业务部门均承担内部控制监督检查的职责，应根据分工协调配合，构建覆盖各级机构、各个产品、各个业务流程的监督检查体系。

第四十四条　商业银行应当建立内部控制监督的报告和信息反馈制度，内部审计部门、内控管理职能部门、业务部门人员应将发现的内部控制缺陷，按照规定报告路线及时报告董事会、监事会、高级管理层或相关部门。

第四十五条　商业银行应当建立内部控制问题整改机制，明确整改责任部门，规范整改工作流程，确保整改措施落实到位。

第四十六条　商业银行应当建立内部控制管理责任制，强化责任追究。

（一）董事会、高级管理层应当对内部控制的有效性分级负责，并对内部控制失效造成的重大损失承担管理责任。

（二）内部审计部门、内控管理职能部门应当对未适当履行监督检查和内部控制评价职责承担直接责任。

（三）业务部门应当对未执行相关制度、流程，未适当履行检查职责，未及时落实整改承担直接责任。

第四十七条　银行业监督管理机构通过非现场监管和现场检查等方式实施对商业银行内部控制的持续监管，并根据本指引及其他相关法律法规，按年度组织对商业银行内部控制进行评估，提出监管意见，督促商业银行持续加以完善。

第四十八条　银监会及其派出机构对内部控制存在缺陷的商业银行，应当责成其限期整改；逾期未整改的，可以根据《中华人民共和国银行业监督管理法》第三十七条有关规定采取监管措施。

第四十九条　商业银行违反本指引有关规定的，银监会及其派出机构可以根据《中华人民共和国银行业监督管理法》有关规定采取监管措施。

第七章　附则

第五十条　银监会负责监管的其他金融机构参照本指引执行。

第五十一条　本指引自印发之日起施行。

附录3 ———————— **中央企业全面风险管理指引** ————————

中央企业全面风险管理指引

第一章　总则

第一条　为指导国务院国有资产监督管理委员会（以下简称国资委）履行出资人职责的企业（以下简称中央企业）开展全面风险管理工作，增强企业竞争力，提高投资回报，促进企业持续、健康、稳定发展，根据《中华人民共和国公司法》、《企业国有资产监督管理暂行条例》等法律法规，制定本指引。

第二条　中央企业根据自身实际情况贯彻执行本指引。中央企业中的国有独资公司董事会负责督导本指引的实施；国有控股企业由国资委和国资委提名的董事通过股东（大）会和董事会按照法定程序负责督导本指引的实施。

第三条　本指引所称企业风险，指未来的不确定性对企业实现其经营目标的影响。企业风险一般可分为战略风险、财务风险、市场风险、运营风险、法律风险等；也可以能否为企业带来盈利等机会为标志，将风险分为纯粹风险（只有带来损失一种可能性）和机会风险（带来损失和盈利的可能性并存）。

第四条　本指引所称全面风险管理，指企业围绕总体经营目标，通过在企业管理的各个环节和经营过程中执行风险管理的基本流程，培育良好的风险管理文化，建立健全全面风险管理体系，包括风险管理策略、风险理财措施、风险管理的组织职能体系、风险管理信息系统和内部控制系统，从而为实现风险管理的总体目标提供合理保证的过程和方法。

第五条　本指引所称风险管理基本流程包括以下主要工作：

（一）收集风险管理初始信息；

（二）进行风险评估；

（三）制定风险管理策略；

（四）提出和实施风险管理解决方案；

（五）风险管理的监督与改进。

第六条　本指引所称内部控制系统，指围绕风险管理策略目标，针对企业战略、规划、产品研发、投融资、市场运营、财务、内部审计、法律事务、人力资源、采购、加工制造、销售、物流、质量、安全生产、环境保护等各项业务管理及其重要业务流程，通过执行风险管理基本流程，制定并执行的规章制度、程序和措施。

第七条　企业开展全面风险管理要努力实现以下风险管理总体目标：

（一）确保将风险控制在与总体目标相适应并可承受的范围内；

（二）确保内外部，尤其是企业与股东之间实现真实、可靠的信息沟通，包括编制和提供真实、可靠的财务报告；

（三）确保遵守有关法律法规；

（四）确保企业有关规章制度和为实现经营目标而采取重大措施的贯彻执行，保障经营管理的有效性，提高经营活动的效率和效果，降低实现经营目标的不确定性；

（五）确保企业建立针对各项重大风险发生后的危机处理计划，保护企业不因灾害性风险或人为失误而遭受重大损失。

第八条　企业开展全面风险管理工作，应注重防范和控制风险可能给企业造成损失和危害，也应把机会风险视为企业的特殊资源，通过对其管理，为企业创造价值，促进经营目标的实现。

第九条　企业应本着从实际出发，务求实效的原则，以对重大风险、重大事件（指重大风险发生后的事实）的管理和重要流程的内部控制为重点，积极开展全面风险管理工作。具备条件的企业应全面推进，尽快建立全面风险管理体系；其他企业应制定开展全面风险管理的总体规划，分步实施，可先选择发展战略、投资收购、财务报告、内部审计、衍生产品交易、法律事务、安全生产、应收账款管理等一项或多项业务开展风险管理工作，建立单项或多项内部控制子系统。通过积累经验，培养人才，逐步建立健全全面风险管理体系。

第十条　企业开展全面风险管理工作应与其他管理工作紧密结合，把风险管理的各项要求融入企业管理和业务流程中。具备条件的企业可建立风险管理三道防线，即各有关职能部门和业务单位为第一道防线；风险管理职能部门和董事会下设的风险管理委员会为第二道防线；内部审计部门和董事会下设的审计委员会为第三道防线。

第二章　风险管理初始信息

第十一条　实施全面风险管理，企业应广泛、持续不断地收集与本企业风险和风险管理相关的内部、外部初始信息，包括历史数据和未来预测。应把收集初始信息的职责分工落实到各有关职能部门和业务单位。

第十二条　在战略风险方面，企业应广泛收集国内外企业战略风险失控导致企业蒙受损失的案例，并至少收集与本企业相关的以下重要信息：

（一）国内外宏观经济政策以及经济运行情况、本行业状况、国家产业政策；

（二）科技进步、技术创新的有关内容；

（三）市场对本企业产品或服务的需求；

（四）与企业战略合作伙伴的关系，未来寻求战略合作伙伴的可能性；

（五）本企业主要客户、供应商及竞争对手的有关情况；

（六）与主要竞争对手相比，本企业实力与差距；

（七）本企业发展战略和规划、投融资计划、年度经营目标、经营战略，以及编制这些战略、规划、计划、目标的有关依据；

（八）本企业对外投融资流程中曾发生或易发生错误的业务流程或环节。

第十三条　在财务风险方面，企业应广泛收集国内外企业财务风险失控导致危机的案例，并至少收集本企业的以下重要信息（其中有行业平均指标或先进指标的，也应尽可能收集）：

（一）负债、或有负债、负债率、偿债能力；

（二）现金流、应收账款及其占销售收入的比重、资金周转率；

（三）产品存货及其占销售成本的比重、应付账款及其占购货额的比重；

（四）制造成本和管理费用、财务费用、营业费用；

（五）盈利能力；

（六）成本核算、资金结算和现金管理业务中曾发生或易发生错误的业务流程或环节；

（七）与本企业相关的行业会计政策、会计估算、与国际会计制度的差异与调节（如退休金、递延税项等）等信息。

第十四条　在市场风险方面，企业应广泛收集国内外企业忽视市场风险、缺乏应对措施导致企业蒙受损失的案例，并至少收集与本企业相关的以下重要信息：

（一）产品或服务的价格及供需变化；

（二）能源、原材料、配件等物资供应的充足性、稳定性和价格变化；

（三）主要客户、主要供应商的信用情况；

（四）税收政策和利率、汇率、股票价格指数的变化；

（五）潜在竞争者、竞争者及其主要产品、替代品情况。

第十五条　在运营风险方面，企业应至少收集与本企业、本行业相关的以下信息：

（一）产品结构、新产品研发；

（二）新市场开发，市场营销策略，包括产品或服务定价与销售渠道，市场营销环境状况等；

（三）企业组织效能、管理现状、企业文化，高、中层管理人员和重要业务流程中专业人员的知识结构、专业经验；

（四）期货等衍生产品业务中曾发生或易发生失误的流程和环节；

（五）质量、安全、环保、信息安全等管理中曾发生或易发生失误的业务流程或环节；

（六）因企业内、外部人员的道德风险致使企业遭受损失或业务控制系统失灵；

（七）给企业造成损失的自然灾害以及除上述有关情形之外的其他纯粹风险；

（八）对现有业务流程和信息系统操作运行情况的监管、运行评价及持续改进能力；

（九）企业风险管理的现状和能力。

第十六条　在法律风险方面，企业应广泛收集国内外企业忽视法律法规风险、缺乏应对措施导致企业蒙受损失的案例，并至少收集与本企业相关的以下信息：

（一）国内外与本企业相关的政治、法律环境；

（二）影响企业的新法律法规和政策；

（三）员工道德操守的遵从性；

（四）本企业签订的重大协议和有关贸易合同；

（五）本企业发生重大法律纠纷案件的情况；

（六）企业和竞争对手的知识产权情况。

第十七条　企业对收集的初始信息应进行必要的筛选、提炼、对比、分类、组合，以便进行风险评估。

第三章　风险评估

第十八条　企业应对收集的风险管理初始信息和企业各项业务管理及其重要业务流程进行风险评估。风险评估包括风险辨识、风险分析、风险评价三个步骤。

第十九条　风险评估应由企业组织有关职能部门和业务单位实施，也可聘请有资质、信誉好、风险管理专业能力强的中介机构协助实施。

第二十条　风险辨识是指查找企业各业务单元、各项重要经营活动及其重要业务流程中有无风险，有哪些风险。风险分析是对辨识出的风险及其特征进行明确的定义描述，分析和描述风险发生可能性的高低、风险发生的条件。风险评价是评估风险对企业实现目标的影响程度、风险的价值等。

第二十一条　进行风险辨识、分析、评价，应将定性与定量方法相结合。定性方法可采用问卷调查、集体讨论、专家咨询、情景分析、政策分析、行业标杆比较、管理层访谈、由专人主持的工作访谈和调查研究等。定量方法可采用统计推论（如集中趋势法）、计算机模拟（如蒙特卡罗分析法）、失效模式与影响分析、事件树分析等。

第二十二条　进行风险定量评估时，应统一制定各风险的度量单位和风险度量模型，并通过测试等方法，确保评估系统的假设前提、参数、数据来源和定量评估程序的合理性和准确性。要根据环境的变化，定期对假设前提和参数进行复核和修改，并将定量评估系统的估算结果与实际效果对比，据此对有关参数进行调整和改进。

第二十三条　风险分析应包括风险之间的关系分析，以便发现各风险之间的自然对冲、风险事件发生的正负相关性等组合效应，从风险策略上对风险进行统一集中管理。

第二十四条　企业在评估多项风险时，应根据对风险发生可能性的高低和对目标的影响程度的评估，绘制风险坐标图，对各项风险进行比较，初步确定对各项风险的管理优先顺序和策略。

第二十五条　企业应对风险管理信息实行动态管理，定期或不定期实施风险辨识、分析、评价，以便对新的风险和原有风险的变化重新评估。

第四章　风险管理策略

第二十六条　本指引所称风险管理策略，指企业根据自身条件和外部环境，围绕企业发展战略，确定风险偏好、风险承受度、风险管理有效性标准，选择风险承担、风险规避、风险转移、风险转换、风险对冲、风险补偿、风险控制等适合的风险管理工具的总体策略，并确定风险管理所需人力和财力资源的配置原则。

255

第二十七条　一般情况下，对战略、财务、运营和法律风险，可采取风险承担、风险规避、风险转换、风险控制等方法。对能够通过保险、期货、对冲等金融手段进行理财的风险，可以采用风险转移、风险对冲、风险补偿等方法。

第二十八条　企业应根据不同业务特点统一确定风险偏好和风险承受度，即企业愿意承担哪些风险，明确风险的最低限度和不能超过的最高限度，并据此确定风险的预警线及相应采取的对策。确定风险偏好和风险承受度，要正确认识和把握风险与收益的平衡，防止和纠正忽视风险，片面追求收益而不讲条件、范围，认为风险越大、收益越高的观念和做法；同时，也要防止单纯为规避风险而放弃发展机遇。

第二十九条　企业应根据风险与收益相平衡的原则以及各风险在风险坐标图上的位置，进一步确定风险管理的优选顺序，明确风险管理成本的资金预算和控制风险的组织体系、人力资源、应对措施等总体安排。

第三十条　企业应定期总结和分析已制定的风险管理策略的有效性和合理性，结合实际不断修订和完善。其中，应重点检查依据风险偏好、风险承受度和风险控制预警线实施的结果是否有效，并提出定性或定量的有效性标准。

第五章　风险管理解决方案

第三十一条　企业应根据风险管理策略，针对各类风险或每一项重大风险制定风险管理解决方案。方案一般应包括风险解决的具体目标，所需的组织领导，所涉及的管理及业务流程，所需的条件、手段等资源，风险事件发生前、中、后所采取的具体应对措施以及风险管理工具（如：关键风险指标管理、损失事件管理等）。

第三十二条　企业制定风险管理解决的外包方案，应注重成本与收益的平衡、外包工作的质量、自身商业秘密的保护以及防止自身对风险解决外包产生依赖性风险等，并制定相应的预防和控制措施。

第三十三条　企业制定风险解决的内控方案，应满足合规的要求，坚持经营战略与风险策略一致、风险控制与运营效率及效果相平衡的原则，针对重大风险所涉及的各管理及业务流程，制定涵盖各个环节的全流程控制措施；对其他风险所涉及的业务流程，要把关键环节作为控制点，采取相应的控制措施。

第三十四条　企业制定内控措施，一般至少包括以下内容：

（一）建立内控岗位授权制度。对内控所涉及的各岗位明确规定授权的对象、条件、范围和额度等，任何组织和个人不得超越授权做出风险性决定；

（二）建立内控报告制度。明确规定报告人与接受报告人，报告的时间、内容、频率、传递路线、负责处理报告的部门和人员等；

（三）建立内控批准制度。对内控所涉及的重要事项，明确规定批准的程序、条件、范围和额度、必备文件以及有权批准的部门和人员及其相应责任；

（四）建立内控责任制度。按照权利、义务和责任相统一的原则，明确规定各有关部门和业务单位、岗位、人员应负的责任和奖惩制度；

（五）建立内控审计检查制度。结合内控的有关要求、方法、标准与流程，明确规定审计检查的对象、内容、方式和负责审计检查的部门等；

（六）建立内控考核评价制度。具备条件的企业应把各业务单位风险管理执行情况与绩效薪酬挂钩；

（七）建立重大风险预警制度。对重大风险进行持续不断的监测，及时发布预警信息，制定应急预案，并根据情况变化调整控制措施；

（八）建立健全以总法律顾问制度为核心的企业法律顾问制度。大力加强企业法律风险防范机制建设，形成由企业决策层主导、企业总法律顾问牵头、企业法律顾问提供业务保障、全体员工共同参与的法律风险责任体系。完善企业重大法律纠纷案件的备案管理制度；

（九）建立重要岗位权力制衡制度，明确规定不相容职责的分离。主要包括：授权批准、业务经办、会计记录、财产保管和稽核检查等职责。对内控所涉及的重要岗位可设置一岗双人、双职、双责，相互制约；明确该岗位的上级部门或人员对其应采取的监督措施和应负的监督责任；将该岗位作为内部审计的重点等。

第三十五条　企业应当按照各有关部门和业务单位的职责分工，认真组织实施风险管理解决方案，确保各项措施落实到位。

第六章　风险管理的监督与改进

第三十六条　企业应以重大风险、重大事件和重大决策、重要管理及业务流程为重点，对风险管理初始信息、风险评估、风险管理策略、关键控制活动及风险管理解决方案的实施情况进行监督，采用压力测试、返回测试、穿行测试以及风险控制自我评估等方法对风险管理的有效性进行检验，根据变化情况和存在的缺陷及时加以改进。

第三十七条　企业应建立贯穿于整个风险管理基本流程，连接各上下级、各部门和业务单位的风险管理信息沟通渠道，确保信息沟通的及时、准确、完整，为风险管理监督与改进奠定基础。

第三十八条　企业各有关部门和业务单位应定期对风险管理工作进行自查和检验，及时发现缺陷并改进，其检查、检验报告应及时报送企业风险管理职能部门。

第三十九条　企业风险管理职能部门应定期对各部门和业务单位风险管理工作实施情况和有效性进行检查和检验，要根据本指引第三十条要求对风险管理策略进行评估，对跨部门和业务单位的风险管理解决方案进行评价，提出调整或改进建议，出具评价和建议报告，及时报送企业总经理或其委托分管风险管理工作的高级管理人员。

第四十条　企业内部审计部门应至少每年一次对包括风险管理职能部门在内的各有关部门和业务单位能否按照有关规定开展风险管理工作及其工作效果进行监督评价，监督评价报告应直接报送董事会或董事会下设的风险管理委员会和审计委员会。此项工作也可结合年度审计、任期审计或专项审计工作一并开展。

第四十一条　企业可聘请有资质、信誉好、风险管理专业能力强的中介机构对企业全面风险管理工作进行评价，出具风险管理评估和建议专项报告。报告一般应包括以下几方面的实施情况、存在缺陷和改进建议：

（一）风险管理基本流程与风险管理策略；

（二）企业重大风险、重大事件和重要管理及业务流程的风险管理及内部控制系统的建设；

（三）风险管理组织体系与信息系统；

（四）全面风险管理总体目标。

第七章　风险管理组织体系

第四十二条　企业应建立健全风险管理组织体系，主要包括规范的公司法人治理结构，风险管理职能部门、内部审计部门和法律事务部门以及其他有关职能部门、业务单位的组织领导机构及其职责。

第四十三条　企业应建立健全规范的公司法人治理结构，股东（大）会（对于国有独资公司或国有独资企业，即指国资委，下同）、董事会、监事会、经理层依法履行职责，形成高效运转、有效制衡的监督约束机制。

第四十四条　国有独资公司和国有控股公司应建立外部董事、独立董事制度，外部董事、独立董事人数应超过董事会全部成员的半数，以保证董事会能够在重大决策、重大风险管理等方面做出独立于经理层的判断和选择。

第四十五条　董事会就全面风险管理工作的有效性对股东（大）会负责。董事会在全面风险管理方面主要履行以下职责：

（一）审议并向股东（大）会提交企业全面风险管理年度工作报告；

（二）确定企业风险管理总体目标、风险偏好、风险承受度，批准风险管理策略和重大风险管理解决方案；

（三）了解和掌握企业面临的各项重大风险及其风险管理现状，做出有效控制风险的决策；

（四）批准重大决策、重大风险、重大事件和重要业务流程的判断标准或判断机制；

（五）批准重大决策的风险评估报告；

（六）批准内部审计部门提交的风险管理监督评价审计报告；

（七）批准风险管理组织机构设置及其职责方案；

（八）批准风险管理措施，纠正和处理任何组织或个人超越风险管理制度做出的风险性决定的行为；

（九）督导企业风险管理文化的培育；

（十）全面风险管理其他重大事项。

第四十六条　具备条件的企业，董事会可下设风险管理委员会。该委员会的召集人应由不兼任总经理的董事长担任；董事长兼任总经理的，召集人应由外部董事或独立董事担任。该委员会成员中需有熟悉企业重要管理及业务流程的董事，以及具备风险管理监管知识或经验、具有一定法律知识的董事。

第四十七条　风险管理委员会对董事会负责，主要履行以下职责：

（一）提交全面风险管理年度报告；

（二）审议风险管理策略和重大风险管理解决方案；

（三）审议重大决策、重大风险、重大事件和重要业务流程的判断标准或判断机制，以及重大决策的风险评估报告；

（四）审议内部审计部门提交的风险管理监督评价审计综合报告；

（五）审议风险管理组织机构设置及其职责方案；

（六）办理董事会授权的有关全面风险管理的其他事项。

第四十八条　企业总经理对全面风险管理工作的有效性向董事会负责。总经理或总经理委托的高级管理人员，负责主持全面风险管理的日常工作，负责组织拟订企业风险管理组织机构设置及其职责方案。

第四十九条　企业应设立专职部门或确定相关职能部门履行全面风险管理的职责。该部门对总经理或其委托的高级管理人员负责，主要履行以下职责：

（一）研究提出全面风险管理工作报告；

（二）研究提出跨职能部门的重大决策、重大风险、重大事件和重要业务流程的判断标准或判断机制；

（三）研究提出跨职能部门的重大决策风险评估报告；

（四）研究提出风险管理策略和跨职能部门的重大风险管理解决方案，并负责该方案的组织实施和对该风险的日常监控；

（五）负责对全面风险管理有效性评估，研究提出全面风险管理的改进方案；

（六）负责组织建立风险管理信息系统；

（七）负责组织协调全面风险管理日常工作；

（八）负责指导、监督有关职能部门、各业务单位以及全资、控股子企业开展全面风险管理工作；

（九）办理风险管理其他有关工作。

第五十条 企业应在董事会下设立审计委员会，企业内部审计部门对审计委员会负责。审计委员会和内部审计部门的职责应符合《中央企业内部审计管理暂行办法》（国资委令第8号）的有关规定。内部审计部门在风险管理方面，主要负责研究提出全面风险管理监督评价体系，制定监督评价相关制度，开展监督与评价，出具监督评价审计报告。

第五十一条 企业其他职能部门及各业务单位在全面风险管理工作中，应接受风险管理职能部门和内部审计部门的组织、协调、指导和监督，主要履行以下职责：

（一）执行风险管理基本流程；

（二）研究提出本职能部门或业务单位重大决策、重大风险、重大事件和重要业务流程的判断标准或判断机制；

（三）研究提出本职能部门或业务单位的重大决策风险评估报告；

（四）做好本职能部门或业务单位建立风险管理信息系统的工作；

（五）做好培育风险管理文化的有关工作；

（六）建立健全本职能部门或业务单位的风险管理内部控制子系统；

（七）办理风险管理其他有关工作。

第五十二条 企业应通过法定程序，指导和监督其全资、控股子企业建立与企业相适应或符合全资、控股子企业自身特点、能有效发挥作用的风险管理组织体系。

第八章　风险管理信息系统

第五十三条　企业应将信息技术应用于风险管理的各项工作，建立涵盖风险管理基本流程和内部控制系统各环节的风险管理信息系统，包括信息的采集、存储、加工、分析、测试、传递、报告、披露等。

第五十四条　企业应采取措施确保向风险管理信息系统输入的业务数据和风险量化值的一致性、准确性、及时性、可用性和完整性。对输入信息系统的数据，未经批准，不得更改。

第五十五条　风险管理信息系统应能够进行对各种风险的计量和定量分析、定量测试；能够实时反映风险矩阵和排序频谱、重大风险和重要业务流程的监控状态；能够对超过风险预警上限的重大风险实施信息报警；能够满足风险管理内部信息报告制度和企业对外信息披露管理制度的要求。

第五十六条　风险管理信息系统应实现信息在各职能部门、业务单位之间的集成与共享，既能满足单项业务风险管理的要求，也能满足企业整体和跨职能部门、业务单位的风险管理综合要求。

第五十七条　企业应确保风险管理信息系统的稳定运行和安全，并根据实际需要不断进行改进、完善或更新。

第五十八条　已建立或基本建立企业管理信息系统的企业，应补充、调整、更新已有的管理流程和管理程序，建立完善的风险管理信息系统；尚未建立企业管理信息系统的，应将风险管理与企业各项管理业务流程、管理软件统一规划、统一设计、统一实施、同步运行。

第九章　风险管理文化

第五十九条　企业应注重建立具有风险意识的企业文化，促进企业风险管理水平、员工风险管理素质的提升，保障企业风险管理目标的实现。

第六十条　风险管理文化建设应融入企业文化建设全过程。大力培育和塑造良好的风险管理文化，树立正确的风险管理理念，增强员工风险管理意识，将风险管理意识转化为员工的共同认识和自觉行动，促进企业建立系统、规范、高效的风险管理机制。

第六十一条　企业应在内部各个层面营造风险管理文化氛围。董事会应高度重视风险管理文化的培育，总经理负责培育风险管理文化的日常工作。董事和高级管理人员应在培育风险管理文化中起表率作用。重要管理及业务流程和风险控制点的管理人员和业务操作人员应成为培育风险管理文化的骨干。

第六十二条　企业应大力加强员工法律素质教育，制定员工道德诚信准则，形成人人讲道德诚信、合法合规经营的风险管理文化。对于不遵守国家法律法规和企业规章制度、弄虚作假、徇私舞弊等违法及违反道德诚信准则的行为，企业应严肃查处。

第六十三条　企业全体员工尤其是各级管理人员和业务操作人员应通过多种形式，努力传播企业风险管理文化，牢固树立风险无处不在、风险无时不在、严格防控纯粹风险、审慎处置机会风险、岗位风险管理责任重大等意识和理念。

第六十四条　风险管理文化建设应与薪酬制度和人事制度相结合，有利于增强各级管理人员特别是高级管理人员风险意识，防止盲目扩张、片面追求业绩、忽视风险等行为的发生。

第六十五条　企业应建立重要管理及业务流程、风险控制点的管理人员和业务操作人员岗前风险管理培训制度。采取多种途径和形式，加强对风险管理理念、知识、流程、管控核心内容的培训，培养风险管理人才，培育风险管理文化。

第十章　附则

第六十六条　中央企业中未设立董事会的国有独资企业，由经理办公会议代行本指引中有关董事会的职责，总经理对本指引的贯彻执行负责。

第六十七条　本指引在中央企业投资、财务报告、衍生产品交易等方面的风险管理配套文件另行下发。

第六十八条　本指引的《附录》对本指引所涉及的有关技术方法和专业术语进行了说明。

第六十九条　本指引由国务院国有资产监督管理委员会负责解释。

第七十条　本指引自印发之日起施行。

附　录

附录4 —————　**商业银行内部控制评价试行办法** —————

商业银行内部控制评价试行办法

第一章　总则

第一条　为规范和加强对商业银行内部控制的评价，督促其进一步建立内部控制体系，健全内部控制机制，为全面风险管理体系的建立奠定基础，保证商业银行安全稳健运行，根据《中华人民共和国银行业监督管理法》、《中华人民共和国商业银行法》等法律法规，制定本办法。

第二条　商业银行内部控制评价是指对商业银行内部控制体系建设、实施和运行结果独立开展的调查、测试、分析和评估等系统性活动。

内部控制评价包括过程评价和结果评价。过程评价是对内部控制环境、风险识别与评估、内部控制措施、监督评价与纠正、信息交流与反馈等体系要素的评价。结果评价是对内部控制主要目标实现程度的评价。

第三条　商业银行内部控制体系是商业银行为实现经营管理目标，通过制定并实施系统化的政策、程序和方案，对风险进行有效识别、评估、控制、监测和改进的动态过程和机制。

第四条　商业银行应建立并保持系统、透明、文件化的内部控制体系，定期或当有关法律法规和其他经营环境发生重大变化时，对内部控制体系进行评审和改进。

第五条　商业银行内部控制评价由中国银行业监督管理委员会（以下简称银监会）及其派出机构组织实施。

第六条　内部控制评价人员应接受有关内部控制评价知识和技能的培训，具备相应的资质和能力。

第二章　评价目标和原则

第七条　商业银行内部控制评价的目标主要包括：

（一）促进商业银行严格遵守国家法律法规、银监会的监管要求和商业银行审慎经营原则。

（二）促进商业银行提高风险管理水平，保证其发展战略和经营目标的实现。

（三）促进商业银行增强业务、财务和管理信息的真实性、完整性和及时性。

（四）促进商业银行各级管理者和员工强化内部控制意识，严格贯彻落实各项控制措施，确保内部控制体系得到有效运行。

（五）促进商业银行在出现业务创新、机构重组及新设等重大变化时，及时有效地评估和控制可能出现的风险。

第八条　内部控制评价应从充分性、合规性、有效性和适宜性等四个方面进行：

（一）过程和风险是否已被充分识别。

（二）过程和风险的控制措施是否遵循相关要求、得到明确规定并得以实施和保持。

（三）控制措施是否有效。

（四）控制措施是否适宜。

第九条　内部控制评价应遵循以下原则：

（一）全面性原则。评价范围应覆盖商业银行内部控制活动的全过程及所有的系统、部门和岗位。

（二）统一性原则。评价的准则、范围、程序和方法等应保持一致，以确保评价过程的准确及评价结果的客观和可比。

（三）独立性原则。评价应由银监会或受委托评价机构独立进行。

（四）公正性原则。评价应以事实为基础，以法律法规、监管要求为准则，客观公正，实事求是。

（五）重要性原则。评价应依据风险和控制的重要性确定重点，关注重点区域和重点业务。

（六）及时性原则。评价应按照规定的时间间隔持续进行，当经营管理环境发生重大变化时，应及时重新评价。

第三章　评价内容

第一节　内部控制环境

第十条　商业银行公司治理。

附　录

商业银行应建立以股东大会、董事会、监事会、高级管理层等为主体的公司治理组织架构，保证各机构规范运作，分权制衡。

（一）完善股东大会、董事会、监事会及下设的议事和决策机构，建立议事规则和决策程序。

（二）明确董事会和董事、监事会和监事、高级管理层和高级管理人员在内部控制中的责任。

（三）建立独立董事制度，对董事会讨论事项发表客观、公正的意见。

（四）建立外部监事制度，对董事会、董事、高级管理层及其成员进行监督。

第十一条　董事会、监事会和高级管理层责任。

董事会负责保证商业银行建立并实施充分而有效的内部控制体系；负责审批整体经营战略和重大政策并定期检查、评价执行情况；负责确保商业银行在法律和政策的框架内审慎经营，明确设定可接受的风险程度，确保高级管理层采取必要措施识别、计量、监测并控制风险；负责审批组织机构；负责保证高级管理层对内部控制体系的充分性与有效性进行监测和评估。

监事会负责监督董事会、高级管理层完善内部控制体系；负责监督董事会及董事、高级管理层及高级管理人员履行内部控制职责；负责要求董事、董事长及高级管理人员纠正其损害商业银行利益的行为并监督执行。

高级管理层负责制定内部控制政策，对内部控制体系的充分性与有效性进行监测和评估；负责执行董事会决策；负责建立识别、计量、监测并控制风险的程序和措施；负责建立和完善内部组织机构，保证内部控制的各项职责得到有效履行。

董事会和高级管理层还应培育良好的内部控制文化，提高员工的风险意识和职业道德素质，建立通畅的内外部信息沟通渠道，确保及时获取与内部控制有关的人力、物力、财力、信息以及技术等资源。

第十二条　内部控制政策。

商业银行应在各项业务和管理活动中制定明确的内部控制政策，规定内部控制的原则和基本要求，并为制定和评审内部控制目标提供指导。内部控制政策应：

265

（一）与商业银行的经营宗旨和发展战略相一致；

（二）体现持续改进内部控制的要求；

（三）符合现行法律法规和监管要求；

（四）体现出侧重控制的风险类型；

（五）体现出对不同地区、行业、产品的风险控制要求；

（六）传达给适用岗位的员工，指导员工实施风险控制措施；

（七）可为风险相关方所获取，并寻求互利合作；

（八）定期进行评审，确保其持续的适宜性和有效性。

第十三条　内部控制目标。

商业银行应在相关职能和层次上建立并保持内部控制目标。内部控制目标应符合内部控制政策，并体现对持续改进的要求。

在建立和评审内部控制目标时，应考虑法律法规、监管要求和其他要求，以及技术、财务、经营和风险相关方等因素，尤其应考虑监管部门的内部控制指标要求。

内部控制目标应可测量。有条件时，目标应用指标予以量化。

第十四条　组织结构。

商业银行应建立分工合理、职责明确、报告关系清晰的组织结构，明确所有与风险和内部控制有关的部门、岗位、人员的职责和权限，并形成文件予以传达。特别应考虑：

（一）建立相应的授权体系，实行统一法人管理和法人授权。

（二）必要的职责分离，以及横向与纵向相互监督制约关系。

（三）涉及资产、负债、财务和人员等重要事项变动均不得由一个人独自决定。

（四）明确关键岗位、特殊岗位、不相容岗位及其控制要求。

（五）建立关键岗位定期或不定期的人员轮换和强制休假制度。

商业银行应设立负有内部控制体系建立、实施特殊责任的专门委员会或部门，明确其责任、权限和报告路线。

商业银行应设立全行系统垂直管理、具有充分独立性的内部审计部门。内部审计部门应配备具有相应资质和能力的审计人员；应有权获得商业银行的所有经营、管理信息；应根据对辖属机构的风险评级结果确定审计频率，以及对机构和业务的审计覆盖率，定期或不定期对内部控制的健全性和有效性实施检查、评价；应及时向董事会或董事会审计委员会提交审计报告；董事会及高级管理层应保证审计报告中指出的内部控制的缺失得到及时纠正整改；总行内部审计负责人的聘任和解聘应当经董事会或监事会同意。

第十五条　企业文化。

商业银行应培育健康的企业文化，对企业文化的内涵及其策划、渗透、评估与改进做出明确的规定。特别应向员工传达遵守法律法规和实施内部控制的重要性，引导员工树立合规意识和风险意识，提高员工职业道德水准，规范员工职业行为。

第十六条　人力资源。

商业银行应完善人力资源政策和程序，确保与风险和内部控制有关人员具备相应的能力和意识。

商业银行应明确与风险和内部控制有关人员的适任条件，明确有关教育、工作经历、培训和技能等方面的要求，以确保相关人员的胜任。

高级管理人员必须满足监管机构对高级管理人员资质的要求。

商业银行应制定并保持培训计划，以确保高级管理层和全体员工能够完成其承担的内部控制方面的任务和职责。培训计划应定期评审，并应考虑不同层次员工的职责、能力和文化程度以及所面临的风险。

商业银行应对员工引进、退出、选拔、绩效考核、薪酬、福利、专业技术职务管理处罚等日常人事管理做出详细规定，并充分考虑人力资源管理过程中的风险。

第二节　风险识别与评估

第十七条　经营管理活动风险识别与评估。

商业银行应建立和保持书面程序，以持续对各类风险进行有效的识别与评估。商业银行的主要风险包括信用风险、市场风险（含利率风险）、操作风险、国家和转移风险、流动性风险、法律风险以及声誉风险等。

应识别并确定常规和非常规的业务和管理活动，并识别这些活动中的风险（无论是否由内部产生），考虑其类型、来源及其影响范围，特别应考虑计算机系统的运用可能带来的风险。

应依据法律法规、监管要求以及内部控制政策确定风险是否可接受，以确定是否进一步采取措施。风险可接受时，应监测并定期评审，以确保其持续可接受；风险不可接受时，应制定控制措施。

商业银行对各类风险进行识别与评估时应充分考虑内部和外部因素。其中，内部因素包括组织结构的复杂程度、银行业务性质、机构变革以及员工的流动等；外部因素包括经济形势的波动、行业变动趋势等。

当环境和条件发生变化时，应及时对风险进行再识别和再评估，以确保任何新的和以前未曾予以控制的风险得到识别和控制。

风险识别与评估应：

（一）依据业务范围、性质和时限主动进行。

（二）评估风险的后果、概率和风险级别。

（三）必要时开发并运用风险量化评估的方法和模型。

第十八条　法律法规、监管要求和其他要求的识别。

商业银行应建立并保持识别和获取适用法律法规、监管要求和其他要求的程序，作为风险识别与评估、制订控制目标和控制方案的依据。

商业银行应及时更新法律法规、监管要求和其他要求的信息，并将这些信息传达给相关员工和其他风险相关方。

第十九条　内部控制方案。

商业银行应制定内部控制方案，以控制已识别的不可接受风险。内部控制措施方案应包括以下内容：

（一）为实现对风险的控制而规定的相关职责与权限。

（二）控制的策略、方法、资源需求和时限要求。

若涉及组织结构、流程、计算机系统等方面的重大变更，应考虑可能产生的新风险。

第三节　内部控制措施

第二十条　运行控制。

商业银行应确定需要采取控制措施的业务和管理活动，依据所策划的控制措施或已有的控制程序对这些活动加以控制。

（一）控制措施包括：

1.高层检查。董事会与高级管理层应要求下级部门及时报告经营管理情况和特别情况，以检查内部控制的实施状况以及在实现内部控制目标方面的进展。高级管理层应根据检查情况提出内部控制缺失情况，督促职能管理部门改进。

2.行为控制。各级职能管理部门审查每天、每周或每月收到的经营管理情况和特别情况专项报表或报告，提出问题，要求采取纠正整改措施。

3.实物控制。主要的控制措施包括实物限制、双重保管和定期盘存等。

4.风险暴露限制的审查。审查遵循风险暴露限制方面的合规性，违规时继续跟踪检查。

5.审批与授权。根据若干限制条件对各项业务、管理活动进行审批与授权，明确各级的管理责任。

6.验证与核实。验证各项业务、管理活动以及所采用的风险管理模型结果，并定期核实相关情况，及时发现需要修正的问题，并向职能管理部门报告。

7.不兼容岗位的适当分离。实行适当的职责分工，认定潜在的利益冲突并使之最小化。

（二）控制要点包括：

1.对于可能导致偏离内部控制政策、目标的运行情况，应建立并保持书面程序和要求，并在程序中规定操作和控制标准。

2.对于重要活动应实施连续记录和监督检查。

3.在可能的情况下，应考虑运用计算机系统进行控制。

4.对于采购或外包的设施、设备、系统和服务中已识别的风险，应建立并保持控制程序，并将有关程序和要求通报供方，确保其遵守商业银行相关的控制要求。

5.对于产品、组织结构、流程、计算机系统的设计过程，应建立有效的控制程序。

第二十一条　计算机系统环境下的控制。

商业银行应考虑计算机系统环境下的业务运行特征，建立信息安全管理体系，对硬件、操作系统和应用程序、数据和操作环境，以及设计、采购、安全和使用实施控制，确保信息的完整性、安全性和可用性。明确计算机信息系统开发部门、管理部门与应用部门的职责，建立和健全计算机信息系统风险防范的制度，确保计算机信息系统设备、数据、系统运行和系统环境的安全。

第二十二条 应急准备与处置。

商业银行应建立并保持预案和程序，以识别可能发生的意外事件或紧急情况（包括计算机系统）。意外事件和紧急情况发生时，应及时做出应急处置，以预防或减少可能造成的损失，确保业务持续开展。

商业银行应定期检查、维护应急的设施、设备和系统，确保其处于适用状态。如可行，应定期测试应急预案。

商业银行应评审其应急预案，特别是意外事件或紧急情况发生之后。应急准备应与可能发生的意外事件或紧急情况（包括事故、险情）的性质相适应。

第四节 监督评价与纠正

第二十三条 内部控制绩效监测。

商业银行应建立并保持书面程序，通过适宜的监测活动，对内部控制绩效进行持续监测。

监测内容包括：

（一）内部控制目标实现程度。

（二）法律、法规及监管要求的遵循程度。

（三）事故、险情和其他不良的内部控制绩效的历史情况。

第二十四条 违规、险情、事故处置和纠正及预防措施。

商业银行应建立并保持书面程序，对违规、险情、事故的发现、报告、处置和纠正及预防措施做出规定，包括：

（一）发现违规、险情、事故并及时报告，必要时，可越级报告。

（二）及时处置违规、险情、事故。

（三）制定纠正与预防措施，防止违规、险情、事故的发生和再发生，并与问题的大小和风险危害程度相一致。

（四）纠正与预防措施在实施之前应进行风险评估。

（五）实施并跟踪、验证纠正与预防措施。

（六）险情和事故的责任追究。

附 录

第二十五条 内部控制体系评价。

商业银行应建立并保持书面程序，对内部控制体系实施评价，确保内部控制体系的充分性、合规性、有效性和适宜性。程序应包括评价的目的、准则、范围、频率、方法以及职责与要求。

评价应考虑活动的风险评估结果、业务和管理流程和以前的评价结果等，覆盖体系范围内的所有活动。

可根据评价结果确定内部控制水平的等级。被评价机构的管理者应采取措施消除违规原因，并验证所采取措施的效果。

评价应由与评价的活动无直接责任的人员进行，评价人员应具备相应的知识，能够胜任评价工作。

第二十六条 管理评审。

董事会应采取措施保证定期对内部控制状况进行评审，确保体系得到持续、有效的改进。

（一）管理评审应包括以下方面的内容：

1.内部控制体系评价的结果。

2.内部控制政策执行情况和内部控制目标实现情况。

3.对内部控制体系有重要影响的外部信息，如法律、法规的重大变化。

4.组织结构的重大调整。

5.事故和险情以及重大纠正和预防措施的状况。

6.以往管理评审的跟踪情况。

7.内部控制体系改进的建议。

（二）管理评审应就以下方面提出改进措施并落实：

1.内部控制体系及其过程的改进。

2.内部控制政策、目标的变更。

3.与内部控制有关资源的需求。

第二十七条 持续改进。

商业银行应利用内部控制政策、内部控制目标、评价结果、绩效监测和数据分析、纠正和预防措施以及管理评审等，持续提高内部控制体系有效性。

第五节 信息交流与反馈

第二十八条 交流与沟通。

商业银行应建立并保持信息交流与沟通的程序，明确对财务、管理、业务、重大事件和市场信息等相关信息识别、收集、处理、交流、沟通、反馈、披露的渠道和方式。

商业银行应识别其内部和外部的风险相关方，考虑他们的要求和目标，建立与这些相关方进行信息交流的机制，确保：

（一）董事会和高级管理层能够及时了解业务信息、管理信息以及其他重要风险信息。

（二）所有员工充分了解相关信息、遵守涉及其责任和义务的政策和程序。

（三）险情、事故发生时，相关信息能得到及时报告和有效沟通。

（四）及时、真实、完整地向监管机构和外界报告、披露相关信息。

（五）国内外经济、金融动态信息的取得和处理，并及时把与企业既定经营目标有关的信息提供给各级管理层。

信息交流与沟通应考虑信息的安全性和保密性要求。相关信息报告、发布、披露应经过授权。

为保持信息交流沟通的可追溯性，必要时，应保持相关信息交流与沟通的记录。

第二十九条 内部控制体系对文件的要求。

建立和保持文件化体系是实现信息交流与反馈的重要途径。商业银行应建立并保持必要的内部控制体系文件，包括：

（一）对内部控制体系要素及其相互作用的描述。

（二）内部控制政策和目标。

（三）关键岗位及其职责与权限。

（四）不可接受的风险及其预防和控制措施。

（五）控制程序、作业指导、方案和其他内部文件。

第三十条 文件控制。

商业银行应建立并保持书面程序，以确保内部控制体系所要求的文件满足下列要求：

附　录

（一）易于查询。

（二）实施前得到授权人的批准。

（三）定期评审，必要时予以修订并由授权人员确认其适宜性。

（四）所有相关岗位都能得到有效版本。

（五）失效时，及时从所有发放处和使用处收回，或采取其他措施防止误用。

（六）及时识别、处置外来文件并进行标识，必要时转化为内部文件。

（七）留存的档案性文件和资料应予以适当标识。

第三十一条　记录控制。

商业银行应建立并保持书面程序，以规定内部控制相关活动中所涉及记录的标识、生成、贮存、保护、检索、保存期限和处置。

记录应保持清晰、易于识别和检索，以提供符合要求和内部控制体系有效运行的证据，并可追溯到相关的活动。

第四章　评价程序和方法

第三十二条　内部控制评价程序一般包括评价准备、评价实施、评价报告形成和反馈等步骤。

第三十三条　评价准备。

组成评价组。评价组应考虑组成人员的背景和能力。必要时，可聘请业务或管理方面的专家。

制订评价实施方案。实施方案应明确本次评价的目的、范围、准则、时间安排和相应的资源配置。

准备必要的工作文件。主要包括评价问卷、抽样计划、被评价机构的内部控制体系文件及相关记录等。

在现场评价前应先与被评价机构建立初步联系，以便确认有关评价事项和安排。

第三十四条　评价实施。

评价组应按照既定的评价方案实施评价。在评价实施中应就评价组内部以及评价组与被评价机构之间的沟通做出正式安排，通过适当的方法收集与评价目的、范围和准则有关的信息，根据评价方案对被评价项目进行测试，对有关数据进行确认和分析，并予以记录。

评价实施的具体方法见第三十九条至四十三条。

第三十五条　评价报告形成。

评价组根据评价实施情况，撰写评价报告，应重点分析以下方面：

（一）被评价机构内部控制体系现状、存在问题及趋势分析。

（二）同类银行比较。

（三）监管建议。

（四）可能的谅解因素。

第三十六条　评价反馈。

对被评价机构内部控制体系进行综合评价后，应与被评价机构管理层沟通，以核对数据，确认事实，并就评价中的问题征求意见。

第三十七条　银监会及其派出机构根据评价报告，依据有关法律和规定，做出评价结论和处理决定，并以书面形式正式发送被评价机构，限期整改。同时，评价结论应报上级机构。

第三十八条　内部控制评价方法是为实现评价目的，对被评价机构内部控制体系进行分析和评价而采取的技术和手段的总称。

第三十九条　内部控制评价实施包括：

了解内部控制体系。应了解被评价机构内部控制体系的基本情况，确认评价范围，确定被评价机构的内部控制体系的健全程度，然后决定实施测试所采取的方法。

实施测试和分析。实施测试和分析是在了解内部控制体系的基础上，评价内部控制体系的运行与绩效。具体可以采取符合性测试和指标分析等，其中，对内部控制过程评价主要采取符合性测试法；对内部控制结果评价，主要采取指标分析法。

第四十条　了解内部控制体系。

了解被评价机构内部控制体系主要通过询问、查阅、观察、流程图等方法进行，以初步评价被评价机构内部控制体系的充分性和合规性。

第四十一条　符合性测试。

符合性测试是获得评价证据以证实内部控制在实际中的合规性、有效性和适宜性，即相关规定在实际中是否被一贯执行，控制措施能否达到控制目的，控制措施是否恰当。符合性测试分为两种形式：

附 录

（一）业务测试，即对重要业务或典型业务进行测试，按照规定的业务处理程序进行检查，确认有关控制点是否符合规定并得到认真执行，以判断内部控制的遵循情况。

（二）功能测试，即对某项控制的特定环节，选择若干时期的同类业务进行检查，确认该环节的控制措施是否一贯或持续发挥作用。

符合性测试的具体方法包括抽样法、穿行测试法、证据检查法和压力测试法等。

第四十二条 测试抽样。

抽样样本取决于被评价机构或被评价项目的风险、业务频次、重要性等。可在根据业务频次抽样的基础上，结合被评价项目的风险和重要性进行调整。

根据业务频次确定的抽样量参考标准如下：

（一）每月执行一次的业务或事项，抽样量应保持在2~6个之间。

（二）每周执行一次的业务或事项，抽样量应保持在4~10个之间。

（三）每日执行一次的业务或事项，抽样量应保持在10~25个之间。

（四）每日执行多次的业务或事项，全年10000次以下的，抽样量应保持在25-50个之间；全年10000次以上的，抽样量应保持在50个以上。

第四十三条 指标分析。

应收集被评价机构内部控制结果指标的相关信息，进行核实、对比分析和趋势分析，从而对内控目标实现情况做出评价。

第五章 评分标准和评价等级

第四十四条 内部控制评价采取评分制。对内部控制的过程和结果分别设置一定的标准分值，并根据评价得分确定被评价机构的内部控制等级。

第四十五条 内部控制过程评价的标准分为500分，其中：内部控制环境100分、风险识别与评估100分、内部控制措施100分、信息交流与反馈100分、监督评价与纠正100分。上述五部分评价得分加总除以5，得到过程评价的实际得分。

第四十六条 在对内部控制过程评价时，应按照第三章评价内容的要求，结合本办法第八条的四个方面展开，转换为具体评价问题，并根据测试情况对被评价项目进行评分。

第四十七条　初次实施内部控制评价时，须对所有业务活动、管理活动和支持保障活动进行评价。再次评价时，至少应包括：授信业务、资金业务、存款及柜台业务、主要中间业务、计划财务、会计管理、计算机信息系统等。其他活动在每三次再次评价周期内应至少覆盖一次。

第四十八条　内部控制过程评价的具体评分标准如下：

（一）被评价对象的过程和风险已被充分识别的，可得该项分值的百分之二十。

（二）在满足前项的基础上，被评价项目的过程和对风险的控制措施被规定并遵循要求的，可得该项分值的百分之三十。

（三）在满足前两项的基础上，被评价项目的规定得到实施和保持，可再得该项分值的百分之三十。

（四）在满足前三项的基础上，被评价项目在实现风险控制的结果方面，控制措施有效且适宜的，可再得该项分值的百分之二十。

第四十九条　在测试过程中遇有业务缺项或问题"不适用"时，应将涉及的分值在评价项目总分中扣减。为了保持可比性，在得出其余适用项的总分后，还应将该评价项目的总得分进行调整。

调整后评价项目总得分=所有适用项目得分/（评价项目总分−不适用项目总分）×100%

单项分值小计和总分分值有小数时四舍五入。

第五十条　若涉及需要采取抽样测试确定评价结论的，应根据以下情况确定：

（一）如果在抽样范围内未发现违规，该项评价得满分；在抽样范围内，发现两项以上违规（含两项），该项评价不得分；仅发现一项违规的，应扩大一倍抽样，在扩大抽样范围内未发现新的违规的，可得该评价项目分值的50%，在扩大抽样范围内又发现新的违规的，该评价项目不得分。

（二）发现险情或事故的，直接扣除该评价项目的分值。

第五十一条　内部控制的结果评价。结果评价主要评价内部控制目标的实现情况，对这些指标的量化评价可以通过非现场的方式进行。结果评价主要包括十项指标：资本利润率、资产利润率、成本收入比、大额风险集中度指标、关联方交易指标、资产质量指标、不良贷款拨备覆盖率、资本充足指标、流动性指标、案件指标等，指标说明及控制比例见附录。内控结果评价指标的标准分值为500分，转化为百分制后得出实际得分。

银监会可以根据商业银行整体风险情况、经济金融情况和银监会工作的重点，补充、修订或调整有关评价指标及其标准分值。

第五十二条　根据过程评价和结果评价综合确定内部控制体系的总分。其中，过程评价的权重为70%，结果评价的权重为30%，两项得分加总得出综合评价总分。

第五十三条　根据综合评价总分确定被评价机构的内部控制体系评价等级，应按评分标准对被评价机构内部控制项目逐项计算得分，确定评价等级。定级标准为：

一级：综合评分90分以上（含90分）。指被评价机构有健全的内部控制体系，在各个环节均能有效执行内部控制措施，能对所有风险进行有效识别和控制，无任何风险控制盲点，控制措施适宜，经营效果显著。

二级：综合评分80~89分。指被评价机构内部控制体系比较健全，在各个环节能够较好执行内部控制措施，能对主要风险进行识别和控制，控制措施基本适宜，经营效果较好

三级：综合评分70~79分。指被评价机构内部控制体系一般，虽建立了大部分内部控制，但缺乏系统性和连续性，在内部控制措施执行方面缺乏一贯的合规性，存在少量重大风险，经营效果一般。

四级：综合评分60~69分。被评价机构内部控制体系较差，内部控制体系不健全或重要的内部控制措施没有贯彻执行或无效，管理方面存在重大问题，业务经营安全性差。

五级：综合评分60分以下（不含60分）。被评价机构内部控制体系很差，内部控制体系存在严重缺失或内部控制措施明显无效，存在明显的管理漏洞，经营业务失控，存在重大金融风险隐患。

上述等级也适用于单项评级，单项评级结果主要用于对比分析。

第五十四条　若被评价机构在评价期内发生重大责任事故，应在上述评级的基础上下调一级。

重大责任事故包括：

（一）因安全防范措施不当，发生金融诈骗、盗窃、抢劫、爆炸等案件，造成重大影响或损失。

（二）因经营管理不善发生挤提事件。

（三）业务系统故障，造成重大影响或损失。

（四）经查实的重大信访事件。

第五十五条　内部控制体系连续在三个评价期内得不到改善的机构，其内部控制评价等级应适当下调。

第六章　组织和实施

第五十六条　内部控制评价按照"统一领导，分级管理"的原则进行。

第五十七条　根据评价的范围，内部控制评价可分为以下层次：

（一）银监会及其派出机构对商业银行法人机构的整体评价，原则上每两年一次。

（二）银监会及其派出机构对商业银行总部的评价，原则上每两年一次。

（三）银监会及其派出机构对商业银行不同层次分支机构的评价，每三年一个评价周期，每年至少覆盖三分之一以上的分支机构，三年内必须覆盖全部分支机构。

第五十八条　应当根据风险大小和重要性确定对商业银行及其分支机构内部控制评价的频率和范围，当商业银行发生管理层重大变动、重大的并购或处置、重大的营运方法改变或财务信息处理方式改变等情况，或银监会认为必要时，应对商业银行内部控制进行整体评价。

第五十九条　银监会对商业银行法人机构整体评价时，总部占整体评价得分的60%，分支机构平均得分占整体评价得分的40%，形成最终评级结果。其中，初次整体评价时，应覆盖总行和所有分支机构；再次进行整体评价时，应抽取不少于三分之一的分支机构。

银监会各派出机构对辖内商业银行分支机构的内部控制评价可比照进行。

第六十条　银监会及其派出机构应及时整理、分析和掌握被评价机构报送的非现场监管数据、国家审计部门的审计结果和被评价机构的内部审计信息，充分利用监管部门对被评价机构的各种现场检查结果。

第六十一条　银监会或其派出机构应对被降价机构内部控制体系的改进情况进行后续跟踪，责令被评价机构针对发现的违规或风险隐患制定纠正措施，并对纠正情况及其有效性进行验证。

第六十二条　内部控制评价各阶段涉及的有关记录、表格、评价报告以及跟踪验证的相关资料均应作为监管档案妥善保管。

第六十三条　银监会可根据需要委托外部中介机构对商业银行内部控制体系进行评价。受托中介机构和人员必须熟悉商业银行业务和运作，具备商业银行内部控制体系建立或评价方面的经验。各派出机构选聘中介机构时，必须报银监会批准。

受托中介机构对商业银行的内部控制评价须按照本办法执行。

第七章　罚则

第六十四条　银监会根据评级结果及评价报告所反映的情况，针对被评价机构内部控制体系存在问题的性质及严重程度，可分别采取以下一项或多项监管措施：

（一）约见被评价机构第一负责人或董事长。

（二）就评价对象内部控制体系存在问题可能引发的风险，向被评价机构进行提示和警告。

（三）要求被评价机构对内部控制体系存在的问题限期整改。

（四）加大现场检查力度及频率。

（五）建议调整管理层。

（六）取消有关人员一定期限或终身银行业从业资格。

（七）责令整顿或暂停办理相关业务。

（八）延缓批准或拒绝受理增设分支机构、开办新业务的申请。

第六十五条　对内部控制评价中发现的违规、违法行为，应根据有关规定，采取相应处罚措施。

第六十六条　未经批准或许可，任何单位和个人不得对外公布对被评价机构的内部控制体系等级评定结果。凡擅自公布等级评定结果，应追究有关人员的责任。

第八章　附则

第六十七条　本办法涉及的重要名词术语解释如下：

（一）体系：相互关联或相互作用的一组要素。

（二）文件：信息及其承载媒体。媒体可以是纸张，计算机磁盘、光盘或其他电子媒体，或其组合。

（三）程序：为进行某项活动或过程所规定的途径。程序可以形成文件，也可以不形成文件；当程序形成文件时，通常称为书面程序。

（四）风险相关方：与商业银行在风险及其控制方面有利益关系的个人或团体。风险相关方包括风险直接承担者和间接利害关系者，前者如商业银行投资者、顾客或员工，后者如监管机构。

（五）内部控制绩效：根据内部控制政策和目标，在控制风险方面所取得的可测量的结果（绩效测量包括内部控制活动和结果的测量）。

（六）事故：造成损失的非预期事件。

（七）险情：可能造成损失的事件。

（八）违规：未满足规定的要求，既可能是人员主观造成的，也可能是其他客观原因导致的。

（九）预防措施：为消除潜在违规、险情或事故的原因所采取的措施。

（十）纠正措施：为消除已发现的违规、险情和事故的原因所采取的措施。

第六十八条　商业银行应根据本办法制定相应的实施细则并报银监会或其派出机构备案。

第六十九条　本办法适用于在中华人民共和国境内依法设立的国有商业银行、股份制商业银行、外资商业银行、城市商业银行、农村商业银行、农村合作银行和邮政储蓄机构。对政策性银行、城乡信用社和非银行金融机构的评价可参照本办法执行。

第七十条　未进行股份制改造的商业银行、农村合作银行和邮政储蓄机构、政策性银行、城乡信用社和非银行金融机构，应由高级管理层负责内部控制体系的建立、维护和改进，并明确相对独立的决策、监督和执行的职责和权限。

第七十一条　本办法由银监会负责解释与修订。

第七十二条　本办法自2005年2月1日起施行。

索引

后记

本书的写作契机是海南省哲学社会科学规划课题一般项目"中国（海南）自贸区金融机构重大风险识别与防范研究"（项目编号：HNSK（YB）19-08）以及海南省自然科学基金面上项目"资金约束下供应链融资与协调问题研究"（项目编号：718MS033）的立项与资助。本书立论的"中国（海南）自由贸易港金融机构全面风险管理研究"，是"中国（海南）自贸区金融机构重大风险识别与防范研究"的延伸。本书的写作思想源于刘斌在大连银行博士后工作站和大连理工大学博士后流动站从事博士后科研期间，以及中国（海南）自由贸易港成立至今的所闻所感。将其落实于笔尖，则是基于作者刘斌和赵达在海南大学任职期间的积淀。本书与作者刘斌和赵达在海南大学管理学院任职期间发表的中英文论文相吻合，其中的部分章节与刘斌的博士后出站报告"大连银行内部控制评价与内部审计应用研究"一脉相承，是我们在金融机构全面风险管理和内部控制研究领域的积累与心得。

本书的编写和完善，是在海南大学傅国华副校长领导下，在海南大学管理学院林肇宏院长、刑谷川书记、付景涛副院长、张德生副院长关怀下，在海南大学管理学院吴锡皓、曾春华、胡珺、刘扬雄等同事帮助下，以及马栋、何雨航、李源涛等硕士生同学帮助下完成的。感谢海南大学领导、同事、同学们的关怀和帮助。

　　我们还要特别感谢会计学及内部控制领域的两位著名专家——大连理工大学经济管理学院院长李延喜教授，大连财经学院校长、东北财经大学陈国辉教授——对作者在本领域深耕的长期指导。

　　同时，感谢国家税务总局海南省税务局吴继儒、李昕玮，感谢海南省财政厅程燕芸等领导的帮助，以及有缘相识的其他领导、老师、同事、同学，这里不再一一表述。

　　最后，感谢我们的家人。正是你们的支持，让我们不忘初心、砥砺前行。未来，我们会继续在本领域的科研之路上前行，为建设"创新型"祖国而努力奋斗！

刘　斌　赵　达

2020 年 8 月于海南大学管理学院